财富、救赎与资本主义

马克斯·韦伯的新教伦理研究

郁喆隽 著

生活·讀書·新知 三联书店

Copyright © 2021 by SDX Joint Publishing Company.
All Rights Reserved.
本作品版权由生活·读书·新知三联书店所有。
未经许可,不得翻印。

图书在版编目(CIP)数据

财富、救赎与资本主义:马克斯·韦伯的新教伦理研究/郁喆隽著.—北京:生活·读书·新知三联书店,2021.11
(复旦通识丛书)
ISBN 978 - 7 - 108 - 07257 - 3

Ⅰ.①财⋯ Ⅱ.①郁⋯ Ⅲ.①韦伯(Weber, Max 1864—1920)-新教-思想评论 Ⅳ.①B516.59②B976.3

中国版本图书馆 CIP 数据核字(2021)第 178344 号

责任编辑	杨柳青
封面设计	赵晓冉
出版发行	生活·讀書·新知 三联书店
	(北京市东城区美术馆东街 22 号)
邮 编	100010
印 刷	常熟市人民印刷有限公司
排 版	南京前锦排版服务有限公司
版 次	2021 年 11 月第 1 版
	2021 年 11 月第 1 次印刷
开 本	635 毫米×965 毫米 1/16 印张 19.25
字 数	213 千字
定 价	69.00 元

谨以此书纪念马克斯·韦伯逝世一百周年

目 录

序言：今天为什么还要阅读韦伯？ ... 1

一 现时代的精神状况和伦理危机 ... 1
    1. 何为反思？ ... 2
    2. 为何反思？ ... 5
    3. 如何反思？ ... 8

二 韦伯其人 ... 11
    1. 韦伯的光晕与传奇 ... 12
    2. 韦伯精神世界的基本特征 ... 14
    3. 家庭：严父慈母 ... 16
    4. 过山车般的人生轨迹 ... 18
    5. 学术与政治对立 ... 26

三 韦伯的时代和祖国 ... 29
    1. 从"贱民"到"大杂烩" ... 30
    2. 德意志第二帝国的成立 ... 31
    3. 德意志第二帝国的内外状况："跛足的巨人" ... 33
    4. 德国的"特殊道路论" ... 39

  5. "一战"和韦伯的悲观主义 … 41

四 德意志第二帝国的宗教-信仰状况 … 43
  1. 德国宗教的一般状况 … 44
  2. 新教 … 45
  3. 天主教 … 47
  4. 世俗国家和宗教争端:"文化斗争" … 48
  5. 神学铺垫 … 52

五 文本的冒险 … 55
  1. 大师的"诞生" … 56
  2. 韦伯作品的全貌 … 57
  3. 韦伯的思想演进以及新教伦理的位置 … 59
  4. 大师的"重生":韦伯的接受史 … 62
  5. 阐释韦伯的总命题 … 66

六 韦伯和理解社会学 … 71
  1. 理解社会学的定义 … 72
  2. 理解社会学的学术背景 … 74
  3. 新康德主义的关联 … 77
  4. 理解社会学要点 … 78

七 写作缘起和韦伯面对的问题 ... 89
1. 新教伦理的写作缘起 ... 90
2. 提出问题：欧芬巴赫的发现 ... 92
3. 一种定式化的二元对立 ... 98
4. "苦行"的观念 ... 101

八 资本主义"精神" ... 103
1. 什么是"资本主义"？ ... 104
2. 韦伯对"资本主义精神"的举例说明 ... 105
3. 对"资本主义精神"的界定 ... 108
4. 韦伯的担忧："巨大宇宙"之桎梏 ... 112
5. 资本主义 vs 前资本主义 ... 114

九 路德的职业观 ... 123
1. "天职"（Beruf/Calling）概念 ... 124
2. 西方职业观的演变 ... 127
3. "未曾想见的结果" ... 133
4. 第一卷中韦伯的论证线索小结 ... 139

十 入世苦行与合理化 ... 141
1. 宗教与合理性的关系 ... 142
2. 加尔文派的神学特征 ... 144

3. 预定论的神学基础 ... 148
　　　4. 预定论的神学后果 ... 149
　　　5. 合理化与苦行 ... 154

十一　苦行和资本主义精神 ... 159
　　　1. 清教徒的时间观和财富观 ... 160
　　　2. "断根"的资本主义 ... 165
　　　3. 引而未发的批判：钢铁牢笼 ... 167

十二　韦伯与中国 ... 171
　　　1. 从欧洲到世界：跨文化比较的视角 ... 172
　　　2. 韦伯的中国研究：《儒教与道教》 ... 177
　　　3. 儒家伦理与东亚文明 ... 184

十三　误读的类型学分析 ... 191
　　　1.《新教伦理》的设问依据：神学还是社会学？ ... 194
　　　2.《新教伦理》的涉及范围：资本主义,特指还是泛指？ ... 197
　　　3.《新教伦理》的效力：是否可以证否,以及如何加以证否？ ... 199
　　　4. 儒家伦理：超越《新教伦理》？ ... 202
　　　5. 小结 ... 209

十四　北美新教教派研究的宗教学意义 ... 211
　　1. 韦伯的"教派-教会"二分 ... 214
　　2. 特洛尔奇的阐释 ... 218
　　3. 尼布尔的"宗派主义" ... 220
　　4. "二战"之后美国学界的发展 ... 222
　　5. 小结 ... 225

十五　韦伯命题及其批评 ... 227
　　1. 批评与反批评 ... 228
　　2. 何谓"韦伯命题"？ ... 233
　　3. 历史学的讨论 ... 237
　　4. 多元现代性的讨论 ... 238
　　5. 心理学的检验 ... 241
　　6. 新论证：人力资本理论 ... 242
　　7. 发展经济学的质疑 ... 243
　　8. 微观和计量经济学的考察 ... 244
　　9. 问题永存：双重嵌套结构 ... 245

十六　回顾与总结 ... 251
　　1. 韦伯的论证结构 ... 252
　　2. 韦伯带来的宏观启示 ... 257
　　3. 韦伯提出的微观问题 ... 260

参考书目 ... 263

中文 ... 264

西文 ... 270

网络资源和电子文献 ... 276

后记 ... 279

图表目录

图 1　马克斯·韦伯像 … 15

图 2　亚当和夏娃被逐出伊甸园（米开朗琪罗所绘西斯廷礼拜堂天顶《创世记》局部）… 128

图 3　巴克斯特肖像 … 161

图 4　韦伯问题的双重嵌套结构 … 247

图 5　韦伯对新教教派的比较分析 … 254

图 6　《新教伦理与资本主义精神》中宏观和微观论证的关系 … 254

表格 1　韦伯生前发表的主要作品 … 59

表格 2　韦伯生后出版的主要著作 … 62

表格 3　李凯尔特的科学观 … 78

表格 4　巴登州不同信仰群体的课税数额 … 94

表格 5　巴登州各级学校的入学比例 … 97

表格 6　《儒教与道教》的章节安排 … 178

表格 7　儒教和清教的比较 … 183

表格 8　各世界宗教的理想型 … 184

序言: 今天为什么还要阅读韦伯?

不要因为一本书的盛名而去读它。"古之学者为己,今之学者为人。"(《论语·宪问》)读书首先要明确的是为己还是为人。这里的"为己"不是指自私自利的逐利行为,而是为自己找寻安身立命的根基。这里的"为人"也非舍己为人的利他行为,而是以一己之学问解他人的困惑。本书是对德国思想家马克斯·韦伯的新教伦理研究的研究。韦伯的《新教伦理与资本主义精神》是写于一个世纪之前的作品。它是一部以"为人"的姿态做"为己"学问的作品,而其"为己"的结论又成为投身"为人"的起点。可以说韦伯既是自己学术写作的作者,又是自己学术写作的读者。作者和读者之间产生了一种角色互换与共鸣。

人文学者天然地容易陷入一种学科的"祖先崇拜"——即将历史上的经典奉为圭臬,甚至将之上升到神圣而且不容玷污的信仰地位。本书并不打算采取一种本质主义的经典解读路径。文本的意义在作者写作完成的那一刻开始,就不仅仅属于作者本人了。后世的阅读和阐释也构成了本文意义的一部分,甚至是更重要的部分。对读者而言,文本的意义不是深埋在地下的矿藏,它并不是现成的、不变的。发现自身与文本之间的"价值关联"(Wertbeziehung,韦伯术语),或许才是更为重要的任务。这种价值关联能跨越时空的鸿沟,克服文化的差异,使得经典在每一代人、每一个人身上获得重生。对韦伯来说,这种重生所反映的也许主要并不是其作品本身的伟大,而是读者及其时代的困顿。

所以在这个序言中,笔者并不打算像很多导论一样,使用太大篇幅来赞扬马克斯·韦伯的学术贡献,而是要谈谈今天我们为何还要阅读韦伯。韦伯的新教研究对于当下的我们还可能有什么意义?这种必要性和迫切性或许预示着我们自身深陷的问题。因为,所有阅读都是反身性的。世界的大问题和个人的小问题休戚相关。

一

今天的中国读者面临着一项艰巨的任务,那就是在全球现代化的历史脉络中理解中华文明,并且要在全球化的框架中规划和憧憬中华文明的未来。然而,这一任务受到了很多进程的扰动,甚至其必要性也备受怀疑。

就世界历史意义而言,21世纪始于"9·11事件"。在此之前的近十年中,世界处在一种冷战结束后的乐观情绪之中。伴随着全球政治意识形态对立的消失,笼罩在全人类头顶数十年之久的核战争阴云暂时散去。长达半世纪的对立似乎是以一方的不战而胜告终。于是有知识分子提出了"历史终结"(福山)的看法。然而"9·11事件"以一种前所未有的"景观"方式提醒着每个人,那种乐观情绪可能是盲目的。它提出了更多的问题:"二战"之后存在长达半个世纪以上的"长和平",是否还会继续几代人的时间?全球化在带来了巨大的财富增量之后,是否会顺理成章地给所有人带来福祉?文化交流是否必然意味着文化融合？没有几年的时间，登上全球舞台的事件——从两次海湾战争、科索沃冲突，到前所未有的恐怖袭击——都提醒着人们，冷战中的意识形态对立其实掩盖了人类更深层次的对立——文化、种族、宗教以及世界观。全球化的力量也没有像预期的那样弥合那些旧有的裂痕，反而加深甚至制造了一些新的裂痕。这里所触及的不仅是人类亘古以来面对未来时遭遇的不确定性，而且涉及人的自我理解和价值建树。当全世界看到ISIS("伊斯兰国")这样的残暴组织时，人们不得不重新直面"现代性"的问题——现代为何制造出了如此的野蛮。当我们采取一种置身事外的立场时，人类的种种对立更多地呈现为地缘政治的冲突。然而当我们反躬自问的时候，地理和地缘的问题就转变到了时间轴线上。这种时间轴线并非物理意义上单向流逝的时间，而是赋予所有事件意义的历史时间。它不仅回望过去，还要指向未来。或者甚至可以反过来说，唯有当它能够指向未来时，它才能回望过去。在迷惘中人们才发问。

马克斯·韦伯的新教伦理研究就是这样一部世纪初的"困顿之作"。一个世纪之前，韦伯的祖国面临着极为迫切的现代性问题。韦伯尝试从欧洲文明内部来为德国从何而来、现状如何，以及将往何处去的问题找到一个回答。

"现代性"（modernity）是一个吊诡的概念。首先，现代的内核始终处在流变当中。它之所以处在流变之中，乃是因为我们身处现代性之中。也可以说，现代化作为一个进程尚未完结，仍在展开和进行的过程之中。即便是所谓的"后现代"，也是现代的一部分。对现代的界定并不是一个简单的历史分期问题，而是在很大程度上取决于现代人的自我认识。其次，现代是一个对照概念的一端。它必须要通过和"前现代"的对比,才能凸显出自身的现代性来。在此意义上,每一代人都认为自己是现代人。甚至一个文艺复兴时代的威尼斯商人,都会认为自己是现代的。而在他看来,那些依靠头衔收取地租的贵族是前现代的。现代作为一个思想史的概念,出现却非常晚近,而现代本身包含了一种元价值判断。正因如此,现在性不仅仅关于过去,而且还具有未来向度。人因为有未来,因而需要回望历史。"历史"绝不是马后炮和吃老本。

20世纪后半叶,尤其是冷战当中的现代性表现为对抗性。当这种对抗性消解之后,文化多元带来了更大的困惑。在此,有必要区分两种文化多元:第一种文化多元是事实和描述意义上的文化多元。作为大航海时代和全球贸易的结果,这个星球上不再有遗世独立的文明。各个文明彼此知晓对方的存在,并或多或少认识到彼此在审美、道德、宗教乃至世界观方面存在巨大的差异。我们再也无法否认其他文化的存在及其实际影响。第二种文化多元是规范和价值意义上的多元。其基本假设认为,多元并存有助于各文明克服其自身固有的盲点,并在交流、冲撞与融合过程中可能创造出全新的文化来,人们应当欣然接受并拥抱多元的后果。现实当中上述两种多元混在一起,难以区分。后一种多元文化(论)主要是以新自由主义的政治哲学为基本框架建立起来的。然而,它没有预料到的是,事实上的文化多元可能导致带有强烈分歧的后果:一方面,任何形式的闭门造车和闭关锁国都不再是一个选项。另一方面,不同文化圈的人们彼此产生了误解、嫉妒、怨恨甚至是仇视。这种负面结果不同于古代历史上的彼此仇视。它对本文化也会产生"腐蚀作用"。价值的多元未必必然导致价值虚无,但在文化不再表现为均值的地理板块,则呈现为另一个模式:在单个国家的边界内,文化的连续脉络被中断,遭到质疑,文化均质被前所未有地打破了,甚至出现了深刻的内在文化裂痕。我们在激烈批判"他者"的时候,却无力评判自己。

任何文化都要回答两个问题,我从哪里来,将要到哪里去。前一个问题可以用历史来加以解释,即在我们之前的世代经过了怎样的艰难困苦,他们才造就了我们这一代人。而我们又在何种意义上一方面继承了前代的局限和困顿,在何种意义上想要做出我们这一代的改变。但是在巨大的危机感面前,如果仅仅采取这样一种历史主义立场的文化观,大约只能告诉我们,我们为何变成了这样,究竟是什么塑造了我们。然而它却无法告诉我们,未来可以成为怎样的人,可以期许一个怎样的将来。这就是文化的"定位"作用。文化之定位如同为人划定坐标轴。有了定位才能定心。然而在多元文化的冲击下,原有文化中一些理所应当的世界观和价值预设,受到了前所未有的冲击。如果该文化中的人不能超越文化本位,就会产生出一种错觉——认为这是该文化遭遇的独有挑战,也会进而生发出一种特殊的困顿感甚至受害论来。不过,倘若能够跳出该文化的本位视角,就会发现,这其实是所有文化都遇到的挑战和困境——这就是现代性。因此可以说,文化能够给人带来确定性,也可以带来不确定感。文化自信需基于文化内省和外拓,而非盲目自大或自怨自艾。

二

上一代的本国学者由于对庸俗物质决定论的抵触,而导向某种文化决定论。韦伯在特定的时刻被译介入汉语学术圈,因而被塑造为一个文化决定论者。事实上，韦伯将社会科学界定为一种"文化科学"（Kulturwissenschaft），而文化科学则属于"实在科学"（Wirklichkeitswissenschaft）的一部分。从这一科学建筑术来看，韦伯反对将文化单纯视为精神或者观念性的，文化也有其物质和制度性的维度。也不要忘记韦伯本人是从国民经济学转入对宗教问题的研究的。这一轨迹也足以说明，韦伯不是简单的"唯心主义者"或者文化决定论者。文化既有其器物和制度安排的要素，也必定包含思想、观念的成分。换言之，韦伯的新教研究的出发点是，人类不是仅仅被本能驱使的动物，即便要满足生理需求和欲望，也必定带有其思想和观念的深刻印记。正如韦伯研究者本迪克斯对韦伯思想的总结：没有理念的物质利益是空洞的，但没有物质利益的理念则是无力的。对物质利益的一味追逐本身并非自然而然，反而是一种思想观念的体现。当代的技术力量作为一种物质性的力量具有惊人的潜力，然而它尚需要观念的引导，才知道如何将此潜力在哪个方向上转化为现实——犹如飞机发动机和导航设备的关系。

中国在过去 30 年发生的变化是极为深刻的。这场短时段的变化可以被视为 19 世纪中叶以来面对全球化冲击中的一个阶段——长波中的短波。虽然 20 世纪 70 年代以来，历史学者们开始质疑冲击-回应模式的合法性，但是却可能走向另一个极端——多半从思想史角度切入，而忽视了物质世界的急剧转型以及当事人心态的动荡。这场长达两个世纪的变化至少在两个方面同时发生：一方面在观念和精神领域，另一方面在社会-生活方式领域。韦伯的新教伦理研究开创了一个范本，将欧洲宗教改革后产生出来的思想观念（新教的苦行伦理）和社会经济制度（资本主义）桥接了起来。他采取的思路既是"唯物的"

又是"唯心的",或者说认为两者之间绝非简单的单向决定关系,而是复杂的双向互动关系。这一视角(而非结论)对于理解本国已经发生和正在发生的变化,是有极大启示的。在当代中国的巨大断裂感背后,是否也存在着文化与现实间的连续性?这不仅是一个描述性的问题,还涉及规范-价值层面的追问:这究竟是一种赐福还是诅咒?

在长时段的现代性当中,中华文化受到的冲击远超出我们的想象。这种冲击是全方位的,不止于思想观念层面,在某些层面已经成为我们日常生活的基底。以下是笔者感受到的一个例子:前几年,复旦大学有学生社团在上巳节这一天进行春日赏诗的活动。其间有学生身着汉服来参加,在和煦春光中,人面桃花相映,颇为风雅。其中也有男生穿汉服的,不过就显得不伦不类。一开始也不知道为什么,后来经人点拨才恍然大悟——如今的男生不留发,不蓄须,穿着汉服总有一种太监的感觉。中国古人本来有"身体发肤,受之父母,不敢毁伤"的观念。这是一种近乎宗教信念和世界观的价值规范,以前几乎不会有人质疑。而在现代化浪潮中,男士剪短发,不再留须。但这大多是出于卫生和审美的考虑,而并非一件单纯思想观念的事务。如今少数人自然可以继续蓄须留发,但在旁人看来,其意义也已经发生了嬗变,成为单纯的个人审美喜好。

现代化的特征就是分化(differentiation),传统受到潜移默化的冲击、弱化和置换。某些传统可以恢复,某些却无法挽回,颇有一种无可奈何花落去的感受。人们的生活方式(form of life)已经被彻底改变。所以晚清重臣李鸿章曾经感叹,这是"数千年未有之大变局"(1874)——这种感慨也绝非仅仅针对西来的坚船利炮,而有更深的观念冲击。在此前提下,一味地要求恢复传统,究竟是在追求空洞的认同感,还是追求文化的实质,值得深思。即便在外在形式上恢复一项传统(如汉服)并不困难,也会遭遇抽刀断水水更流的局面——传统从未一成不变,也将继续保持变化。人不能两次踏进同一条河流。因而吾辈更要反思变在何处、为何而变,以及我们如何面对变局。

三

欧洲自16世纪以来在经济领域取得的巨大成就、积累的巨额财富,通常被归在"资本主义"名下。韦伯的新教伦理研究认为,这种近代欧洲资本主义的诞生并非主要由于一些外生的偶然机缘,例如新航路和新大陆的发现、技术革新或者内部阶层性剥削。资本主义诞生需要一种持续的内在心理动力,即"资本主义精神"。这一动力来源于宗教改革。韦伯身处19世纪后半叶的德国。当时的德国是一个困顿之国。困顿使人思考。韦伯的新教伦理研究没有直接关注19世纪的德国,其眼光与众不同:他首先采取了一种"退一步"的研究径路,向后跳跃了三个世纪,来追寻西方资本主义的根基。其次,韦伯采取了"以人为本"的视角。这种以人为本不是指将人的利益和福祉视为根本,而是在社会认识论和行动理论上而言的——在韦伯的理解社会学看来,人的观念会对历史进程产生影响,思想、观念和世界观本身就是自变量,而不仅仅是应变量。因此在人文-社会领域中不存在所谓的"铁一般"的法则。处于外在的历史条件和机缘下,个体的人和集体的人(社团、民族、国家)依然是可以有所作为的。韦伯的哲学根基上要破除历史主义的宿命论(也是虚无论),为后发现代化国家提供一种能动理论。

欧洲文艺复兴和宗教改革在年代上有很大的重叠。这种有趣的重叠形成了一种独特而充满张力的文化氛围。文艺复兴时期的欧洲人一方面笃信上帝，将个人救赎视为此生的首要目标；另一方面，个人也在努力寻求解放和自由，尝试从宗教的权威和以往的思想桎梏中挣脱出来。这种张力造就了一种全新的人类：他既不像以往的人那样彻底地跪拜在上帝脚下，也不像后来的人那样内心毫无敬畏，肆无忌惮。相比之下，当下的世人缺乏敬畏，甚至缺少对自身的敬畏，其决断颇为鲁莽，其影响却持续久远。宗教改革虽然发端于信仰内部的不同理解，其动力却截然不同于文艺复兴，但两者之间形成了某种呼应。新教和天主教形成了鲜明的对照，新教所塑造出来的文化，从出世转向了入世。入世的信仰者一方面全然接受上帝的超越性和绝对性，另一方面不再将此世视为暂居之处，转而充分肯定此世生活的积极价值，并尝试在此世生活中彰显上帝的荣光。原本的对立和矛盾，在救赎的目标下被融贯了起来。财富成为这一转变中的要害问题。欧洲的这一转型历经大约三四百年的时间。致力实业和商贸的资产阶级迅速崛起，而依靠传统地租和政治特权的阶层原地踏步。在德国到了19世纪下半叶，容克阶层甚至已然成为德国进一步现代化的阻力。

不得不承认，我们当代大部分国人并没有类似欧洲基督宗教的信仰，甚至就是无名的物质主义信徒，即便尚存一丝理想主义的色彩，也极少选择彻底弃绝财富的。在过去三四十年中，国人大致经历了欧洲三四百年中的转变——从计划经济到市场经济，从集体主义到个人主义，最重要的是从以财富为耻到以财富为荣，甚至发展到了以财富作为衡量人和社会的唯一标准。换言之，财富成为一种"救赎"，一种没有超越目标、缺乏实质内容的此世救赎。但是很多人并不清楚自己为何致富，以及未来是否还能继续致富或者保有财富。于是这种"救赎"

显得不那么牢靠,甚至是岌岌可危的。这种窘境迫使我们去思考人追求财富的深层动力:财富究竟是目的还是手段?如果说宗教改革时代的欧洲人致富的心理动机归根结蒂是宗教上的救赎,那么如今我们致富的心理动力是什么?近年来,我国成为全球奢侈品消费的重要市场。短期内致富之后,人究竟在追求什么?有人追求"面子"和排场,有人想要光宗耀祖,还有人寄希望于下一代。我观察到身边的不少人,是出于强迫(不得不)而去追求财富的。与其说他们在追求财富,不如说他们更加害怕失去财富。中国人的存款比例在全世界一直是较高的。其原因究竟是什么?是因为受到儒教文化的持续影响,还是由于缺乏周全的现代社会保障制度?在当代中国,在经历了一代人的财富"狂飙突进"之后,代际转换和承继的问题已经出现。改革开放的第一代致富者,都曾经尝过贫穷甚至饥饿的滋味。不过由于他们的努力,他们的后代得以摆脱贫穷和饥饿。但是问题紧随而来,当人们不再为了摆脱贫困而积累财富时,当人们从未亲身体验过贫穷和饥饿的滋味时,这种动力是否还能持续?

四

"资本"早已经超越了意识形态和政治制度,成为每个人都无法忽视的物质性力量。即便不加上"主义"两字,"资本"也已经足以造成巨大的意义分歧。韦伯和马克思可以被视为研究西方资本主义的两个模本。不过要注意到两人的"时差"——马克思要比韦伯早出生大约半个世纪。然而两人研究的资本主义却相距了三个世纪。韦伯关注的资本主义在16—18世纪的欧洲大陆,而马克思观察到的资本主义主要在 19 世纪的英格兰。两人的对立并不是他们本身方法和结论的对立,而更多的是后世意识形态对立造成的刻板印象。马克思分析的是完成了工业革命的英国工厂,而韦伯考察的则是工业革命之前的企业。当 1914 年韦伯前往新大陆,亲眼看见了美国的当代流水线之后,他和马克思就构成了一个闭合的"框架结构"——两人对资本主义的考察是一个连续统:韦伯(16—18 世纪)、马克思(19 世纪)、韦伯(19—20 世纪)。可以说,韦伯本人恰好处在一个时代的分水岭上,资本主义逐渐在转变为一种非人的力量。马克思对此也是有先见之明的,他尝试用人-人的社会关系,来分析和批判资本主义。但是韦伯在新教伦理研究中对资本主义的分析却有两个不同的切入点:一个显见的切入点是尝试从宗教根基理解资本主义精神的诞生——人-神关系对资本主义的塑造;另一个隐藏的切入点是一种对未来的担忧,即摆脱了宗教根基的资本主义,一旦和机械文明结合起来,将成为一种凌驾一切、宰制所有的非人力量。非人逻辑反过来控制人-人关系。这一点和马克思《巴黎手稿》中的"异化"思路极为契合,后来也被法兰克福学派所吸纳。

虽然我们不能幼稚地希望,资本主义重新扎根到宗教的土壤中去,但是依然可以发问:如果资本主义成为颠覆性的力量,那么还有什么可以再度驯服这头猛兽?可能对今天的人来说,需要担心的已经不再是往日的建构性力量——工商业资本主义,需要特别担忧的是金融资本主义。换言之,韦伯特别关注的是物质文明背后的精神根基。在他看来,勤勉、强制节约、反对奢侈、以荣耀上帝为目标的清教伦理才是形成资本的原动力。这也是所有一切其他现代合理性(rationalism)的起点。然而,单纯经济领域中的合理性推向极致之后,出现的是非理性或反理性,甚至是疯狂。那么谁来遏制这种疯狂?

当今中国在绩效主义的驱动下,也沾染了资本主义的种种弊病:一些个人信念迷惘、沉迷享乐和消费,整体道德水准出现滑坡,社会舆论撕裂……然而简单地将原因归结为"西方",只是在回避自身的责任。关键是"我们"将如何做为?

救赎曾是"为己"的根本,而财富如今将"为人"和"为己"在基础上统合了起来。资本主义似乎成为一种超越任何个人、无可撼动的制度。在个人的追求与挣扎,以及外在的、无法动摇的制度之间,似乎缺乏勾连。这道鸿沟令人绝望。韦伯的新教伦理研究在两者之间架起了一座桥梁——将无可撼动的外在、非人之物,追溯到个人精神及其生活方式的根基。所以才讲,韦伯是在用"为人"之姿态做"为己"之学问。反过来,"为己"之发问又可以投身"为人"之事业。

五

本书作为《复旦通识丛书·读本系列》中的一册,兼有研究和教学的双重使命。复旦的通识课程具有重视经典阅读的传统。《新教伦理与资本主义精神》作为文史和社会科学经典的地位毋庸置疑。它以内容丰富、语言艰涩难读而著称。该书目前虽然有多个中译本,但仍然存在大量误读和误解;此外,这本书涉及多个学科的方法论,而且本国的国民教育中缺乏相应的背景知识。由于跨越了多个学科——哲学、宗教学、历史学、政治学和社会学等,也给读者造成了不少认知困难。近几年本人在通识课程授课过程中采用了"三位一体"的教学设计思路:以对经典文本的阅读和理解为基础,引入个人对诸如职业、财富、金钱等问题的伦理思考,来拉近经典文本和当代学生之间的关联;其次,通过介绍宗教改革、文艺复兴、理性化,拓展学生的文化视野,在长时段的比较中凸显文化意识,以此来提升人文素养;最后,要通过介绍和反思社会学、宗教学、哲学和经济史等几个学科的方法论,来夯实学生的跨学科学术基础。

笔者认为"功夫在诗外",无法顺畅理解该书的主要障碍并非原著的文本和文字,而是由于读者缺乏相应的文化背景和知识预备。为了克服上述的困难,笔者认为需要在以下几个方面进行着力:第一,本书花了大量的篇幅来建构韦伯新教伦理研究的文化史和作者的个人生活背景(第二至五章),以此来帮助读者了解韦伯进行新教伦理研究的学术史脉络以及他当时的主要问题意识。第二,要在经典文本和当代读者(尤其是当代中国大学生)之间建立起一座桥梁。新教伦理中对财富、职业的一些论述,对于当代人的生活无疑可以提供一定的反思对照。因此本书在导论(第一章)中突出了"伦理"在韦伯那里的特殊含义以及当代人所处的伦理危机,并在行文中引入了一些贴近生活的案例来阐释韦伯的一些核心概念,例如合理主义等。第三,有必要突出韦伯的方法论基础。《新教伦理与资本主义精神》结合了韦伯的经济史案例研究和方法论反思。因此本书在第六章中概述了韦伯理解社会学的基本概念。不仅要让读者看到韦伯说了什么,而且要让读者明白他为什么这么说,是如何得出这些结论的。第四,需要拓展韦伯在新教伦理中的论述,将视域拉回到亚洲和中国,加强读者的切身感。因此本书在第十二章中介绍了韦伯在《儒教与道教》中对中华文明的论述,以及"二战"后亚洲学者对其观念的质疑和反驳,以此来反思文化与社会的互动关系,从比较文化的立场来反观中华文明的特质。第五,要同时避免神话韦伯和对韦伯的误读。因此本书在第十三至十六章中特别总结了对韦伯命题的批评和汉语学界对韦伯新教伦理研究的典型误读,以及长期以来被忽视的新教教派研究之学术意义。第六,上述所有一切都必须基于对文本的直接和深度阅读。因此本书在第七到十一章重构了韦伯论述的主要脉络和论证要点,正好对应《新教伦理与资本主义精神》的五章内容。第七,在全书有四个附录。第一个附录给出了对基督宗教的概述,来帮助中文读者领会该研究的欧洲历史背景;第二个附录给出了阅读《新教伦理与资本主义精神》各章节的指导性问题,可以让读者在阅读前就带着问题进入文本;第三个附录是对《新教伦理与资本主义精神》各章节内容和论证脉络的梳理,以防止在阅读中只见树木不见森林,错失了韦伯的论证主线;第四个附录给意犹未尽的读者推荐了一些扩展阅读书目,当然其中的评价都是笔者个人的主观判断。

可以说本书期待的是一个频谱相对较宽的读者群,从对文史社科感兴趣的普罗大众到在校的大学生,再到专业的研究者不一而足。也请各位读者各取所需,不吝赐教。

每一代知识精英都认为自己处在前所未有的危机当中,而每一个同时代的享乐者却没有这种危机感。他们认为所有的时代都是类似的——一样的平庸和一样的匮乏,或者同样的享乐和同样的混乱——不同的仅仅是一个人身处的社会阶层和地理位置。在知识精英看来,后一种立场恰恰是前一种危机的原因之一。横亘在两个群体之间的大概就是深度的学术阅读了。韦伯的新教伦理研究绝对不是一剂包治百病的灵丹妙药,却提出了无法回避的问题。

提问先于回答。诊断先于治疗。是为序。

一

现时代的精神状况和伦理危机

"未经反思的生活是不值得过的。"

——苏格拉底《申辩篇》

1. 何为反思?

笔者不想一上来就介绍作者和文本,而要先处理一些更为基本的问题——从我们所处的时代和反思谈起。"反思"一词的德语是 Nachdenken,nach 的意思是"在……之后"。因此这个词有在行动、选择和判断之后反复、再三思量的意味。"反思"一词的英语是 reflection,其中的词根 re 也有"再度"的含义。re 也意味着它对思考本身的思考。词根的考察并不是为了做词源研究,而是为了突出反思一词中经常被现代人忽略的内涵:反思是一种能力,即从理所应当的思维窠臼当中抽身而出,换一个立场,或者成为"另一个自己"来反观自身、提出问题的能力。笔者尝试要将反思原则贯穿于整本书,因此首先就要问:在今天为什么还要读这本书?为什么一个中国人或者任何一个欧洲之外的人,在一百多年之后,还要来阅读马克斯·韦伯的新教伦理研究著作?

我们生活在一个缺乏反思的时代。绝大多数人都满足于现成的答案。能够独立提出问题的人太少,而现成的回答太多。很多人认为,关于一切的回答都可以交托给一些领域中的专家,他们能够代替我们给出能让所有人满意的回答来。这是一种偷懒的想法。的确,我们生活中的一些事情,可直接交给专家们。例如,生病了需要找医生,手机坏了需要交给维修人员,法律问题可以找律师……但是有没有一些问题是专家无法代替你回答和面对的呢?每个人的人生可能有极少数这样私密和独特的事情。我身边有很多一切按部就班的人。他们的人生沿着一条预设的轨迹展开——小学、初中、高中、高考、读大学、争取好成绩、实习、考证或者考研、找工作、结婚、生子、工作……他们很少问自己为什么要走这条道路,因为别人都这样,我就这样吗?我们的城市中也从不缺少行色匆匆的行人。他们步履匆忙,总好像在赶时间,却很少知道自己为什么如此匆匆。反思并不复杂,归根到底就是告诉自己一个"为什么"。

我们很多人都是精于计算而不善反思的。很多人每天都要做出不少选择、判断和决定,例如是否要买入一手股票,是否要考一个证书,是要送孩子上这个学校还是上另一个学校。每个人都把自己看作一个争取投入最小、利益最大化的"经济人"。因此,这种锱铢必较的计算就变成了单纯的算计。在韦伯看来,现代人的计算能力是极强的。这些计算能力都是"工具理性"(instrumental rationality)的象征,相反现代人的"价值理性"(value rationality)是极为薄弱的。简单来说,工具理性就是知道当目标确定之后怎么实现、达成目标的手段;而价值理性就是知道要实现什么目标以及为何要实现这一目标。

现代人很少有能够拒斥财富的。我们想尽了各种办法来获得财富,并让财富进行所谓的"增值"。韦伯在新教伦理的研究中提出了反思性的问题：人为何要赚钱？赚钱越多越好吗？除了赚钱，还有其他值得追求的东西吗？这就从工具理性过渡到了价值理性的层面。再比如，宇航工程师可以帮助我们解决如何登上火星的问题。例如，飞行器要采取何种推进方式、何种路径，如何维持宇航员的安全，降落在什么地方，如何返回地球等等。感谢科学技术的发展，现代人很有幸能够解决这些问题。但是，人类依然需要回答的是，为何要登上火星，为何要探索太空。后者就是价值理性处理的问题，前者则是工具理性能够处理的问题。在韦伯看来，价值理性和技术理性应当相辅相成。然而在20世纪初，他就看到了一个有害的倾向：人越来越不谈价值，而只看手段。这一切在第一次世界大战中爆发出来。前所未有的新科技催生了前所未有的新武器——飞机、潜艇、毒气、马克沁重机枪纷纷登上战场。在全面战争的名义下，它们几乎杀戮了欧洲整整一代的年轻人。现代性的病症已经开始爆发，但尚未到达顶峰。20年后，更加骇人听闻、惨绝人寰的事件在"二战"中发生了。纳粹德国采用了高度"合理化"、几近于流水线的方式，在集中营中以最高效率屠杀了近600万犹太人（和另一些少数派人士）。虽然韦伯并未目睹这一切，但他早已预见到价值理性好比方向盘和制动装置，工具理性好比发动机。现代社会在科技的助力下，变成了一辆畸形的跑车——它的发动机无比强大，可以达到前所未有的速度；但是，它的方向无比迷茫，甚至制动装置已经被拆除。当这样一辆跑车开始疾驰起来的时候，离开颠覆性的灾难也不远了。

只顾"怎样"（how），不问"为何"（why）是现代性的病症。这并非与我们每个人无关的事情。恰是在这种心态下，个人前所未有地感到意义感的缺失——一个人按照世俗的标准可以相当成功，内心却无比空虚,他不知道自己为何追求这种成功,这种成功也不给他带来彻底的满足。一个人可以享用现代技术带来的种种便捷,交通、能源、通讯、医疗等等,但很有可能他比欧洲中世纪的工匠和中国宋代的老农活得迷茫。只有当追问和反思成为一种生活态度的时候,上述问题才可能有解。

2. 为何反思?

我个人认为,我们这个时代处在深重的伦理危机当中——"伦理"的含义必须在韦伯的意义上使用。这并非指这个时代的整体道德水准低于任何时代,而是说,这个时代的人充满了深刻的伦理冲突,即在"应当过一种怎样的生活"这一问题上陷入了矛盾。导演杨德昌在他执导电影《一一》(2000年)中的一句台词,可以很好地来总结当下的这种伦理危机:"这个时代的问题是每个人都不知道自己要什么!"我们很难找出一个关键词来描述我们这个时代的"时代精神"(Zeitgeist)。一方面我们生活在一个极为碎片化的时代,人们近乎本能地反对任何崇高和宏大叙事,另一方面所有人都沉浸在消费主义大潮中,难以脱身,并将逐利作为自己的人生目标。

在韦伯的这本《新教伦理与资本主义精神》的书名当中有一个关键词,就是"伦理"。在现代汉语当中,伦理一般与道德有关,指一种社会中存在的人与人相处的准则。但是韦伯所使用的德语 Ethik 一词的含义有所不同。它在英语中被翻译为 ethic。ethic 非常容易和另一个词 ethics 混淆起来,后者是伦理学,另一个说法就是道德哲学(moral philosophy)。伦理学是哲学的一个分支,主要研究历史上存在的各种伦理规范及其得以成立的理据，因此是一门研究的学问（Wissenschaft）。韦伯所讲的"伦理"不同于伦理学，它来源于希腊语ethos一词，指一个具体时代、具体人群所带有的精神气质、生活方式以及他们对诸种事物的基本态度。在《新教伦理与资本主义精神》一书中，韦伯高频使用的另一个词是伦理的近义词，也即"生活方式"（Lebensführung）。生活方式是一个较为文雅和学术化的翻译，它本来的意思就是"过日子"——一个人想做一个怎样的人，以及想过一种怎样的生活。没有研究过任何伦理学的人，在其生活中也不可避免地具有一种伦理，即生活方式。这种伦理是通过家庭教育、社会熏陶和宗教教化缓慢而逐渐地形成起来的。反过来，对伦理学的研究可能无助于一种伦理的形成。当我们对一个地方的人和另一个地方的人加以比较，或者将不同时代的人加以比较，可能会很容易发现他们伦理方面的差异——例如有些人对礼节极为重视，另一些人则注重自我；有些人看重此世的享乐，而另一些人则首先考虑来世的救赎。不同的伦理会导致人们生活趋向的差异，从而造成截然不同的生活形态。

　　我们这个时代的伦理危机表现在很多方面。这些方面几乎都无法跳出韦伯在《新教伦理与资本主义精神》中提出的论题。以下我仅仅做一些列举式的描述：首先，伦理危机体现在金融危机中。2008年美国的次贷危机从表面上来看起源于单个国家的金融监管，有些人则将之怪罪于个人无限制的贪婪。可能人类历史上从来没有这样的情况——那么多人的生活根基在不知情的情况下取决于如此少的人在极短时间内的仓促决定。金融危机是不是一种"资本主义"的内在问题？要回答这个问题就必须回到韦伯对"资本主义"的定义去。韦伯对"资本主义的精神"的界定包含了如今这种肆无忌惮的金融资本主义的绝对对立面——自我约束、限制以及严格的伦理考虑。为何个人会追求天文数字一般的金钱回报？这内在于人的本性，抑或是一个特定时代以及一种特定文化的特殊心态？

其次，这个时代的伦理危机集中爆发在食品安全危机中。同样，为什么一些人为了追求盈利而彻底不顾他人的安危？再次，生态危机也折射出了伦理危机的一个侧面。似乎生态和气候是一件关乎所有人的事情，但令人沮丧的是，没有人可以为之负责。最后，伦理危机集中体现在职业危机当中。这个时代的绝大多数人陷入了深刻的矛盾当中——一方面他们千方百计想要避免和逃离任何形式的劳动，另一方面他们却明确地意识到，工作或者说工作带来的酬劳是其一切其他生活的前提。在各种商业广告所塑造出来的光鲜人生背后，"成功"被化约为一个简单的标准——收入多少。人们倾向于否定很多职业的内在价值——医生、教师、法官、律师……韦伯在《新教伦理与资本主义精神》当中对"职业"的论述，可以说给出了一个西方文化中职业人进行自我理解的典范，也构成了20世纪以来人们的自我精神分析。他不仅提出了一系列学术问题，而且这些学术问题恰恰和每个现代人的根本境遇密切关联：职业是否可以被等同于一份生计？职业难道仅仅是谋生的途径？个人的职业选择究竟意味着什么？如果对照韦伯的对职业的论述，甚至对照他的生平，如今很多恪守职业的人恰恰是"不务正业"的。如果职业仅仅是为了赚钱，那么还有没有什么东西不能被金钱收买？

"古之学者为己，今之学者为人。"韦伯在《新教伦理与资本主义精神》中对职业的论述包含了这两者，它既是为人的，也是为己的。而所有这一切问题的思考，都需要一种最大的诚实——对自己诚实。每个人都需要直面本心，无法人云亦云，不能再继续自欺，也无法逃遁。归根到底，这是一个伦理诘问：你究竟想要过一种怎样的生活？

3. 如何反思？

古希腊哲学家苏格拉底很喜欢引用德尔斐的神谕——"认识你自己"。这个目标着实是不容易的。现代人对外部世界有非常多的知识，对自己却认识不足。或者说，通过阅读和学习就很容易获得对外部世界的知识，然而自识和自知却是很难学到的。这就对反思提出了格外严苛的要求，反思不能仅仅成为一种姿态。正如苏格拉底喜欢说的另一句话——我知我不知，自知的前提是首先要承认自己的无知，或者说自己存在着一定的认知偏见和局限。每个人都在自己的洞穴当中。

走出这个洞穴就是走出自我中心，摆脱那些"想当然"和"理所应当"。然而悖谬的是，自知不足，需要从了解"他人"开始。也并不是任何一个他人都能帮助我们克服认知障碍。当他人的所思所想和我大同小异的时候，只能一遍又一遍地印证我原有的想法。只有当那个他人成为文化上的"他者"时——其思想、观念、价值、判断、生活方式和我存在明显差异甚至冲突的时候，我才能真正开始反思。对个人来说，以"他者"为镜，才能克服自我的褊狭。此外，本书的目标是通过对韦伯《新教伦理与资本主义精神》的阅读，从欧洲文明的立场反观中华文明，以及我们当下个人的一些行为处事方式。因此，对民族和国家来说，以文化为鉴，才能克服自身盲点。差异是能够创造价值的。这也是文化多元主义的基本信念之一。

这些原则虽然在21世纪初获得了普遍的承认——近几年又受到了众多质疑和挑战,但韦伯可谓这一原则的先驱。在19世纪末20世纪初,当欧洲文明还处在一种如日中天的优越感中时,他就意识到了欧洲文明的局限与危机,在其《诸世界宗教的经济伦理》中,尝试走出西方中心主义,进行跨文化的比较研究。他的第一个欧洲之外的案例,就是对中国的儒教与道教进行分析。韦伯的这种方法,对今天的国人也可能有所启发。今天我们急需跳脱出中华文化的本位主义,以其他文明视角来反观中国文化和当下现实。国人急需反思自身的问题看似宏大,例如何谓中国,但实际上和每个人的生活休戚相关。我每吃一顿饭,每穿一次衣,每一次,都是在进行一次文化判断与抉择。

　　我们每个人都认为自己是现代人。然而,"现代性"对我们每一个人究竟意味着什么?用智能手机和互联网就是现代吗?我们能否仅仅用外在的器物来判断现代性?还有,现代是否仅仅是从西方而来,中华文化有没有内在的现代化动力呢?我们对"西方"的纠结,事实上就是对自我的困惑。

二

韦伯其人

"韦伯对我们来说的确就是一座迷宫。"

——麦克雷①

1. 韦伯的光晕与传奇

马克斯·韦伯是谁？他拥有众多头衔,例如现代社会学的奠基人之一,社会方法论的大师,法律、经济史、组织社会学重要学者。他和卡尔·马克思和埃米尔·涂尔干一起被称为社会学的三大奠基者。但是眩目的光晕和太高的学术评价,反而会妨碍我们深入地理解一个学者的思想。阅读一本书的最终目标是能够和那个写书的人站在同样的思想高度,如有可能还要最终站上他的肩膀,超越他。

我们如何了解一个人呢？一般我们都会说要"听其言,观其行",两者要兼顾,不能偏颇。而如果要了解一个学者,可能还要做更多,要"读其书,知其人"。不得不承认,我们很多时候是首先被一个思想家的生平轶事和传记所吸引的。例如20世纪著名的哲学家路德维

---

① D. G. 麦克雷:《韦伯》,孙乃修译,中国社会科学出版社,1992年,第1页。

二 韦伯其人

希·维特根斯坦(Ludwig Wittgenstein)。他的一辈子充满了各种传奇经历,例如出生维也纳的钢铁大亨家庭,一度热衷于新兴的航空学,在剑桥遇到罗素后决定转入哲学;"一战"后主动放弃可观的遗产;当过战士、隐者、园丁和乡村教师;他后期的哲学思想彻底否定了自己的《逻辑哲学论》——他自己曾经认为这"天书"解决了所有的哲学问题……我们现在很多人通过外在的符号来给自己增加"身价",例如汽车、手表、饰品。但是维特根斯坦这样的人通过自己的"行迹"和作为,将自己的人生作为一件艺术品来加以"打造"。而哲学家的另一个极端的例子是柏拉图,不是因为他离开我们更加遥远,而是因为有人提出,对哲学家一生的最好总结就是他出生,他思考和死亡。把人生中的多样和杂多给去除掉了,冥冥之中被哲学家这个身份所圈定了。

对马克斯·韦伯显然不能进行这样简明扼要的总结。因为韦伯是很难被一个身份、一种职业或者一个单一的面向所概括的。阅读了他一些社会学著作的人,如果再去阅读他对德国政局和政客的看法,可能会感到震惊——理论著作中的韦伯冷静而缜密,而他在政治中充满激情。

西方人很早就区分了两种类型的人,一种擅长思考和反省,过着一种"沉思人生"(vita contemplativa);另一种则擅长行动和做事,过着一种行动"积极人生"(vita activa)①。最初这两个类型的划分是用来区分修道院里两种不同类型的修道僧的——两者各有所长,但也会也

---

① *Vita Activa* 也是 20 世纪德国哲学家汉娜·阿伦特一本专著的名字,英语本翻译 *The Human Condition*,即中文本的《人的条件》,更好的译名为《人的状况》。

有各自的缺点：前者容易犹豫不决、优柔寡断；后者则往往行事鲁莽，欠缺考虑。学者本身虽然一定是非常善于思考的，但是如果考察他们的传记，也会发现与之对应的类型。在哲学史上，沉思人生的典型是德国古典哲学家康德。他一辈子生活在东普鲁士的哥尼斯堡（今天的俄罗斯加里宁格勒），没有离开过城市40公里的范围，终身未婚，过着钟表般规律而精准的生活。另一个沉思人生的典型是中世纪经院哲学家托马斯·阿奎那。他出身意大利贵族家庭，很早就投身神学思辨，一辈子成就一部《神学大全》。因为长时间读书写作而身形肥胖。他坐的桌子不得不挖出一个圆弧来放置阿奎那的肚子……在20世纪历史上，积极人生的哲学家逐渐多起来了。例如法国哲学家萨特和英国哲学家罗素。他们两人不仅文笔都很好，被授予了诺贝尔文学奖——当然前者拒绝领奖，而且也都具有如下的特征，他们不仅进行哲学思考，而且都积极投身于当时的社会运动：萨特参与了"二战"时的法国地下抵抗组织，而罗素则反对战争和暴力，还为此坐了两次牢。假设我们去读一下马克斯·韦伯的传记，就会在他身上同时发现两个特征，甚至是两条独立的主线——韦伯既是沉思人生的典型，也有积极人生的一面。沉思体现在其学术研究中，而行动体现在其政治活动中。《学术与政治》这本书的标题就能很好地表现韦伯人生中两个最为重要的维度。

2. 韦伯精神世界的基本特征

韦伯个人的精神世界充满了分裂、矛盾和紧张。韦伯的研究者本

二 韦伯其人

图1 马克斯·韦伯像

迪克斯在其著作中特别突出了韦伯的这一特质。① 如果我们仔细端详一下韦伯在各个年纪的肖像，不难发现一些他的面部特征。几乎很少有人像他那样紧锁眉头。而且随着年龄的增长，他的眉头越来越紧，好像两道很深的沟壑。

当然韦伯还有一些其他面部特征。例如韦伯本人其实不喜欢侧面的照片，因为那样会凸显出他的大鼻子；韦伯从大学时代开始留起大胡子，因为他在大学里参加击剑社，在脸上留下的一道很深的刀疤，大胡子正好可以掩盖刀疤。

韦伯内在的分裂、紧张和矛盾不仅仅是他个人的特质，很大程度来自于他的家庭环境，尤其是他的父母，更是他所在时代德意志第二帝国文化内在张力一种反映。

3. 家庭：严父慈母

韦伯出生在一个典型的普鲁士的严父慈母型家庭。不过他的父母在性格上差异极大，几乎构成了两个极端：韦伯的父亲老韦伯来自德国西部比勒菲尔德的商人和纺织工业家庭。老韦伯的兄长卡尔·韦伯（Carl David Weber）是著名企业家、法学博士。老韦伯接受了良好的资产阶级教育，获得了哥廷根大学的法律博士，后来担任公务员，曾分别在埃尔福特、柏林和夏洛滕堡市政机关供职，他尤其关注财政和行政管理问题。老韦伯曾两度担任普鲁士议员（1868—1882、

---

① 参见莱因哈特·本迪克斯：《马克斯·韦伯思想肖像》，刘北成等译，上海人民出版社，2007年。

1884—1897)和德意志第二帝国的议会议员(1872—1884)。① 老韦伯代表了当时德国处于上升阶段的资产阶级。他不会拒斥任何此世的功名利禄,是一个追逐名利的典型,也可以被认为是一个韦伯笔下的"享乐人"(Genussman)。

老韦伯和那个时代所有的严父一样,从一开始就安排好了其长子马克斯·韦伯的人生轨迹——上大学学习法律,当一名成功的律师,一旦机会成熟就参政。然而,和所有年轻人一样,马克斯·韦伯尝试挣脱老韦伯的庇护,寻找自己的独立人生。这种努力有时候达到了对抗和反叛的程度,但是最终却无可奈何地坠入一种"宿命"。甚至有传记研究者提出,韦伯有明显的"俄狄浦斯情节"。

韦伯的母亲海伦娜·法伦施泰因(1844—1819)来自一个教育世家,知书达理。他的外祖父法伦斯坦出生于神学院长的家庭。② 海伦娜的姐姐伊达嫁给了当时著名的历史学家鲍姆加登(Hermann Baumgarten),这个姨夫后来在学识和为人上对韦伯影响很大。韦伯的母亲几乎形成了他父亲的对立面,她对世俗的功名利禄毫不关心,而且有非常虔敬的宗教信仰。韦伯父母的经济状况也是一个问题。母亲从娘家那里继承得来的遗产,数额远远超过父亲一生的全部所得。而后者一直想要获得对这笔钱的支配权。③ 甚至可以说韦伯从母亲身上看到了典型的"宗教人"。父母两人的生活方式截然不同,这样的家庭也部分塑造了韦伯的内在紧张。

---

① 汉·诺·福根:《马克斯·韦伯》,刘建军译,河北教育出版社,1999年,第13页。
② 汉·诺·福根:《马克斯·韦伯》,第3页。
③ 汉·诺·福根:《马克斯·韦伯》,第45页。

韦伯父母共生下八个孩子,其中六个成人,韦伯是家中长子。韦伯的弟弟阿尔弗雷德·韦伯(Alfred Weber,1868—1958)后来也成为著名的学者,但可以说一辈子生活在哥哥的阴影中;另一个卡尔成为军官,在"一战"中在东线阵亡;最小的弟弟阿瑟成为建筑师。父母的关系在 1877 年出现无可挽回的裂痕。当时韦伯年仅四岁的妹妹小海伦夭折。老韦伯因为公务繁忙而没有时间陪伴妻子,让她一个人承担了丧女之痛。之后两人的关系彻底决裂。① 韦伯的青少年时期经常缺乏父亲的关爱。而母亲又特别青睐这个长子,把他叫作"我们的大女儿",也把很多家庭事务托付给韦伯处理。② 韦伯因此一直要承担家中长子和长兄的责任。

4. 过山车般的人生轨迹

马克斯·韦伯的一生走出了一个过山车般的轨迹:首先急速上升,攀爬到学业和人生的巅峰,然后在短短几年时间里急速掉落到谷底,之后再缓慢地恢复、爬升到原来的高度,而在他踌躇满志,准备再攀新高的时候,生命却戛然而止。我们大致可以将韦伯的人生划分为以下几个阶段:

① 出生与童年(1864—1882):

1864 年 4 月 21 日马克斯·韦伯出生在图林根州的埃尔福特

---

① 汉·诺·福根:《马克斯·韦伯》,第 34 页。
② 参见《韦伯小传》,载《韦伯作品集Ⅰ·学术与政治》,钱永祥等译,广西师范大学出版社,2004 年,第 41 页。

二 韦伯其人

(Erfurt)。很快由于老韦伯工作调动,全家搬到了首都柏林。韦伯童年时体弱多病,2岁时(1866)曾患脑膜炎。① 有传记研究者认为,这次患病可能对他以后的精神和健康状况有所影响。在母亲长达五到七年的悉心照料下,韦伯才逐渐好转。② 韦伯家境殷实,青少年时代接受了很好的教育。他喜欢沉浸在古希腊罗马时代的名著当中,很早就熟练掌握了欧洲的古典语言。按照韦伯自己的回忆,他个人的发展极为不平衡。他自己说:"我的智力成熟很早,而别的方面都成熟很晚。"③韦伯的父母家中经常高朋满座,来往的都是社会名流,其中有著名的学者如狄尔泰、戈尔德施米特和特赖奇克。这给青少年的韦伯营造了非常浓厚的知识氛围。④

② 求学和兵役(1882—1888):

1882年韦伯通过了文理高中毕业考试后,来到德国西南部的海德堡,开始其大学生涯。海德堡大学是德语区一所历史悠久、享有盛名的大学,成立于1386年,拥有56个诺贝尔奖获得者。⑤ 按照父亲老韦伯的意愿,他当时主修法律。但很快他就自己决定转入国民经济学。

韦伯在海德堡求学期间终于摆脱了家庭的束缚,开始了独立的生活和思考。他当时的生活可以用"三位一体"来形容——击剑、喝酒

---

① 参见D. G. 麦克雷:《韦伯》,第28页。
② 汉·诺·福根:《马克斯·韦伯》,第12页。
③ 汉·诺·福根:《马克斯·韦伯》,第15页。
④ 迪尔克·克斯勒:《马克斯·韦伯的生平、著述及影响》,郭锋译,法律出版社,2000年,第3—4页。
⑤ 这个数字包括在海德堡大学任教和曾经在该校学习过的诺贝尔奖获得者。来源:海德堡大学网站 https://www. uni-heidelberg. de/en/university/history/heidelberg-university-nobel-laureates。登录日期:2020年3月30日。

（社团）、阅读。① 受到当时大学生生活方式的影响，他开始逐渐养成了德意志的男子气概。期间，韦伯因为参与击剑社的决斗，而在脸上留下了很长的一道剑伤疤痕，从此韦伯开始留大胡子来遮盖这道伤痕。韦伯的母亲第一次看到这道伤痕的时候，遏制不了自己的愤怒，狠狠打了韦伯一个耳光。② 韦伯这样描绘自己的大学生活："当我击剑的时候，就把青春逼到墙角；当我痛饮的时候，就使青春倒在桌下。"③

韦伯求学期间，还赴斯特拉斯堡服了兵役。④ 恰好韦伯的姑姑伊达一家住在斯特拉斯堡。姑夫鲍姆加登（Hermann Baumgarten）是一位著名的历史学家，他在智知方面对韦伯产生了很大的影响。⑤ 韦伯和表妹埃米丽产生过感情，但无果而终。⑥ 兵役之后1884年，韦伯前往柏林继续学习。

韦伯的求学道路可谓一帆风顺。由于其良好的学养基础和天赋，他在1889年以论文《意大利城市的家庭和商业团体公共贸易公司中共责和资金独立原则的发展》获得了博士学位。论文的部分经修订后作为《论中世纪商业团体的历史》出版。在韦伯的博士论文答辩会上，

---

① 汉·诺·福根：《马克斯·韦伯》，第28页。
② D. G. 麦克雷：《韦伯》，第35—36页。另参见汉·诺·福根：《马克斯·韦伯》，第29页。
③ 汉·诺·福根：《马克斯·韦伯》，第103页。
④ 斯特拉斯堡（法语 Strasbourg，德语 Straßburg）今天属于法国，是欧洲议会（European Parliament）的所在地。斯特拉斯堡属于著名的阿尔萨斯-洛林地区，历史上这一地区一直是法国人和德国人混居的，当地居民大多都用双语。1871年战争之后，斯特拉斯堡被德国占领，由于其特殊的地理位置和重要的经济地位，而被视为德意志第二帝国的西部重镇。"一战"之后，斯特拉斯堡被法国夺回。
⑤ 参见汉·诺·福根：《马克斯·韦伯》，第38—39页。
⑥ 汉·诺·福根：《马克斯·韦伯》，第30—31页。

二 韦伯其人

他和答辩委员、著名的罗马史研究专家特奥多尔·蒙森（Theodor Mommsen，1817—1903）发生了激烈的争论。但是，答辩会结束之后，蒙森依然给予韦伯极高的评价：

> 当我不得不进入坟墓的时候，我将只能对一个人——那个人就是受到崇高敬意的马克斯·韦伯——快活地说："我的孩子，这是我的长矛，这东西对我的胳膊来说已经太重了。"①

蒙森在此借用了罗马人的一句谚语——当一个罗马男子因为年纪太大，而无法为国出征的时候，他会将自己的矛和盾交给儿子，这意味着公民责任的交托。蒙森借用这句话来表达对韦伯的信任，即把自己的学术重担交托给韦伯。两年之后在1891年，韦伯又凭借《罗马农业史对公法和私法的意义》通过大学教师资格考试（Habilitation），当时年仅27岁！②

这个时期的韦伯可谓春风得意马蹄疾，在人生上也收获颇丰。1893年他与玛丽安妮·施尼特格（Marianne Schnitger，1870—1954）结婚。玛丽安娜是德国第一代受大学教育的知识女性，后来成为德国妇女运动领袖，1920年担任德国妇女协会主席。③ 虽然韦伯夫人并不

---

① D. G. 麦克雷：《韦伯》，第29—30页。另参见迪尔克·克斯勒：《马克斯·韦伯的生平、著述及影响》，第8页。
② 按照德国的学制，在获得博士学位之后还不能直接在大学任教，而要再做一项难度更高的研究，叫作教师资格考试（Habilitation），类似于博士后论文。通常在德国攻读人文-社会科学领域的博士，需要4—5年时间，而教师资格考试需要的时间相当。
③ 参见京特·罗特：《玛丽安妮·韦伯及其圈子》，载玛丽安妮·韦伯《马克斯·韦伯传》，阎克文等译，商务印书馆，2010年，第3页。

是一个学者,但在韦伯思想和传播过程中起到了关键性的作用。她在韦伯身后帮助整理了他的遗著。此外,她还担起了韦伯家庭的部分重担。韦伯最小的妹妹莉莉在"一战"后,因为丈夫战死而自杀。韦伯夫妇没有子嗣,玛丽安娜此后将莉莉的女儿当作自己的孩子抚养。①

③ 教职与病退(1894—1903):

1894年秋,韦伯接受了第一份教职——弗莱堡大学政治经济学教授。他以最大的热情投入教职,开始了夜以继日的勤奋工作。他一天工作时间长达15个小时!他甚至在日记里写道:"我若不工作到凌晨1点,就不能算是一个教授。"②仅仅两年之后,1896年母校海德堡大学向他抛出了橄榄枝。韦伯接受了海德堡大学的教席,当时32岁。然后,就当韦伯处在人生的上升期时,万里无云的天空之中却酝酿了一场暴风雨。这场暴风雨的序幕发生在韦伯家庭之中。

1897年7月,因为工作而常年不在家的老韦伯与妻子发生激烈争执。韦伯也参与其中,他坚决站在母亲一边,直接冲撞和冒犯了自己的父亲。老韦伯一气之下,离开了家庭,来到波罗的海沿岸城市里加,不久之后就在那里突然病故。③ 韦伯得知父亲突然去世的消息后,陷入深深的自责,加上高强度的学术工作,不久他就出现了"神经官能症"的症状:他的神经高度紧张,没有办法停止思考,出现了严重的失眠。他一个人在森林中散步时,突然号啕大哭起来。韦伯的母亲探访,看见他目光空洞无所事事。妻子玛丽安妮不得不给他玩积木和橡

---

① 汉·诺·福根:《马克斯·韦伯》,第126页。
② 玛丽安妮·韦伯:《马克斯·韦伯传》,第260页。
③ 里加(Riga),今拉脱维亚共和国首都。

二 韦伯其人

皮泥。① 有时候,夜晚的猫叫声都会引发他大叫……在这样的精神状况下,韦伯不得不中断了他钟爱的学术工作。但是海德堡大学非常珍惜这样一位年轻的教授,决定让他带着全薪去休假。即便如此,从1898 年到 1899 年对韦伯来说是极为痛苦的两年。他夫人在传记中把这段时间称为"地狱旅行"。从 1900 年开始,韦伯离开了教学岗位,开始休假。到了 1902 年,韦伯依然没有明显的好转,海德堡大学再次批准他两年长假。1903 年 10 月,在韦伯的再三要求下,海德堡大学最终批准了他辞职。当时德国教授的收入非常可观,拿着这样的薪水但又不用工作,可能对很多人来说是一种梦寐以求的生活。但韦伯对自己无所事事的状态非常不满,这更加加重了其内心的焦灼感。韦伯夫人在传记中写下了这样一段话,记录了韦伯当时的心境:

> ……他再次表明了是什么东西让他痛苦不堪……领着一份薪水,可是在能够预见的未来却一事无成……对于我们来说……只有承担一项天职的人(Berufsmensch)才是个完整的人。②

请特别关注这段话里"天职"一词。"天职"是《新教伦理与资本主义精神》一书中的核心概念。韦伯不仅仅在学术意义上使用这个词汇,来指称历史上出现过的清教徒的职业观念,而且他在个人生活中也持有类似的职业观。(参见本书第七章中关于"天职"概念的介绍)

---

① 汉·诺·福根:《马克斯·韦伯》,第 70 页。另参见玛丽安妮·韦伯:《马克斯·韦伯传》,第 303 页。
② 玛丽安妮·韦伯:《马克斯·韦伯传》,第 332 页。

④ 恢复和美国之行(1903—1905)：

病退之后,韦伯的病情逐渐好转。1903年,韦伯和好友维尔纳·桑巴特(Werner Sombart)还有学生艾德嘎·雅菲(Edgar Jaffe)合作创办了《社会科学和社会政策文献》(*Archiv für Sozialwissenschaft und Sozialpolitik*)杂志。① 1904年,韦伯为这本刊物写作了《新教伦理与资本主义精神》的第一部分。同年9—12月,韦伯赴美国参加世界科学大会,并去圣路易斯观摩了世界博览会。② 在这三个月在新大陆的旅行过程中,韦伯有机会对现代性和资本主义进行近距离的观察,也收集了大量的资料。③ 回到德国后,他完成了《新教伦理》第二部分。

⑤ 海德堡岁月(1906—1910)：

韦伯后半生基本就生活在海德堡,他家房子是在内卡河畔Ziegelfried大街上的一栋小白楼(现今海德堡大学外办Max-Weber-Haus)。④ 不过要指出的是,韦伯虽然没有任何职务,但是绝对不是赋

---

① 维尔纳·桑巴特(1863—1941),德国社会学家,犹太人,著有《为什么美国没有社会主义》《现代资本主义》和《奢侈与资本主义》等书。桑巴特早年深受马克思影响,后接受了价值中立的原则,其研究主题与韦伯有不少重叠之处,在关于资本主义起源的问题上更加激发了韦伯的新教伦理研究。
② 关于韦伯和特勒尔奇的美国之行可以参见汉斯·罗尔曼,《"相会圣路易"：特勒尔奇与韦伯的美国之行》,载哈特穆特·莱曼等编《韦伯的新教伦理：由来、根据和背景》,阎克文译,辽宁教育出版社,2001年,第386—419页。圣路易斯(Saint Louis)是美国中部密苏里州城市,位于密苏里河与密西西比河交汇处。
③ 韦伯的美国之行受到了在哈佛任教的德国教授胡哥·明斯特伯格的邀请。按照韦伯夫人的回忆,他们的美国之行始于9月初,12月结束,大致游历了如下城市：纽约、芝加哥、费城、圣路易斯、新奥尔良、塔斯基吉、华盛顿、巴尔的摩、波士顿。参见玛丽安妮·韦伯著：《马克斯·韦伯传》,第355—386页。
④ 韦伯家在海德堡市中心还有另一处住宅(Hauptstrasse 79),那是外祖父家留下的遗产,1906年迁出。参见汉·诺·福根：《马克斯·韦伯》,第6页。

闲在家,他时刻关注学术界和政局的变化,还投身到大量的讨论中去。韦伯家中有举办沙龙的习惯,当时德国西南部的不少知名学者和社会名流都是韦伯家的座上宾客,例如哲学家文德尔班、法学家耶林内克等人,其中也不乏日后的学界名人,例如哲学家卢卡奇和雅斯贝斯。

1909年,韦伯接受出版商保罗·西贝格(Paul Siebeck)委托,计划写作一部《国民经济学概论》作为教材。但是韦伯一发不可收拾,始终没有完成该书的写作。但他陆陆续续地写作,在他死后1921年皇皇巨著《经济与社会》(*Wirtschaft und Gesellschaft*)出版。1909年1月,在韦伯、滕尼斯、齐美尔等人的共同努力下,德国社会学协会在柏林成立。

⑥ "一战"前后(1914—1920)

1914年"一战"爆发后,韦伯立即到海德堡兵役登记点要求服役。但因为身体原因,无法上战场。他被安排到海德堡的军队医院从事管理工作。但是这份工作他只做了一年时间,在这一年时间里,他目睹了这家医院是如何在高度合理化的机制中运行的。韦伯也因此意外地有机会直接体验到了科层制的各种利弊。他对官僚机构内部管理过程中的相互推诿深感失望。就在"一战"的隆隆炮火声中,韦伯开始投身于一个庞大的研究计划——《诸世界宗教的经济伦理》。他花费了大约五年时间(1915—1919),皓首穷经,使用了当时欧洲知识界能够搜集到的资料,跨出了欧洲唯一和中心的视角,对欧洲之外的多个宗教传统进行了系统考察。这个庞大的研究计划涵盖了中国的儒教与道教、印度教与佛教、犹太教,还有伊斯兰教(未完成)。这个研究计划是新教伦理研究的延续,也是一次大胆的跨越。韦伯也因此成为具有世界文明关怀的"欧洲文明之子"。"一战"期间,韦伯为《法兰克福报》进行采访,并明确反对无限潜艇战。

1918年,韦伯受邀到维也纳大学讲课。维也纳大学原本有计划邀请韦伯担任教职。但是,由于经济上的颓势,韦伯放弃了在维也纳任教的机会。1919年韦伯受慕尼黑大学邀请前去讲学。其间他还做了《以学术为业》(1917年12月)和《以政治为业》(1919年1月)两次著名的演讲。慕尼黑大学国民经济学教授布伦塔诺在退休前,指定要韦伯接替他的教席。韦伯原本准备开始重拾教鞭,开始自己的学术第二生涯。韦伯之所以去慕尼黑,还有一层个人的原因。他和一位叫艾尔泽(Else von Richthofen,雅菲的妻子)的女士发生了一段婚外情。他追随艾尔泽前往慕尼黑。但是命运弄人,1920年6月14日韦伯因为肺炎在慕尼黑突然去世,生命戛然而止。离世前,韦伯的妻子玛丽安妮和艾尔泽陪伴在他身边①。玛丽安妮为韦伯在海德堡的墓地挑选了一句墓志铭:尘世一切皆寓言,自此吾辈再无君。(《浮士德》)

5. 学术与政治对立

韦伯的一生的内在冲突不仅体现在他个人的内在精神世界,也反映在他对职业的选择方面。韦伯的父亲原本为他制定了一条"成功人士"的职业路线——读大学,获得律师资格,从事法律工作,然后再从政——这几乎完全是在复制老韦伯的人生路线。但韦伯却用自己的选择在逃离或者说背叛父亲的意志。但是这也造成了韦伯在学术和政治工作之间的来回摇摆。我们可以从韦伯在慕尼黑大学两篇演讲《以学术为业》和《以政治为业》中看到韦伯一辈子的两个重心——学

---

① 参见京特·罗特:《玛丽安妮·韦伯及其圈子》,载《马克斯·韦伯传》,第45页。

术与政治。

韦伯在学术方面的天赋和贡献毋庸赘言,他对政治也拥有极大的热情。韦伯一生参加了很多的政治团体、协会、组织,参加过选举——他甚至自认为更适合政治,而非学术事业:"不,我是为写作和论坛而生,而不是为讲台。"①但是如果阅读韦伯的传记,就会发现韦伯在政治领域并没有获得很大的实际成就,他几乎无法降低自己的道德底线,也不能参透人心的厚黑与复杂。他在学术事业中体现出一种寻求真理、客观的学术精神,而在政治工作中追求全然不同的价值。

> 我根本不是一个真正的学者。科学研究对于我首先是一种业余消遣……我十分需要那种正在从事实际活动的感觉,我希望这一教职的工作能够满足我的这种需要……②

在短暂的学术生涯之外,韦伯非常热衷于投身政治活动。他一生中和三个团体有着紧密的联系:新教社会协会、社会政治同盟和民族自由党。除此之外,韦伯还撰写了大量的政论文章,对国内和国际时局发表看法。

韦伯在学术与政治之间的犹豫和纠结更加加深了他个人的两面性:作为一个学者,思想自由毫无疑问是韦伯心目中的最高价值;但是作为一个德意志人和德意志第二帝国的公民,他又显然是一个民族主

---

① 汉·诺·福根:《马克斯·韦伯》,第122页。
② 玛丽安妮·韦伯:《马克斯·韦伯传》,转引自莱因哈特·本迪克斯《马克斯·韦伯思想肖像》,第4页。

义者和国家主义者。他在出任弗莱堡大学教授时发表的就职演讲（1895），一再被用来证明这一点。但韦伯至多是一个经济意义上的国家主义者，他希望德意志民族能够富强，不再被欧洲其他民族欺凌。但韦伯终其一生都非常关注德国的国内和国际局势，并且时刻对德国国内政局提出自己尖锐的批判，他对德国皇帝也极为失望。不幸的是，国家并没有像黑格尔哲学所预言的那样，成为自由的最终保障和实现。国家和自由在韦伯那里形成了鲜明的对立。

韦伯死后被称作"德意志民族的耶利米"。耶利米（Jeremiah）是《圣经·旧约》中犹太亡国前的最后一个先知。他虽然已经看到犹太国的问题而且一再高呼，但最终犹太人并没有听到他的真知灼见，义无反顾地奔向了亡国的宿命。因此，耶利米又被叫作"厄运预言者"。韦伯之于德意志第二帝国也有耶利米般的悲剧命运。①

韦伯曾经将德意志第二帝国比喻为一列高速行驶的列车——"一列奔向无底深渊的快车上，不确知下一个转辙处轨道是否已经转好了。"②

---

① 参见玛丽安妮·韦伯：《马克斯·韦伯传》，第729页以下。
② 参见玛丽安妮·韦伯：《马克斯·韦伯传》，第165页。这句译文来自《韦伯小传》，载《韦伯作品集Ⅰ·学术与政治》，第53页。

三

韦伯的时代和祖国

1. 从"贱民"到"大杂烩"

韦伯个人身上的那种内在紧张不仅来自于家庭、父母之间的差异,而且也来自于他所处的时代,尤其是他的祖国。韦伯出生于 1864 年,卒于 1920 年。这两个年份差不多与德意志第二帝国时代开始和终结的年份重合。

德意志第二帝国(Deutsches Kaiserreich)成立于 1871 年,终结于 1918 年。这个国家经历了一段"过山车式"的历史:它的开端是一场扬眉吐气的战争——普法战争(1870),而其终结却是"一战"的屈辱战败,中间经历了持续 43 年的和平。而德意志第二帝国的版图也达到了近代历史上德国的最大疆域。

我们现在对德国大致有如下的一些印象:例如工作严谨,足球运动名列世界前茅,擅长造汽车,世界的经济、工业、出口强国,欧洲经济的火车头,以及著名的啤酒节等等。但是这一系列印象大致只是"二战"之后经济腾飞的结果。韦伯时代的德国完全没有这些优势。韦伯

三 韦伯的时代和祖国

本人甚至用"贱民"来形容当时的德意志民族。① 德意志民族在欧洲大陆无力成为所谓的"统治民族"(Herrenvolk)。

为何会出现如此巨大的反差呢？德意志第二帝国是一个后进现代化国家。当时一些欧洲国家已经率先完成了现代化，在各个方面领先于其他国家。例如，英国首先发生了工业革命，并且凭借其殖民力量成为"日不落帝国"。18 世纪末的法国大革命在政治上确立了共和制度，并通过拿破仑战争向整个欧洲大陆输出了这一理念，撼动了欧洲君主制的根基。而 1871 年成立的德意志第二帝国却被称为"大杂烩"——它想继承神圣罗马帝国的衣钵，成为一个标准的王朝；它坚决反对共和制，拥护一个德意志皇帝。因为之前的封建传统，它带有一定的联邦特征；由于截然不同的传统和体制，在政治上杂糅了代议制、专制政体、军事政府、官僚制度和殖民政体。它又是欧洲最大的发展中国家，但在欧洲被认为是二流乃至三流的民族。德意志民族在欧洲大陆也处在一个尴尬的位置，它既没有法国皇室的优雅，也没有意大利的艺术，更没有英国的工业力量。普鲁士尝试掌控德意志的灵魂，但它发现自己并没有灵魂。

2. 德意志第二帝国的成立

德意志第二帝国成立之前，欧洲大陆上存在很多德语国家，德意志民族是"一盘散沙"。摊开当时的欧洲地图，会发现十多个讲德语的

---

① "贱民"(a pariah people)也是韦伯用来形容当时犹太民族的概念，他也担心在"一战"战败后德意志民族会沦为"贱民"。

国家，但它们都是独立的主权国家。它们的边境犬牙交错，一些国家的领土甚至分散为几块，互不相连。这样的分裂局面对国民经济来说，造成了极大的恶果。例如，一件商品从北部的普鲁士运送到西南部的巴登，需要穿过几次国家边境。每一次都需要完成海关检查并交纳关税。存在于1815—1866年的德意志邦联（Deutscher Bund）不是一个统一国家，而是一些德语国家的关税同盟。究其原因，德意志民族本身缺乏强力的政治领袖。从外部来看，英国和法国达成一个共识，即在欧洲大陆上不得出现一个统一的德意志国家。尤其英国强调在欧洲大陆上达成实力均衡（balance of power）。拿破仑战争后，英法也采取各种举措，蓄意分裂德意志民族，严防出现一个统一的德国。德意志诸国各自打着自己的小算盘，自顾不暇，因此也容易被周边大国逐个收买和击败。

这样的状况一直到铁血宰相俾斯麦（Otto von Bismarck，1815—1898）出现才有了根本的改变。他曾经在一次议会演讲上说："当代的重大问题不是通过演说和多数派决议所能解决的……而是要用铁和血来解决！"①因此得名"铁血宰相"。俾斯麦在担任普鲁士首相（Reicheskanzler）期间，推崇"现实政治"（Realpolitik）。所谓的现实政治与威尔逊式的理想政治对立，推崇意大利哲学家马基雅维利在《君主论》中的主张，认为国家利益至上；在国家政策和外交领域中要排斥一切道德考量。俾斯麦提出，当时普鲁士国家的最高目标是实现德意志的统一，铸造普鲁士的灵魂。

---

① 迪特尔·拉夫：《德意志史——从古老帝国到第二共和国》，Inter Nationes，1987年，第136页。

为了实现这一目标,俾斯麦发动了德意志统一战争,通过三场局部战争为德意志民族国家的建立扫清了外部障碍:首先,通过1864年普丹战争,获得普鲁士北部的石勒苏益格和荷尔斯泰因;其次,在1866年普奥战争中,普鲁士获胜,确保了南部边界。这场战争被称为"兄弟之战"(Bruderkrieg)——当时欧洲大陆上的奥匈帝国和普鲁士都是以德语为官方语言的国家,两者都有实力来争夺德意志民族的领导权,因此出现了大小德意志两种不同的统一方案。但是俾斯麦日益认识到,要联合奥匈帝国成本太高,他决议推行以普鲁士主导的小德意志计划。普奥战争成功将奥匈帝国势利排挤出去,确立了普鲁士在德语区的领导地位。在确保了北部和南部的边界之后,普鲁士最终和西部的宿敌法兰西进行决战。1868年秋,西班牙王位候选人引发了法国和德国之间的危机,最终两国走向战争,1870年7月—1871年5月的普法战争,以普鲁士获胜而告终,拿破仑三世被俘。法兰西战败也直接引发了国内的巴黎公社起义(1871年3—5月)。至此德意志统一的外部障碍被彻底清除。1871年1月18日,德皇威廉一世在法国凡尔赛宫镜厅登基。通过三场战争,在短短的六年时间里,俾斯麦就完成了德意志民族国家的奠基。

3. 德意志第二帝国的内外状况:"跛足的巨人"

德意志第二帝国后来被历史学家形象地称为"跛足的巨人"——完成国家统一之后,在经济和工业领域获得了长足的进步;而另一方面在政治和文化领域则迟迟没有改善。

德意志第二帝国成立之后,迅速完成了工业化。德国在短时间内从一个欧洲大陆上的落后农业国转变为一个工业强国。例如，德国的生铁产量从1866年的100万吨上升到了1873年的220万吨。煤产量从1860年到1874年，完成了114%的增长，达到了2 600万吨。德国的铁路里程在19世纪增长了将近2万公里，在1875年左右达到了2.8万公里，铁路运输量甚至增长了21倍之多。[1] 由于技术的改善，德国工人人均的产出从1860年到1870年增长了41%。[2]

大约在1890年前后，德国的工业生产总值比例首次超过农业生产总值。由于德国西部鲁尔区得天独厚的自然条件，德国拥有了工业化的基础条件，例如铁矿、水利和煤矿。以采矿业、钢铁工业为代表的重工业获得了突飞猛进的发展。鲁尔区的中心工业城市埃森成为一个烟囱林立的大工厂。[3] 作为工业化的指标，德国境内的铁路里程直线上升，交通为工业化奠定了基础设施方面的基础。受赐于高速工业化带来的红利，德国矿工的工资也逐步上升。

德意志第二帝国创造了19世纪的一个"经济奇迹"：它在很短时间内，在经济方面实现了"超英赶法"，成功跃居当时世界第二大经济体。从国民生产总值占世界经济的份额来看，德国从1860年代的4.9%（当时英国第一，占比为20%），上升到了1913年的14.8%。而同一时期，美国跃居世界第一，经济占比32%，英国被德国赶超，退居

---

[1] Hans-Ulrich Wehler, *Deutsche Geschichte 9：Das Deutsche Kaiserreich，1871 - 1918*, Kleine Vandenhoeck-Reihe, 1999, Göttingen: Vandenhoeck & Ruprecht, S. 16.

[2] Ibid., 17.

[3] 埃森市（Essen）是德国著名的工业、钢铁城市，位于鲁尔区的中心，也是著名的克虏伯（Krupp）钢铁的发迹之地。

第三,占比为13.6%。德意志第二帝国成立后,人口也快速增长:1873年德国人口为4 100万;1895年达到了5 200万;而到了1913年,德国人口达到了6 700万。德国在教育方面也获得了长足的进步,尤其体现在高等教育方面。德国大学生的数量翻番:1871年德国大学生数量为1.3万(320名/百万人);而在30年时间里,到了1901年,德国大学生数量达到了3.4万(640名/百万人)。① 这一切都促使韦伯去思考"合理性"(rationalization)这一问题,这一概念是《新教伦理与资本主义精神》一书中的核心理论框架。

如此迅速的工业化进程必然带来一定的社会后果。总体来说,德意志第二帝国并没有即时地应对社会、文化方面的变化,形成了经济-工业强,文化-社会弱的格局,因此被称为"跛足巨人"。

高速的工业化和城市化催生了"市民阶层"(Bürgertum)。这一阶层的频谱比较宽,它包括拥有生产资料的企业-工厂业主、中上层的管理者,也包括中产和小资阶级。后者涵盖了文员、公司职员、一般雇员等,他们并没有多余的资本作为生产资料投入生产。市民阶层的底层是工人阶级。从1882到1907年,德国工人数量翻番,达到了860万。市民阶层的利益诉求必然会在帝国政治中表达出来。

但与此同时,德国的容克(Junker)阶层,作为一个既得利益集团,却成为德国进一步现代化的障碍。容克首先是一个土地所有者集团。韦伯参与的"社会政治同盟",在1890—1891年进行了"易北河以东的德国农业工人的状况"调查。韦伯在该调查中发现,由于容克阶层坚

---

① Hans-Ulrich Wehler, *Deutsche Geschichte 9: Das Deutsche Kaiserreich, 1871-1918*, S. 105.

持自己的利益,反对国家内部的移民,由此导致充满矛盾的结果——一方面大量的土地没有人耕种,另外一方面大量城市工业岗位找不到工人。容克阶层也掌握了整个国家的官僚体系。以外交部门为例,1914年在德国外交部高级官员中,侯爵1人,伯爵29人,男爵20人,无头衔贵族54人,而新兴的资产阶级只有11人。可以说如果没有贵族头衔,从事外交工作的机会就会大大降低。在德国的军队中,贵族也掌握了大多数的军官岗位:骑兵军官中贵族比例高达80％,步兵为48％,炮兵41％,全军平均达到了65％。甚至到了"一战"结束的1918年,55％的政府官员还都是贵族,容克可以说垄断了国家的官职。

德意志第二帝国的政治架构并不特殊,但是一种"大杂烩",它包含了君主制、议会制,又包含了地方高度自治的封建特色。在韦伯看来,当时在帝国议会中的各个主要政党——保守派、天主教中央党、自由派、社会主义——都非常虚弱,而且并不能代表当时德国的社会结构。各个政党在议会中进行喋喋不休的争吵,也不知进行妥协,议会根本无法起到代表和协商的作用。

德国国内的矛盾日益凸显出来。从1864到1873年,一共发生了900多次罢工。其中包括德意志第二帝国成立的最初三年发生了600多次罢工。① 俾斯麦非常害怕德国发生巴黎公社那样的革命。

1878年10月19日,在俾斯麦的一手操纵下,德国议会通过了《镇压社会民主党危害社会秩序法》,简称《社会党人法》(*Sozialistengesetz*),将中间偏左的政党宣布为非法,阻断了底层意愿进入议会的

---

① Hans-Ulrich Wehler, *Deutsche Geschichte 9*: *Das Deutche Kaiserreich*, *1871-1918*, S. 17.

途径，共产主义和社会主义的组织被查禁。①

韦伯对这样的局面痛心疾首，1893 年他在"社会政策协会"报告中写道："对后来者的诅咒压倒了这个民族。"②韦伯对容克的特权地位也进行了抨击：

> ……任何一个**获得了经济权力**的阶级，都会相信自己还**应当掌握政治领导权**。一个经济上没落阶级施行政治统治是危险的，而且从长远来看也有悖于民族利益。但更危险的是，那些**正在掌握权力从而跃跃欲试期待接管政治统治权**的阶级，却远未达到足够的政治成熟以掌握国家的航向。德国目前即处于这两种危险同时并存的状况中，这是理解我们目前危局的关键所在。③

俾斯麦将自己的执政政策叫作"自上而下的革命"（Revolution von Oben）。他迫于国内外的压力不得不进行一些改良，但其实质还是基于恩赐的家长制管理。韦伯对此极为不满：

> 国家的船舵掌握在一个强有力的地主手中。……千百万德

---

① 从 1871 年到 1873 年，德国一共发生了 631 次罢工。有人将社会主义政党称为"红色幽灵"。俾斯麦本人站在容克阶层一边，他本人非常仇视社会主义政党，还称工会为"帝国敌人"。1878 年 1 月，一名社会主义者刺杀德皇威廉一世，虽然没有得逞，但成为俾斯麦推出《社会党人法》的导火索。到了 1914 年，德国工会组织拥有的会员达到了 300 万。参见 D. G. 麦克雷：《韦伯》，第 59 页。
② 韦伯：《1893 年"社会政策协会"报告》，转引自莱因哈特·本迪克斯《马克斯·韦伯思想肖像》，第 25 页。
③ 《韦伯政治著作选》，拉斯曼、斯佩尔斯编，阎克文译，东方出版社，2009 年，第 18 页。

国工人和广大的资产阶级都对这个人怀有刻骨铭心的仇恨,因为俾斯麦的每一言行都带有一个无法抹去的特征,即从根本上轻蔑人类。这个特征也是宗法家长制度的一个特征。……最近一些年来,我们已反复看到,仅仅暗示要使用自上而下的家长方式,就会引起暴风雨般的抗议。①

就在德意志第二帝国取得经济与工业成功的同时,德国内部出现了一些耐人寻味的现象。首先是大规模的向外移民。从1873年到1896年,欧洲出现了一次大萧条。欧洲的经济危机波及德国,工业不再能吸纳来自农村的劳动力。1875年,德国还经历了严重的农业危机。其背景是德国从农业出口国变成进口国,而美国的廉价农产品大量进入德国市场,导致了德国农民大量破产。于是,德国在1890年前后开始形成一股规模巨大的移民潮,累计有125万人移民国外,主要移民到了美国。② 德皇威廉二世(1888—1918年在位)继位后,在殖民和军事方面采取了前所未有的扩张政策。为了给德国寻找"太阳下的位置",威廉快速扩建海军,试图挑战英国皇家海军在全球的军事霸权。然而国内的社会和文化问题一再被搁置和忽视。韦伯在1908年写道:"英国的国王拥有荣誉和权力,而德国皇帝只是拥有虚荣和权力的假象……只知道收税的王朝也只具有步兵下士的智慧……"③

1888年6月年轻的威廉二世登基。他个人的精神气质和德意志

---

① 韦伯:《农业工人状况》,转引自莱因哈特·本迪克斯《马克斯·韦伯思想肖像》,第29页。
② 参见汉·诺·福根:《马克斯·韦伯》,第55页。
③ 汉·诺·福根:《马克斯·韦伯》,第111页。

第二帝国非常相似。一方面他因为出生时左臂受损,内心充满了自卑,但另一方面急于证明自己,好大喜功。威廉二世很快就和老迈的俾斯麦出现分歧,1890年3月俾斯麦辞职。威廉二世掌权后,推行"新方针",帝国主义和殖民主义色彩日益增强。而在这些国策背后真正起作用的是民族主义和社会达尔文主义。历史学家写道:

> 原来的民族国家的思想本来是承认每个国家的人民有权决定自己的命运,现在却正好走向它的反面。居领导地位的大国把自己看作历史发展的支柱,在各国人民相互之间的关系中看到的是公开或隐秘的权力之争,在这场斗争中,他们各自为自己的种族、宗教的和文明的使命意识所推动,企图牺牲别国人民的利益而使斗争的结果有利于自己。①

面对英国的清教精神及其日不落的全球地位、法国的启蒙精神,德皇威廉二世也急于证明德意志精神的优越性,去争夺"阳光下的土地"。

4. 德国的"特殊道路论"

德国社会史专家汉斯-乌尔里希·魏勒(Hans-Ulrich Wehler)用"特殊道路论"(Sonderweg)总结了这一时期德国的状况:所谓特殊道路论是指这样一种心态,即作为后进现代化国家的德意志第二帝国,和率先完成了现代化的英国和法国相比,在各种社会、文化领域存在

---

① 迪特尔·拉夫:《德意志史——从古老帝国到第二共和国》,第205页。

诸多不足。由此，德国产生出了一种矛盾的态度：一方面德国将英法作为现代化的目标和表率，但另一方面德国却时刻要提出德国特殊论（exceptionalism），认为德国不一定要采取英法那样的现代化道路，可以走出一条与众不同的路径来。

于是就出现了德意志第二帝国那样的"跛足巨人"状况。德国在19世纪70年代之后在经济和工业领域的确出现了高速的现代化，不过在政治、社会和文化领域却裹足不前，缺乏现代化的动力。而且在德国国内社会达尔文主义盛行，将生物学领域中的"适者生存"观念不加反思地借用到社会和外交领域中去。其结果是，当时的德国人普遍出现了一种错误的自我认识，一方面产生了过高的民族自豪感，另一方面却无法体认到其他民族对本民族的态度。于是就形成了一种孤芳自赏的心态。这种心态在德国国内政治方面表现为容克地主主导的对外扩张和对内压制政策。

在精神和文化领域中，德语文化区涌现了很多卓越的思想家。但是在苦闷的思考背后也折射出德国人的窘迫和困顿。例如德国哲学家尼采提出了"重估一切价值"的口号，其实就是要针对以基督教为核心的欧洲文化在现代化过程中的失势，用个人主义的方式面对相对主义和虚无主义。而德国文化也呈现出深刻的内部裂痕。由于缺乏英法那样的市民文化（civic culture），一盘散沙的市民阶层充满"对新恺撒的渴望之情"。普鲁士通过军事斗争的方式在很短时间内完成了德意志的统一，但是德意志第二帝国在内部却缺乏精神的内核。究竟什么可以代表德意志精神这个问题，日益凸显了出来。

5. "一战"和韦伯的悲观主义

1914年"一战"爆发,韦伯时年50岁。他迫切地想上战场,但因身体原因,而只能负责管理海德堡地区的医院。在战争早期,韦伯虽然目睹了德军的高歌猛进,但依然保持了高度的清醒。1915年10月,韦伯在被德军占领的布鲁塞尔写道:"每一次胜利都让我们距离和平更远……"①

1918年11月3日,德国国内局势发生了剧烈的转变。德国总参谋部下令,让基尔港内的德国海军所有军舰出港,迎战英国皇家海军。当时德国海军虽然在多年的扩充之后实力有所提升,但在战略上依然属于"存在舰队"——在蓝海正面决战的实力尚无法和英国皇家海军抗衡,但依然可以在港口或局部地区起到牵制英国的作用。此时出海正面应敌的做法显然是非理性的。于是,基尔港水兵发动起义(另一说是"叛变")。虽然很快就被德国陆军镇压,成为一场"血腥的狂欢会"。但这次事件后来被德国的保守阵营的人士称作"背上的一刀",最终导致了国内政局的总崩溃。

"一战"结束后,韦伯加入德国代表团参加了凡尔赛和会。他本想用自己的法学和外语能力,来为德国争取宽厚的谈判条件,结果他的才能根本无法施展。韦伯甚至还曾写信建议德军总参谋长鲁登道夫等人向协约国自首,为德国人民争取更好的谈判条件。结果,鲁登道夫回信,断然拒绝了这一请求。

---

① 玛丽安妮·韦伯:《马克斯·韦伯传》,第659页。

"一战"之后,德国国内普遍陷入一种悲观和绝望的精神氛围内。在欧洲,"一战"的残酷摧毁了很多传统价值和礼仪,也造成了整整一代人青年人的知识断层。斯宾格勒所写的《西方的没落》恰好迎合了这一氛围,成为畅销书。韦伯也持有一种悲观的立场,但是他和斯宾格勒不同的是,后者只是对"西方"持有悲观的立场,韦伯对人类文明的根本采取了一种底色悲凉的判断。这一点又和他对现代性的基本剖析有关,这种剖析的起点恰好在《新教伦理与资本主义精神》当中。

早在1895年在弗莱堡大学就职演讲中,韦伯就曾经说过:

> 在进入人类历史未知的未来的门上写着:"放弃一切希望。"(lasciate ogni speranza)未来不是一场人类和平与幸福的梦境。①

---

① "放弃一切希望。"这句话来自但丁的《神曲》。这句话原本写在进入地狱的大门上。"你们走进来的,把一切的希望抛在后面吧!"(《神曲》,王维克译,人民文学出版社,1997年,第12页)参见《韦伯政治著作选》,第12页。

四

德意志第二帝国的宗教-信仰状况

1. 德国宗教的一般状况

宗教在德意志第二帝国具有举足轻重的地位——宗教不仅仅涉及个人或者群体的信仰,而且还与民族认同、边界、文化问题休戚相关,宗教甚至上升到了国家统治合法性的意识形态的高度。不同于当代大部分国家宪法中确立的政教分离原则,德国历史上的国家和宗教之间存在千丝万缕的联系。德国(更加确切地说是普鲁士)是宗教改革的策源地。1848年革命之后,普鲁士已经在宪法中明文规定了教会自由的原则,同时还给予教会不少权利,例如自由委派神职人员、教会对学校的监督权、自由组织宗教团体以及内部的管理自由等。① 在东部,传统普鲁士的东部与波兰有大量重合。普鲁士以新教立国,而波兰人主要信仰天主教,两者之间存在较深的敌意。②

---

① 迪特尔·拉夫:《德意志史——从古老帝国到第二共和国》,第159页。
② Hans-Ulrich Wehler, *Deutsche Geschichte 9*: *Das Deutche Kaiserreich*, 1871 - 1918, S. 96.

2. 新教

在普鲁士,宗教改革之后以路德宗和加尔文为主的新教,深入到地方治理结构、国家文化当中去。新教内部在 19 世纪 70 年代之后甚至出现了一种反现代化、反自由主义的倾向。① 新教的地方教会(Landeskirche)拥有两项特权:首先,它可以通过国家的帮助来征收宗教税;其次,它有权利在中小学中开设宗教课程。新教和普鲁士的政权之间存在千丝万缕的关系。普鲁士的君主被视为新教教会的"总主教"(Summus Episcopus)。虽然这仅仅是名义上的头衔,但依然可以体现出教权和政权之间的关系——带有政教合一色彩的恺撒-教宗制(Cäsaropapismus)。国家借助宗教权力来加强自身的统治,而反过来,宗教也可以借用国家的外部强制和财政力量。

1871 年德意志第二帝国成立之后,这种相互支撑的政教关系并没有减弱,反而在很多方面都得到了加强。② 但是在现代化和工业化过程中,这一政教关系也日益显示出它固有的结构性问题。新教教会成为了地主和统治者的教会,无产者和城市平民则被教会所忽视。③ 换言之,新教教会越来越无法适应高速发展的城市化和工业化。例如 1874 年柏林仅有 20% 的新婚夫妇进行了新教的婚礼,仅 62% 的新生

---

① Hans-Ulrich Wehler, *Deutsche Geschichte 9: Das Deutche Kaiserreich, 1871-1918*, S. 97.
② Ibid.
③ Ibid.

儿接受了洗礼。① 而当时的社会民主党和工会大多持有反教会的态度。② 甚至可以说,新教教会和政权的联盟"为了现在而牺牲了未来"。另外一个实际情况是,在德国缺少不隶属国家教会的"自由教会"(Freikirche),国家教会形成了一种信仰上的"垄断"。

需要指出的是,即便是在新教内部,如何处理国家和教会的关系问题,在德意志第二帝国时期也出现了分歧。在德国,虽然教会传统上依靠国家,而且国家对教会具有监督权,但是地方诸侯和主教肩负类似"教会团"(Kirchenregiment)使命。教会团将工作落实到主教大会(Konsistorien)或者教会委员会。后者一般都是由神学家和法学家担任,并不听命于大臣,是由君主提名的,但是君主并不能直接干涉其决定。当时教会内部的自由派希望采取一种类似于长老会和宗教会议中的共同决定模式,但是保守派反对。最终结果是双方妥协,出现了一种混合模式。③ 此外,全德的教会宪法(Kirchenverfassung)迟迟不能推出。其原因在于各教派的目标差异太大:路德宗想解散原有的联盟,而建立一个全普鲁士的路德宗教会;而另一些人想建立一个全普鲁士统一的联合教会。俾斯麦和自由派想要加强政教分离,但是君主不愿意看到这一点。④

普法战争的胜利被德国人视为维滕堡对巴黎-巴比伦的胜利,也

---

① Hans-Ulrich Wehler, *Deutsche Geschichte 9: Das Deutsche Kaiserreich, 1871-1918*, S. 97.
② Ibid., S. 97, S. 98.
③ Thomas Nipperdey, *Religion im Umbruch: Deutschland 1870-1918*, München: Verlag C. H. Beck, 1988, S. 85.
④ Ibid., 86-87.

四　德意志第二帝国的宗教-信仰状况

是对无神论和教皇至上论的胜利。德意志第二帝国成立之后,虽然没有出现一个统一的国家教会组织,但是教会却和民族主义出现了合流的迹象。① 以特赖奇克为代表的知识分子将德意志民族文化和宗教改革联系起来,形成了一种历史神学。② 新教也逐渐步入了国家的阴影当中,提出了"一个民族、一个帝国、一个上帝"的口号。这样一种新教与民族主义的联盟在"一战"爆发时达到了巅峰。③

韦伯本人看到,原本的普鲁士国家的政教关系在现代化的冲击下已经岌岌可危了:"来自古老教规的基督教社会运动有一个潜在的前提,即'王位和圣坛'是建立在大地主和手工业者的最可靠的肩上的,但这个前提正在消失。"④

3. 天主教

普鲁士毫无疑问是以新教为主的国家,但是新成立的德意志第二帝国从其人口构成上来看,却出现了变化。由于西南和东南地区的划入,很多天主教徒也进入了帝国的版图。从局部来看,德意志第二帝国里的天主教可能反而占据了多数。新成立的国家急需建立一种国民身份,而当时的德国强烈反对法兰西式的共和模式,而要坚持君主制。但是作为新教总主教的德国皇帝,于公于私都很难被天主教所接受。于是,在以新教立国的国家体制和天主教之间不可避免会出现裂痕。

---

① Thomas Nipperdey, *Religion im Umbruch: Deutschland 1870-1918*, 93ff.
② Ibid., 94.
③ Ibid., 98.
④ 汉·诺·福根:《马克斯·韦伯》,第59页。

此外,天主教和新教之间的传统敌意还在延续,天主教被视为"帝国的敌人"。新的结构也带来新的问题和摩擦。天主教会在19世纪中期基本体现出一种保守、反对自由主义、反对社会主义和反对现代科学的立场。在很多方面,新教和天主教是无法兼容和共存的。天主教虽然也进入了帝国议会体制,但是始终处在少数派的地位。天主教神学和圣统制也多少和现代民主体制有诸多不兼容的地方。

4. 世俗国家和宗教争端:"文化斗争"

"文化斗争"(Kulturkampf)这一名称是德国议会内的自由党议员菲尔肖提出的。从根本上来说,文化斗争起源于天主教会与现代民族国家之间的紧张关系。也有观点认为,文化斗争的原因是德意志帝国想要对天主教进行新教式的改造。[①] 但是需要指出的是,文化斗争不仅仅是制度性宗教(天主教)和现代世俗国家之间的争端,而且包含了另一重张力——现代性和反现代性的冲突。

文化斗争的起因是1869年在罗马召开的梵蒂冈第一次大公会议。在这次会议上,教宗庇护九世(1792—1878,1846—1878在位)不顾德国和法国主教的反对,通过了教宗无谬误这一信条。[②] 有学者认为,教宗无谬误事实上提出了教宗的绝对至高权力(Ultramontanismus),教宗本人获得了"半神"的地位。现代科学以"可错性"为核心,

---

[①] Thomas Nipperdey, *Religion im Umbruch: Deutschland 1870 - 1918*, S. 15 - 16.
[②] 迪特尔·拉夫:《德意志史——从古老帝国到第二共和国》,第158—159页。"教宗无谬误"这一观念在通谕《永恒的牧人》(*Pastor Aeternus*)中颁布。事实上,"无谬误"的说法是有所限定的,仅当罗马教宗在"座位"(ex cathedra)上讲话时,才成(转下页)

四　德意志第二帝国的宗教-信仰状况

而在伦理道德方面也通常接受多样和差异,因此几乎无人敢于声称自身的绝对无谬性。天主教会通过大公会议的形式来确立宗教无谬误的官方立场,使得它成为抵抗现代因素的保守力量的代表。①

当时天主教会受到了来自现代性的多重挑战,可谓"内忧外患":首先是在哲学上,天主教会采用的依然是托马斯主义(又作"多玛主义")。这套延续自中世纪的哲学受到了现代自然科学的极大挑战。其次,在伦理道德方面,教会也面临性解放、家庭转型等多方面的冲击。再次,一些教会传统的职责,例如慈善和教育,也逐渐被世俗组织,尤其是现代民族国家所取代。最后,教皇国受到了世俗国家的直接冲击。1870年9月20日,意大利军队攻入罗马城,庇护九世不得不躲入梵蒂冈,这意味着教皇国覆灭。② 该危机直到1929年教皇与意大利签订《拉特兰条约》,才最终得到解决。

在政治方面,德国的天主教和国家之间原本有着若即若离的关系。德国天主教在1870年秋首先在普鲁士,随后在新成立的德意志第二帝国成立了自己的政党——中央党,来代表自身的利益和提出政

(接上页)立——"即当他以自己无上的使徒权柄来掌管所有基督徒的牧养与教导的职分时,他凭借着上帝在蒙福的彼得里所应许给他的帮助规定一个普世教会所信奉的信仰教义或道德教义,他拥有这一神圣的'无误性'……"ex cathedra 可以翻译为"权威地"。在历史上,教宗仅使用过一次这个权力,即庇护十二世于1950年颁布圣母升天教义。参见胡斯托·L. 冈萨雷斯著:《基督教史》(下卷),赵城艺译,上海三联书店,2016年,第366—367页。

① Thomas Nipperdey, *Religion im Umbruch: Deutschland 1870-1918*, S. 9-10.
② 教皇国(拉丁语 Civitas Ecclesiae/英语 papal state)位于亚平宁半岛中部,是罗马教宗统治的领地。教皇国有很长的历史,丕平和君士坦丁等君主都曾经将领土赠送给教宗。拿破仑战争后,教皇国的领土已经丧失大半。1861年,教皇国的大部分领土被撒丁王国(意大利王国的前身)所吞并。

治诉求。① 但是,德国的天主教的情况不同于占据多数地位的奥地利、意大利和法国。因此,世俗国家和天主教会之间的冲突愈加明显,最终无法回避。对俾斯麦来说,天主教问题并不是单纯的宗教信仰问题,而涉及如何维护国家权威、抵御来自阿尔卑斯山以南的梵蒂冈干涉等利害关系。因此,在梵蒂冈第一次大公会议后,俾斯麦通过德国驻梵蒂冈公使向天主教会传递了明确的信号:虽然可以给予天主教会充分的宗教自由,但是坚决反对它干预国家事务的行为。②

天主教会和德意志第二帝国的矛盾和冲突体现在多方面:首先是在人员任命方面。梵蒂冈第一次大公会议后,德国天主教内部出现了反对教宗无谬误的声音。③ 这些神学家被天主教会取消了讲课资格。但是这些学者具有双重身份,他们一方面隶属教会,另一方面也有德国国家的公务人员的地位。因此,俾斯麦感到国家主权受到了天主教会的挑战。④ 其次是在帝国的边疆问题上,尤其是在波兰问题上出现了严重对立。由于波兰人绝大多数是天主教徒,因此当时的天主教会特别亲波兰,支持波兰的民族运动。这对德国来说是无法接受的。

面对这些矛盾和冲突,俾斯麦决定划清国家和教会的权力界

---

① 中央党(Deutsche Zentrumspartei,缩写为 Zentrum)因其在帝国议会中的议席位置而得名。该党的前身是普鲁士联邦议会内部的一个天主教派别。1870 年 12 月,在奥古斯特·赖辛斯佩尔格(August Reichensperger,1808—1895)和彼得·赖辛斯佩尔格(Peter Reichensperger,1810—1892)兄弟的组织下,正式成立。
② 迪特尔·拉夫:《德意志史——从古老帝国到第二共和国》,第 159 页。
③ 在荷兰、奥地利和德国,一些反对教宗无谬误的信徒退出天主教会,成立了"老派天主教"(Old Catholic Church)。
④ 迪特尔·拉夫:《德意志史——从古老帝国到第二共和国》,第 160 页。

四　德意志第二帝国的宗教-信仰状况

限——当然这是德意志国家单方面做出的反应。他首先取消了天主教会监督学校的权力。学校监督法规定以国家代替教会，来行使对学校的监督。随后，俾斯麦在刑法中补充了《布道条款》，禁止神职人员在宗教布道中讨论国家事务。此后，还颁布了《耶稣会教团法》，禁止耶稣会在德意志帝国境内建立定居点。1873年，德国宣布只有在国家的户籍登记处办理的婚姻才具有法律效应，此举剥夺了教会原有的婚姻（登记）权。最后，国家还停止了对教会的一切补贴，并干预主教区的教务行政事务。[1] 上述单方面的举措引发了天主教会的强烈不满。教宗庇护九世宣布上述法令都是无效的，并且禁止神职人员执行这些法令。他还以开除教籍来威胁那些执行德国法令的神职人员。尽管如此，到1878年，帝国境内有一半的主教被解职。但几乎全体天主教信徒都站在天主教会一边。在很短时间内，天主教中央党的人数增加了一倍。在帝国议会内，中央党的议席也从63席增加到了91席。[2]

这样的对抗及其结果是俾斯麦始料不及的。最后，他被迫退让，放松了新推出的法令。而新任教宗利奥十三世（Leo XIII，1810—1903，1878—1903在位）也采取了缓和的态度，与德国修复关系，对俾斯麦做出了一些让步。文化斗争就此终结。

"文化斗争"不仅仅是一场宗教和世俗国家之间的争端，而且体现出了文化上的裂痕。天主教的信众原本在当时的德国就属于传统的、保守的群体，代表了前现代、前工业社会和前资本主义的世界。天主

---

[1] 迪特尔·拉夫：《德意志史——从古老帝国到第二共和国》，第161页。
[2] 同上书，第162页。

教徒也主要从事农业、矿业，少有从事正在兴起的实业，例如贸易、银行、交通和管理。① 而天主教一方主要关心的是宗教和道德问题，尤其反对个人主义，而关心个人罪责问题。天主教所担心的是传统社会秩序的消解。资本主义经济被认为要为此负责。因此也可以说，天主教若不是反资本主义的，也至少不倾向于资本主义。②

5. 神学铺垫

在韦伯之前的德语学术界，神学方面的讨论也为《新教伦理与资本主义精神》的诞生做了一些铺垫。其中，有两位神学家的研究需要特别关注——施奈肯伯格（Matthias Schneckenburger，1804—1848）和里敕尔（Albrecht Ritschl，1822—1889）。

施奈肯伯格不再将德国的新教作为一个整体来加以处理，而是通过宗教史的研究来突出新教内部各教派的差异，从对立的角度去比较路德宗和加尔文宗。③ 而且施奈肯伯格认识到，"基督教最初并不是一种教义，而是一种生活方式"④。路德宗和加尔文宗的深刻差异，是背道而驰的宗教心理的产物。施奈肯伯格还赋予了加尔文宗中的预定论以核心地位。⑤ 韦伯在《新教伦理与资本主义精神》中突出路德与加

---

① Thomas Nipperdey, *Religion im Umbruch: Deutschland 1870-1918*, S. 38-9.
② Ibid., 51.
③ 弗雷德里希·威廉·格拉夫：《德国的神学渊源和新教的教会政治》，载哈特穆特·莱曼等编《韦伯的新教伦理：由来、根据和背景》，第 41 页以下。
④ 同上书，第 15 页。
⑤ 同上书，第 17 页。

尔文的差异,可能主要得益于施奈肯伯格的神学研究。①

里敕尔的神学研究和德意志第二帝国的局面极为契合。他试图站在新教的立场,来巩固民族国家的根基。因此,他将天主教视为落后的、"代表着中世纪的基督教形态"的。② 而在他看来,新教才是文化进步的正道。③ 虽然里敕尔并没有提出路德宗和加尔文宗的差异,但他却非常强调天主教和新教之间的对立。这一点对韦伯"传统主义"的论述也有所启发。当然对韦伯来说,他个人的观点更加倾向于施奈肯伯格而不是里敕尔。

在文化斗争之后,新教和天主教之间的对立被理解为进步与保守之间的冲突。神学家胡梅尔(Friedrich Hummel)在1895年提出,新教会给一个国家注入更加高级的文化,注入更强的生命力并带来富有活力的进步,而天主教国家则无此机缘。自然、气候和种族等因素都无法说明这种差异,唯有"教派及其成员的生活、精神以及历史"才发挥着根本的作用。④ 上述神学讨论都为韦伯的新教伦理研究进行了铺垫,但并不构成韦伯本人的直接学术背景和问题意识。不能否认的是,在19世纪的德国,天主教与新教、新教内部教派之间的张力,构成了当时德意志民族和知识界的内在文化矛盾。

---

① 另参见 Martin Riesebrodt, "Dimensions of the Protestant Ethic," In *The Protestant Ethic Turns 100: Essays on the Centenary of the Weber Thesis*, London and New York: Routledge, 2005, pp. 83 – 126.
② 格拉夫:《德国的神学渊源和新教的教会政治》,第21页。
③ 同上书,第22页。
④ 保罗·明希,《韦伯之前的命题:追根溯源》,载哈特穆特·莱曼等编《韦伯的新教伦理:由来、根据和背景》,第51页。

五

文本的冒险

……在学术工作上,每一次"完满",就意味着新"问题"的提出;学术工作要求被"超越",它要求过时。任何有志献身学术工作的人,都必须接受这项事实。……将来总有一天,我们都会被人超越;这不仅仅是我们的共同命运,更是我们的共同目标。

——韦伯《以学术为业》

1. 大师的"诞生"

　　本章的内容是在对马克斯·韦伯进行一番"知识考古学"的工作。对很多人来说,《新教伦理与资本主义精神》可能是这辈子阅读的唯一一本韦伯的著作。于是我们不免产生这样的问题:为何这本书会成为韦伯著作中最耳熟能详的一本?我们如何来阅读这位大师的这本著作?很多人在阅读名家大师的作品时,往往会拜倒在大师脚下——偶尔拜倒一下是可以的,但长拜不起是有问题的。我们最终要能够与大师平等地对视和对话。

　　复旦大学的通识教育中推崇"一本书主义"——很多课程,尤其是文史和社科类的通识课都是围绕一本经典或原著展开的。不过,同样是阅读一本书,专业研究者和业余读者之间是否有实质性的差异?作为一个专业的研究者,要非常警惕"扎猛子"式的读书方法。这种读法可能会造成一些不良的后果:例如一上来就读非常艰深的作品,或者在不了解整体问题谱系的情况下随意阐释原文,或者不顾作者那个时代某些词汇的特定含义以及知识背景,就随意地带入当代人的理解,进行削足适履式的解释。因此非常有必要做一点功课,那就是搞清楚作者写作的基本情况和目录——文献学、目录学和版本学的功夫必须要下。

毕业于海德堡大学的哲学教授卡尔·雅斯贝斯(Karl Jaspers, 1883—1969)曾经对韦伯的著作有过这样的一个评价:"面对他留下的遗作,我们只看到很多个别的文章,但实际上这些都是零星片段。"这个说法是准确的吗?如果韦伯的写作是非常零散的,他又是如何成为一个公认的学术大师的呢?这里有一个学术史的事实必须要指出:雅斯贝斯虽然在海德堡求学时,参加了韦伯家的沙龙,但在那个时代,他还无法获得有关韦伯著作的整体面貌。在韦伯去世后很长一段时间里,他也还不是一个大师。

2. 韦伯作品的全貌

任何一个学术人,一辈子写作出来的文本都会建构一座著作的迷宫。很多初学者必定想尽快地通达这座迷宫的核心。但问题是,所有这些文本究竟有没有一个核心呢?为了回答这个问题,我们必须对韦伯的著作的全貌有一个大致的了解。学界对韦伯作品的整理开始很晚,大致是在韦伯去世之后半个世纪才开始的。这一方面有外部的原因，例如战争和财力；另一方面也和德国人严谨的学术风格有关——一个学者必须经过时间的考验和沉淀，才能最终证明是否值得后人深入阅读和研究。

从 1975 到 1977 年，德国学者海尔穆特·佛格特（Helmut Fogt）开始整理韦伯作品，并整理了一个编号系统。1979 年迪克·凯斯勒出版了《韦伯研究引论》（Dirk Käsler, *Einführung in das Studium Max Webers*, München: C. H. Beck, 1979），又在这个编号系统中加入了一些新发现的文本。

从 20 世纪 80 年代开始，人们开始了韦伯全集的编纂工作。执行主编沃尔夫冈·施路赫特在此基础上出版了《韦伯全集导论》[Wolfgang Schluchter, *Einführung in die Max Weber Gesamtausgabe, Prospekt der MWG*, Tübingen: J. C. B. Mohr（Paul Siebeck），1981]，最初的编号没有改动，新发现的文本用增加罗马数字表示。这个编号系统按年份顺序来编排韦伯的全部作品，大致分为三部分：韦伯生前出版的原版（1889—1920）、未出版的作品和韦伯死后出版的作品以及选集，一共 226 个文本。

马克斯·韦伯全集（*Die Max Weber Gesamtausgabe*，MWG）的出版工作持续了 40 多年，即将接近尾声。全集由德国莫尔·齐贝克（Mohr Siebeck）出版社承担。该出版社前身是保罗·齐贝克（Paul Seibeck）出版社，出版了大量韦伯的著作，也曾向韦伯约稿，于是才有了后来的《经济与社会》。韦伯全集计划出版共 42 卷，卷册排布如下：

第一部分：作品和演讲（24 卷）；

第二部分：信件（11 卷）；

第三部分：讲课与讲课底稿（7 卷）。

五　文本的冒险 | 59

另外，该出版社还同步出版《马克斯·韦伯考证版》(*Max Weber Studienausgabe*，MWS)。

3. 韦伯的思想演进以及新教伦理的位置

为了大致了解韦伯著作的全貌以及他思想的转变，我从连续编号系统中选择了主要学术写作文本，按照生前、身后出版的时间顺序，整理成两张表格。①

表格 1　韦伯生前发表的主要作品

年份	篇目	内容分类
1889	法律博士学位论文《意大利城市的家庭和商业团体公共贸易公司中共责和资金独立原则的发展》(柏林)	经济(史)问题
1891	《罗马农业史对公法和私法的意义》	
1892	《东易北河地区农业工人状况调查》	
1894	《东易北河地区农业工人状况的发展趋势》《证券交易所 I：交易所的目的和外部组织》	
1896	《古代文化衰落的社会原因》	
1903	《罗舍尔和克尼斯与国民经济学中的逻辑问题》(刊《立法年鉴》)	方法论问题
1904	《引言》(《社会科学与社会政策文献》)《社会科学与社会政治的"客观性"》(刊《社会科学与社会政策文献》)	
1905	《新教伦理与资本主义精神》(刊《社会科学与社会政策文献》第 20 卷，第一册)	新教伦理研究
1906	《"教会"与"教派"》(刊《法兰克福报》1906 年 4 月 13 日)	
1907	《评论》(针对费舍尔对《新教伦理与资本主义精神》的批评，刊《社会科学与社会政策文献》第 25 卷，第一册)	
1908	《对"修正"的评论》(刊《社会科学与社会政策文献》第 26 卷，第一册)	
1910	《对资本主义精神的反批评》(刊《社会科学与社会政策文献》第 31 卷，第一册)	

---

① 根据迪尔克·克斯勒《马克斯·韦伯的生平、著述及影响》一书参考文献《德文韦伯著述编年》(第 280 页以下)整理。

续表

年份	篇目	内容分类
1913	《论理解社会学的一些范畴》(刊 Logos 文化哲学国际学刊)；《关于价值判断讨论的评论》("价值无涉"手稿)	方法论问题
1914	《前言》(《社会经济学基础》第一部分)	
1916	《诸世界宗教的经济伦理》[包含宗教社会学概要、导言、儒教、中间考察、宗教拒世倾向及其阶段](刊《社会科学与社会政策文献》第42—43卷)；《诸世界宗教的经济伦理》(印度教与佛教)	宗教伦理问题
1917	《诸世界宗教的经济伦理》(古代犹太教)；《社会学与经济学中的"价值中立"观念》(刊 Logos)	
1918	《宗教社会学：古代犹太教 I》(刊《社会科学与社会政策文献》第46卷,第1—3册)	
1919	《以科学为业》《以政治为业》(刊 Geistige Arbeit als Beruf)	演讲
1920	《宗教社会学文集 I》GAzRS, Mohr Siebeck(引言、新教伦理与资本主义精神、新教教派与资本主义精神、诸世界宗教的经济伦理第一部分)	新教伦理 + 宗教伦理

通过对这个表格的整理,可以发现一个现象:韦伯对具体问题的专题研究和方法论反思总是交替进行的。这类似于磨刀与砍柴的关系。很多学者一辈子用一把刀砍柴,从不去反思刀本身的有效性和锋利程度。但是像韦伯这样的学者,时刻在关心研究方法本身的边界和有效性问题。

韦伯学术生涯的第一个阶段(1889—1896)大致涵盖了他博士论文到教授资格考试的时间,基本在国民经济学和经济史领域内。第二个阶段(1904—1910)大致是从他病退之后、健康逐渐恢复到"一战"之前的阶段,主要研究的就是新教伦理问题。第三个阶段(1914—1920)是从"一战"到慕尼黑时期,中间还有两篇著名的演讲《以学术为业》和《以政治为业》。

由此看来,《新教伦理与资本主义精神》这个文本处在一个非常特

五 文本的冒险

殊的写作和思想发展阶段：首先，这是一个转折，意味着韦伯从原本的国民经济学-经济史，转向了社会状况和宗教伦理的研究。其次，这也是一个过渡。韦伯恰好在《新教伦理与资本主义精神》结合了他的历史案例研究和方法论思考。再次，这是一个枢纽。《新教伦理与资本主义精神》的出版引发了学界的很多讨论和批评。韦伯在随后几年内对这些讨论和批评进行了认真的回应和反批评。当然这也激发了他着手进行另一个庞大研究计划。这个设想一直到"一战"期间才得以实现，即《诸世界宗教的经济伦理》。该计划可以视为新教伦理研究的一个扩展。韦伯把眼光投到欧洲基督宗教文明之外，尝试使用比较的方法，来回答新教伦理研究中未曾触及的一个问题——为何在世界其他地方和其他时段，没有出现近代欧洲那样的合理资本主义？诸世界宗教的经济伦理的写作顺序大致如下：儒教与道教、印度教与佛教、古犹太教、中间考察（Zwischenbetrachtung）、导言（Vorbemerkung）。这个研究计划也连带地激发了韦伯的宗教社会学甚至音乐社会学的研究。

有必要特别提出的是，韦伯最初并没有将《新教伦理与资本主义精神》视为一个独立的文本，而是作为《宗教社会学文集》第一卷的有机组成部分。该文集的第一卷也是韦伯生前唯一一本经过多次整理和修订的著作。很多韦伯的文集和著作都是在他去世后出版的，经过了韦伯夫人和其他编者的整理。而《新教伦理与资本主义精神》德语版的单行本一直到1934年才出版，远远晚于英语版的单行本。

表格2　韦伯身后出版的主要著作①

年份	出版篇目
1920/21	《城市：社会学研究》
1921	《宗教社会学论集Ⅱ：印度教与佛教》(莫尔·齐贝克出版社) 《宗教社会学论集Ⅲ：古代犹太教》(莫尔·齐贝克出版社) 《政治作品集》(GPS,玛丽安妮·韦伯编辑,慕尼黑 Drei-Maseken-Verlag) 《社会经济学基础Ⅰ》(*Grundriß der Sozialökonomie*)(莫尔·齐贝克出版社,韦伯本人修订) 《音乐的理性与社会学基础》(音乐社会学,1911年写,慕尼黑 Drei-Maseken-Verlag)
1922	《统治的三种纯粹类型：一项社会学研究》(刊《普鲁士年鉴》) 《科学学说论集》(GAzW,玛丽安妮·韦伯编辑,莫尔·齐贝克出版社;温克尔曼编辑版：1951、1968、1973、1982、1985、1988) 《社会经济学的基础Ⅲ》[韦伯修订,玛丽安妮·韦伯编辑,成为后来《经济与社会》的通行本(WuG);1956年《经济与社会：理解社会学基础》,温克尔曼编辑]
1923	《马克斯·韦伯经济史：普通社会经济史基础》(*Wirtschaftsgeschichte*, Hellmann, Palyi 根据遗留讲稿整理出版,Duncker & Humblot)
1924	《社会经济史论集》(GAzSuW,玛丽安妮·韦伯编辑,莫尔·齐贝克出版社) 《社会学与社会政治论集》(GAzSuS,玛丽安妮·韦伯编辑,莫尔·齐贝克出版社)
1934	《新教伦理与资本主义精神》单行本(选自《宗教社会学论集Ⅰ》,莫尔·齐贝克出版社)
1956	《社会学的基本概念》(温克尔曼编辑,选自《经济与社会》)
1965	《新教伦理·文选》(温克尔曼编辑)
1968	《新教伦理·批评与反批评》(温克尔曼编辑)

4. 大师的"重生"：韦伯的接受史

德国宗教学家约阿欣·瓦赫(Joachim Wach)1931年在《社会学袖珍词典》中写道：

> 借此著述,韦伯和他的朋友桑巴特和特洛尔奇一起,成了宗

---

① 根据迪尔克·克斯勒《马克斯·韦伯的生平、著述及影响》一书参考文献《德文韦伯著述编年》去世后出版的著作和选集(第323页以下)整理。

> 教社会学的创始者……不过长期以来,韦伯的宗教社会学学科体系化的努力,还没有任何实际的专门继承者。①

的确如瓦赫所言,韦伯在 1920 年去世之后,似乎在学术上没有继承人,也远没有如今在国际学界的声望与地位。韦伯去世的时候年仅 56 岁。由于他担任大学教授的时间不长,在学术界并没有著名的学生来继承其衣钵。此外韦伯和夫人也没有留下子嗣。似乎韦伯并不具备成为"大师"的基本条件。

"二战"之前的韦伯研究可谓波澜不惊,在德国国内,韦伯的学术地位甚至也没有被充分承认。有一个例子可以说明这种情况:韦伯的论敌施莫勒的经济史著作当时卖出了 12 000 册,而韦伯的恢宏巨著《经济与社会》仅卖出 2 000 册!② 另外有一个状况,对韦伯的接受度造成了重大的影响。20 世纪 30 年代,德国社会学学界出现了严重的分化:不同的学者在描述、解释和规范这三种不同的理论取向问题上产生了对立。这集中体现为对韦伯所提出的"价值判断无涉/中立"原则

---

① 转引自迪尔克·克斯勒:《马克斯·韦伯的生平、著述及影响》,第 254 页。约阿欣·瓦赫(1898—1955)是德国著名的新教神学家,也是现代宗教学的先驱之一。他从 1929 年到 1935 年在德国莱比锡大学担任宗教学教授,后流亡美国,1945 年到 1955 年在芝加哥大学任教。他在芝加哥大学奠定了比较宗教学学科的基础,并深刻影响了宗教学家伊利亚德。
② 古斯塔夫·冯·施莫勒(Gustav von Schmoller),1838—1917,德国经济学家,曾任哈雷大学、斯特拉斯堡大学和柏林大学教授。他是德国新历史学派的代表人物。施莫勒反对古典经济学所使用的数学和分析方法,认为经济学应当在社会科学的框架中进行研究。他一方面认为经济学带有强烈的规范性,服务于特定的人群;另一方面反对寻找法则或一般规律。在著名的方法论论争中,施莫勒受到了卡尔·门格(Carl Menger)与韦伯的激烈批评。

的不同看法。一方接受韦伯的价值无涉原则,认为社会学研究首先追求的是客观认识,过多地加入个人的价值判断会伤害到学术研究的独立性和客观性;而另一方认为,学术研究不仅仅是求真,最终也要追求社会的改善,造福国家和民族。在这一方看来,价值无涉原则只是在回避问题,因此必须要被放弃。这一冲突本身是德国社会内部分裂的体现。在这种对立的氛围中,只有卡尔·洛维特(Karl Löwith)的《马克斯·韦伯与卡尔·马克思》(1932)独辟蹊径。① 该文最初发表于《社会科学与社会政策文献》,尝试在韦伯的合理化概念与马克思的"物化"概念之间建立起一座桥梁来。洛维特当时还不知道马克思《巴黎手稿》中的异化(Entfremdung/alienation)概念,但已经敏感地觉察到了马克思思想中必然存在这样一个阶段。因此,韦伯和马克思在表面问题和政治立场上的对立,并不能掩盖两人对现代性诊断的高度一致。

韦伯在"二战"之后成为一位学术大师,和一个美国人有着直接的关系。他就是美国社会学家帕森斯(Talcott Parsons,1902—1979)。1925年帕森斯作为学生访学海德堡。当时韦伯已经过世,但是帕森斯有机会参加在韦伯家中进行的沙龙。韦伯夫人玛丽安妮在得知帕森斯正在写作关于资本主义起源的论文时,将韦伯的一些著作推荐给了帕森斯。帕森斯在1927到1929年写作的博士论文《最近德国文献中的资本主义概念》中,将韦伯的理论作为重要的理论贡献加以转述。

---

① 卡尔·洛维特(1897—1973),德国哲学家,著有《世界历史与救赎历史》。1919年,他因为在慕尼黑听到韦伯《以学术为业》的演讲而决心投身学术事业,后在胡塞尔和海德格尔指导下获得博士学位,20世纪40年代流亡美国。

就在这样的机缘巧合下，韦伯的思想通过帕森斯的译介进入了英语学术界。需要特别指出的是，帕森斯在 1930 年就翻译了《新教伦理与资本主义精神》的英语版单行本。这早于德语版单行本出版。随后他又在 1947 年翻译了《经济与社会》。但是帕森斯的翻译并不是很忠于原著，有些关键概念的翻译比较随意。例如他将"有意义的"(sinnhaft)翻译为"主观的"(subjective)。

"二战"之后，随着德国国内经济的发展和学术界的重建，德国出现了一股韦伯"再发现"的浪潮。此时已经被英语学界广泛承认的韦伯成功"返乡"，回到了德语学术界。到了 1964 年韦伯诞辰百年之际，在德国海德堡大学召开了纪念大会。就在这次会议上，围绕"价值无涉"再度发生了激烈的学术论争。参与论争的一方是以帕森斯为代表的社会学界；另一方则是以法兰克福学派的霍克海默、马尔库塞和哈贝马斯为代表的社会理论学界。这次论争延续了德国 20 世纪 30 年代的对立，社会学界尝试坚持韦伯的价值无涉原则，而社会理论学界则要扬弃这一原则。

与此同时，国际学界开始梳理和反思帕森斯对韦伯思想造成的误解，出现了"去帕森斯化"(de-Parsonizing)的趋势。1972 年美国社会学年会发表了《韦伯在美国社会学中的帕森斯化》；1975 年几位学者(J. Cohen, L. E. Hazelrigg, W. Pope)联名在《美国社会学刊》上发表《去帕森斯化韦伯：对帕森斯就韦伯社会学之诠释的批评》《关于韦伯和涂尔干的差别：对帕森斯之融合说的批评》都是其中的代表。人们也开始尝试突破结构功能主义的框架来重新理解韦伯。

5. 阐释韦伯的总命题

韦伯的学术著作涵盖领域是非常广泛的，既有传统的国民经济学、法学和政治学，也有他新开创的社会学，如果按照今天的系科划分来看，这涉及哲学、宗教学、人类学等。如果简单来划分一下韦伯学术写作，大致可以找到如下四个主题：

首先是经济史和国民经济学。这里主要涉及的是韦伯在博士和教授资格考试阶段的研究，包括 1889 年的博士学位论文、1891 年《罗马农业史对国家法和私法的意义》和 1892—1894 年东易北河地区农业工人状况调查。

其次是宗教社会学也即新教伦理的研究，其中包括 1904—1905 年《新教伦理与资本主义精神》、1906 年《"教会"与"教派"》、1907 年《评论》、1908 年《对"修正"的评论》、1910 年《对资本主义精神的反批评》、1916—1919 年《诸世界宗教的经济伦理》。

再次是一般社会学的内容，包括法律社会学、城市社会学、音乐社会学、统治社会学等方面。

最后就是韦伯对社会科学方法论的探讨，其中包括 1903 年《罗舍尔和克尼斯与国民经济学中的逻辑问题》、1904 年《社会科学与社会政治的"客观性"》、1913 年《论理解社会学的一些范畴》《关于价值判断讨论的评论》、1914 年《前言》（《社会经济学基础》第一部分）。

在对韦伯的阅读和阐释过程中，不同时代和不同学科的学者大致倾向于认为，韦伯的所有著作中存在两个重点：第一个重点是《宗教社会学文集》1—3 卷，其中第一卷是韦伯在生前亲自编辑和修订过的，

《新教伦理与资本主义精神》就在其中。第二个重点是韦伯生后出版的《经济与社会》(Wirschaft und Gesellschaft/Economy and Society)。这本书缘起于1909年保罗·齐贝克(Paul Siebeck)出版社向韦伯的约稿，出版社希望韦伯能够写作一本《国民经济学概论》来代替以往的老旧教材。但是韦伯的写作一再被耽误，写作计划也不断扩增①。"一战"末期，韦伯还在慕尼黑讲授了经济史（即后来整理的《慕尼黑讲稿》）。所以，韦伯去世时留下的是尚未完成的很多手稿。在韦伯夫人和温克尔曼(Johaness Winckelmann)的整理和编辑后，《经济与社会》最终在1921年问世②。但是，这种整理和修订是否符合韦伯的"原意"有待考证和商榷，即将出版的韦伯全集可能会对《经济与社会》进行较大的修订。从不同著作进入来阅读韦伯，可能会看到他思想当中截然不同的维度。

韦伯之后的几代学者源源不断地从他那里汲取营养，并不断地重新阐释和回应韦伯提出的"总命题"——所谓"总命题"就是一个能够将一个学者毕生的研究串联起来的线索。

第一个韦伯研究的总命题的是现代化(Modernization)，例如罗伯特·贝拉的《德川宗教》(Robert N. Bellah, *Tokugawa Religion: The Values of Pre-Industrial Japan*, New York: Free Press, 1985 [1957])和艾森斯塔特《新教伦理与现代化》(Shmuel N. Eisenstadt, *The Protestant Ethic and Modernization: A Comparative View*, Basic Books, 1968)。

---

① 汉·诺·福根：《马克斯·韦伯》，第98页。
② 温克尔曼是慕尼黑大学韦伯研究中心主任。

第二个总命题是理性化(Rationalization),其中也包括韦伯提出的著名的"祛魅"命题(Entzauberung/disenchantment),例如滕布鲁克的《韦伯的作品》(Friedrich H. Tenbruck, Das Werk Max Webers, In *Kölner Zeitschrift für Soziologie und Sozialpsychologie*, 1975, 27)和施路赫特的《理性化的吊诡》(Wolfgang Schluchter, *Paradoxes of Modernity: Culture and Conducts in the Theory of Max Weber*, Translated by Neil Solomon, Stanford, California: Stanford University Press, 1996)。现代化和合理化这两个总命题都涉及"西方"的起源问题,非西方文明也可以通过这个问题来反观自身历史的文化意义。

第三个总命题是行动理论,其中包括帕森斯的《社会行动的结构》[Talcott Parsons, *The Structure of Social Action*, Free Press, 1967(1937)]。法兰克福学派第二代代表人物尤尔根·哈贝马斯继承和发展了韦伯对人类社会行动的分析,写作了《交往行为理论》(Jürgen Habermas, *Theorie des kommunikativen Handelns*, Frankfurt am Main: Suhrkamp, 1981)。他还在目标和价值理性之外,提出了交往理性的概念。

第四个也是最后一个总命题是韦伯的社会科学方法论,其中包括价值无涉、理想型等一些方法。

总体而言,汉语学界对韦伯的研究开始比较晚。虽然早在20世纪30年代,韦伯(当时翻译为"维贝尔")就被当作经济史专家翻译为汉语了,但是他并未真正影响中国知识界的思想。在中国大陆,韦伯一直要到20世纪80年代才引发关注。苏国勋撰写的《理性化及其限制——韦伯思想引论》(上海人民出版社,1988年)触发了出乎意料的关注,在汉语学术圈造成了"韦伯热"。这当然与20世纪80年代特殊的时代氛围有关,但也造成了一定的刻板印象,即把韦伯当作教科书版本的马克思主义经济决定论的对立面来加以接受。由于前辈学者的努力,《新教伦理与资本主义精神》已经成为知名度较高的一本西学著作,而且已经有了十几个不同的译本。但总体而言,目前汉语学界对韦伯的学术研究还是不足的。

六

韦伯和理解社会学

> "理解一切"并不意味着"原谅一切"。
> ——韦伯《社会科学与经济学科中"价值无涉"的意义》

对于学术研究来说,有时候重要的不一定是结论,而是得出结论的基本假设、材料来源和论证过程。韦伯对社会的认识基于其特定的社会本体论和社会认识论路径,这一路径被称为理解社会学。

1. 理解社会学的定义

理解社会学(Verstehende Soziologie/interpretive sociology)是后世学者对韦伯社会学理论和方法的统称。在理解社会学当中"理解"(Verstehen)概念是核心之核心。

韦伯在《经济与社会》的第一章《社会学的基本概念》的第一句中,对社会学下了这样的定义:

> 社会学(这个词具有多重含义,下面仅以我们所理解的方式予以定义)是一门科学,其意图在于对社会行动(soziales Handeln)进行诠释性的理解(deutend verstehen),并从而对社会行动及其

六　韦伯和理解社会学

结果予以因果性的解释。所谓"行动"(Handeln)意指行动个体对其行为赋予主观的意义(subjektiver Sinn)——不论外显或内隐，不作为或容忍默认。"社会的"行动则指行动者的主观意义关涉到他人的行为(Verhalten)，而且指向其过程的这种行动。①

这是一段概念密度和浓度都极高的文字，但是其中的逻辑关系是非常清晰的。在这短短两句话中，韦伯直接给出了建构理解社会学的几个关键概念。让我们首先来看第二句话，这句话包含了三个概念。这三个概念好像是一次三级跳，对其要求和界定逐渐增强：

— 行为(Verhalten/behavior)：不带有主观意义的活动，例如睡觉、呼吸、膝跳反应等，仅仅具有生理意义。

— 行动(Handeln/action)：带有主观意义(Sinn)的行为。

— 社会行动(Soziales Handeln/social action)：行动者的主观意义指向他人的行为。

然后再回过来看第一句。这一定义明确了社会学的研究对象是社会行动。在韦伯看来，社会学的目标是双重的：首先，要对社会行动进行诠释性的理解；其次，也要对社会行动及其结果进行因果性的解释。换言之，任何一个行为、行动和社会行动都具有其客观的层面，例如即便人不带有任何意图，依然可能在无意中打破一个杯子。对客观层面，社会学可以进行因果性的解释：人的一个无意行为是打破杯子的原因。但是，社会行动就更为复杂了。作为社会学家一定要追问，一

---

① 韦伯：《韦伯作品集Ⅶ·社会学的基本概念》，顾忠华译，广西师范大学出版社，2005年，第3页。

个人在社会场景中为什么要做一些事情,而没有做另一些事情。因为,人作为社会中的行动者带有主观意义,而且这种意义经常会指向他人。

在此,理解(Verstehen)和解释(Erklären)构成了一对对立的概念。在韦伯之前的学术界,因果性的解释被认为是自然科学的主要任务,而理解是人文学科的主要方法。韦伯在建立理解社会学的时候,尝试结合这两种基本方法。在此,韦伯显然受到了德国哲学尤其是解释学传统的影响。

2. 理解社会学的学术背景

韦伯理解社会学是对欧洲科学革命反思的结果。伴随着17世纪以来欧洲自然科学的崛起,尤其是牛顿力学体系和麦克斯韦电磁学的建立,哲学中的实证主义(Positivism)思潮兴起。实证主义根植于科学发展黄金时代,它的背后有一套特殊的世界观和认识论。在人文学科领域却没有出现像牛顿力学那样简明的体系。一些学者认为,有必要将自然科学中的实证主义运用于人文领域。实证主义的代表人物穆勒(John Stuart Mill, 1806—1873,又译作密尔)就提出:"社会现象的法则不外是人类本性的行为和激情的法则……在社会现象中,原因的组合就是普遍法则。"[1]

---

[1] John Stuart Mill, *A System of Logic, Ratiocinative and Inductive, Collected Works of John Stuart Mill*, Vol. VIII, Toronto: University of Toronto Press, 1974, p. 879.

六 韦伯和理解社会学

穆勒的这一说法假定了人的行为和自然现象没有实质性的差别，而且两者背后都有一套类似牛顿力学的普遍法则(universal law)。实证主义的雄心暗含着一个假设，即人也是自然科学的对象。高歌猛进的自然科学，试图将对整个宇宙万事万物的解释纳入它自身的体系。像穆勒这样的实证主义者认为，用自然科学的方法也可以来把握人和社会。换言之，实证主义意味着自然科学方法对传统的人文学科的"入侵"。

但是在欧洲大陆的德国却有截然不同于英国实证主义的哲学传统。德意志民族具有深厚的思辨传统。德国诗人海涅曾说："法国人主宰了大陆，英国人占领了海洋，而德国人只有走向内心。"(《新世纪的开始》)这里的"内心"是指德国思想、文学和哲学。

当时在德国占据重要地位的哲学思潮之一是康德主义(Kantianism)。康德在《纯粹理性批判》中，通过追问先天综合判断如何可能，完成了哲学史上的"哥白尼式的革命"——以往认为客观性在外部世界，而康德提出客观性的基础是在认识主体。因果性并非在外在对象中，而是根植在我们的认知范畴之中。康德哲学带有鲜明的本体论和认识论特征，它是二元论的：物自体(das Ding an sich)和现象(Erscheinung)截然不同，物自体是绝对无法认知的，人能够认知的仅仅是现象。这样康德为人的理性能力划定了一条界线。但是这种二元论也遗留了一个问题：人类的社会行动到底是物自体还是现象？

除了康德主义之外，德国还有悠久的解释学(Hermeneutik)传统。解释学的代表狄尔泰(Wilhelm Dilthey)在1883年出版了《人文科学导论》一书。该书旗帜鲜明地拒斥穆勒式的实证主义立场，反对将自然科学方法运用在人文领域。狄尔泰将人类的科学大厦区分为两个不同的领域：人文科学（Geisteswissenschaft）和自然科学（Naturwissenschaft）——注意这里用的都是复数，指多学科组成的整体。德语中的"精神"（Geist）一词的含义较为特殊，包含了人类思维、文化和社会所有的活动，不能直接等同于英语中的 spirit，有学者建议将之翻译为文化（culture）。韦伯也继承了这一传统，称自己的社会学是文化科学（Kulturwissenschaft）的一部分。

狄尔泰认为，人文科学的研究对象（即"精神"活动）在本质上不同于自然科学，因此自然科学的方法不可能被直接运用于"精神"，以此来抵制人文领域的自然科学化。① 之所以这样认为，是因为狄尔泰强调了精神活动的特征。精神活动不同于自然现象，它是带有目的、意图的，而且在任何一个社会中，人都具有价值、评价、规范、规则等。例如牛顿力学在解释星体运动的时候，只需要根据质量和速度来推算出其相互作用力，而根本无须考虑它们的精神，否则就是前科学的万物有灵论了。但是在观察人的时候，却不能这样做。当一个人跑向另一个人的时候，他们可能是拥抱接吻，也可能是要寻仇，当然也可能他们根本不认识，只是偶然地相向而行。因此，狄尔泰说："思想过程绝不能被它们的物质条件所理解。"②此外，人的社会行动必须依赖于一套既有的社会规范。例如，人的穿着、行为举止在每个社会中都有不成文的规范。个人的社会行动通常是以社会体制和规范为前提的。例如我们使用的货币取决于人与人之间的约定，如果使用的是纸币的话，那就涉及国家的信用担保，否则一张纸是无法具有交换价值的。

---

① 狄尔泰：《人文科学导论》，赵稀方译，华夏出版社，2004 年，第 5 页以下。
② 同上，第 12 页。此句系狄尔泰引用自然科学家雷蒙德·杜波依斯的观点。

因此,狄尔泰会认为,人文和社会要比自然更为复杂,绕开了精神活动,人就无从谈起了。①

这里还有更深的哲学考虑:自然科学在研究其对象的时候,需要排除一切意志,但人文-社会科学首先要承认人具有自由意志(Free Will)。人是其活动的最终发动者和决策者。人不是自然法则的傀儡。人在生理和物理上具有偏离正常行为的能力,但不能单纯从物理、化学、生物机制来解释人的行为。社会的规范、价值乃至世界观具有特殊之处,它们会"内化"为个人自己的决定。

3. 新康德主义的关联

韦伯更为直接的一个思想背景是 19 世纪末德国的新康德主义(Neo-Kantianism)。新康德主义拒斥黑格尔主义,提出了"返回康德"的口号。新康德主义主要由马堡学派和西南的巴登学派组成。马堡学派的代表人物是文德尔班(Wilhelm Windelband),其代表作是《历史与自然科学》(*Geschichte und Naturwissenschaft*, 1894)。西南学派的领军人物是李凯尔特(Heinrich Rickert),他与韦伯私交甚密,对韦伯的影响很大。

李凯尔特在其代表作《文化科学与自然科学》(*Kulturwissenschaft und Naturwissenschaft*, 1899)中提出了新康德主义的科学观。李凯尔特提出,科学(Wissenschaft)认识是"改造"(Umformung)而非反

---

① 另参见 H. P. 里克曼:《狄尔泰》,殷晓蓉、吴晓明译,中国社会科学出版社,1992 年,第 112 页以下。

映,而且认识总是一种简化(Vereinfachen)。① 这一观点直接来源于康德的二元论(物自体/现象)。这一看法与英国实证主义也截然不同。

此外,李凯尔特也需要回应康德主义遗留下来的问题。他认为自然科学和文化科学处理的对象是不同的,因而其目标是不一样的,采用的方法也是不同的。自然科学面对的是同质的不连续体,得出法则知识;而文化科学面对的是异质的连续体,得出表意知识。②

表格3 李凯尔特的科学观

同质的不连续体	自然(Natur)	自然科学(Naturwissenschaft)	法则知识(Nomothetic)
异质的连续体	历史(Geschichte)	文化科学(Kulturwissenschaft)	表意知识(Idiographic)

当然李凯尔特处理的主要是认识论和科学哲学的问题,尚未能进入社会学这一全新的学科。

4. 理解社会学要点

① "理解"(Verstehen)

由于社会行动(Soziales Handeln)带有动机(Motiv/motive),同时必然包含行动者的主观意义(Sinn/meaning),因此韦伯提出理解有两种可能:第一种理解是"直接观察的理解"(das aktuelle Verstehen),即从观察者视角去看,一个人在做什么;第二种理解是"解释性的理解"(erklärendes Verstehen),即要回答一个人为什么做一件事情,要明白其动机以及意义关联(Sinnzusammenhang)。

---

① 李凯尔特:《文化科学和自然科学》,涂纪亮译,商务印书馆,1996年,第29—30页。
② 同上书,第31—32、51页。

例如我们在森林中看到一个人用斧子在砍木头。他在砍柴——这就是一个直接观察的理解。但是从社会学的角度来看，这尚未回答所有的问题。这个人可能是一个樵夫，他砍柴主要不是为了自己烧柴，而是为了到市场上出售换取其他物品或货币。这就是解释性的理解。也有可能他砍木头是为了发泄某种情绪，也有可能他是一个运动员，通过砍木头来锻炼身体。可见要达成解释性的理解远比直接观察的理解来得困难。同一种物理-生理运动可能具有多种主观的意义。

对社会学来说，要理解一个人并不一定需要具有类似的经验。因此，韦伯提出："从事相同的行动，并不是理解的必要先决条件：'要理解恺撒，不一定要成为恺撒。'"①但同时，这里会出现一个困难，理解的极限在哪里？

基于理解的观念，韦伯对当时方兴未艾的国民统计学是有所怀疑和保留的。统计数字虽然能够解释一定的相关性（correlation），但并不等同于因果性，也无助于达成解释性的理解。这一立场也可以说明，在《新教伦理与资本主义精神》第一章中，韦伯为何对奥芬巴赫的结论感到不满。在韦伯看来：

> 一个具体行动的**正确**因果**诠释**意味着，行动的外在过程及动机可以被**如实地**（zutreffend）把握，并同时达到对其一切关联的有意义的理解。而对一个**典型的**行动（可理解的行动类型）所做的因果性诠释，意指其被宣称是典型的过程，既可以在意义上妥当地展示出来，又可以因果妥当地（不论何种程度）确认。不管我们

---

① 韦伯：《韦伯作品集Ⅶ·社会学的基本概念》，第5页。

处理的是外在的或心理的过程,也无论这种过程的规律性在精确估算下的几率有多高,只要缺乏意义的妥当性,它就仍然是个不可理解的统计几率而已。①

② 方法论上的个人主义

按照韦伯理解社会学的逻辑,只有个人是具有主观意义的。"行动,从行为主观可理解的方向来看,只存在于当它是一个或是更多个个人的行为时。"②但是社会学不可能只研究个人,还必须要研究集体、组织和社会整体。韦伯是这样来处理这对矛盾的:

> 为了其他的认知目的——例如,法律的——或实际的目的,则从另一方面来说,可能是方便甚至是不可避免地会将社会的构成体(Gebilde),像政府、会社、股份公司、基金会等,视同如个人般地来对待,譬如作为权利义务的主体或与法律有关行动的当事人(如"法人")。但从社会学对于行动主体理解性的诠释来说,这些集体构造必须被视为只不过是特殊行动组织模式和结果,因为这些个人是主观可理解性行动唯一的承载者(Träger)。③

韦伯的这一立场被称为"方法论上的个人主义"(Methodological individualism)。他说:

---

① 韦伯:《韦伯作品集Ⅶ·社会学的基本概念》,第15页。
② 同上书,第16页。
③ 同上书,第17页。

六 韦伯和理解社会学

> ……社会学中并没有像个人的集合体去"行动"这类的东西。当社会学论及如政府、国家、民族、公司、家庭或军团等类似的集体构造时,毋宁**只在**指称某些种类的个人实际或可能的社会行动的过程而已。①

方法论的个人主义的重点在于"方法论",这里指的是社会学认识社会的方法论。此处"个人主义"的含义不是指个人在道德上自私自利,而是提出个人行动的意义在理解社会行为中具有绝对的优先性。韦伯反对将机构作为一个类似个人那样具有意志和意义的个体。

方法论的个人主义包含一个基本假定:个人对自己行为的动机和主观状态有所意识。当然这要排除一些极端情况,例如醉酒、梦游或精神疾病患者。

> 对它(社会学)来说不存在"行动着"的集体人格。当它谈及"国家",或者"民族",或者"股份公司",或者"家庭",或者"兵团",或者类似的"机构"(Anstalt)时,它所指的毋宁说仅仅是个人的实际的或者作为可能构想出来的社会行为的一种特定形式的结果……②

例如,当我们说"复旦大学推出了新招生政策"的时候,"复旦大学"就是这样一个"机构"。这句话作为一个日常语言中的修辞,我们能够理

---

① 韦伯:《韦伯作品集Ⅶ·社会学的基本概念》,第17—18页。
② 韦伯:《经济与社会》(上卷),温克尔曼整理,林荣远译,商务印书馆,1997年,第47页。

解。但对于韦伯来说,这是不够的,我们需要找到做出这一决策的个人,例如复旦大学校长或者招办主任,当然也可以是一些人,例如组成招生委员会的几位教授。复旦大学本身不具有行为动机和主观上可理解的意图。

方法论上个人主义具有一种政治潜能,即反抗所谓的集体人格:例如"元首"成为国家意志的代言人;国家、民族的意义被抽空,而被一个抽象的"机构"所绑架,成为一小撮人的木偶。

在此,韦伯和另一位社会学的奠基者涂尔干形成鲜明对立。韦伯更多受到德国解释学传统的影响,提出社会学的主要目标是理解社会行动的主观意义,找到其"意义关联"。韦伯的视角是微观——从个人着手,从下而上地构建社会学。而涂尔干更多地受到实证主义传统的熏陶。在其代表作《自杀论》(1897)中,涂尔干就提出社会学不要探讨个人心理,因为那是因人而异的。固然可以发现每个自杀者的具体原因,但社会学关心是自杀率的波动。社会学首先要注重"社会事实"。涂尔干的这一方法论的整体论(methodological holism)视角——不得将社会整体的现象还原为个人心理,为日后的功能主义打下了基础。韦伯和涂尔干的观点并不矛盾,而仅仅是方法论上的差异。

③ 理想型

韦伯理解社会学的另一个重要理论工具是"理想型"(Idealtyp/ideal type)。之所以要提出理想型这一概念,韦伯旨在强调在社会科学当中,追求客观性依然是不可放弃的目标。但社会科学中的客观性不同于自然科学,我们需要认识到人类历史和文化的多样性。这意味着"两线作战":一方面要避免相对主义,另一方面不得将个人的价值判断引入社会科学研究之中。有学者认为,理想型并非韦伯原创,而是很大部分来自法学家耶林内克(Georg Jellinek)。① "理想型"这个翻译在中文已经约定俗成,但很容易造成误解。中文中的"理想"带有计划实现的目标、对未来事物的美好想象和希望等含义。但是理想型中的"理想"并不存在于现实之中,也不是希望实现的目标。事实上,"纯粹型"或"理念型"更能够表达出这一概念的本意。它将某些特质提纯,或者推向极致,从而形成一个思维图像(Gedankenbild):

> 它(理想型)是通过单方面地提高一个或者一些观点,通过把散乱和不明显的、此处多一些彼处少一些、有些地方不存在的那种符合上述单方面地强调的观点的**个别**现象,都综合成为一个自身统一的思想图形而获得的。就其概念上的纯粹性而言,这一思想图形不能经验地在现实中的任何地方发现,它是一个**乌托邦**,而对于**历史**工作来说就产生了一个任务,即在任何具体场合中确认,它与理想图形的远近……②

在韦伯看来,在社会科学研究中,理想型可以提供一套概念工具,来帮

---

① 耶林内克(1851—1911)出生于维也纳的犹太人家庭,是著名的法律和政治哲学家,著有《正当、不正当与惩罚的社会伦理意义》(*Die sozialethische Bedeutung von Recht, Unrecht und Strafe*,1878),曾在多所德语区的大学任教:维也纳(1879—1889)、巴塞尔(1890—1891)、海德堡(1891—1911)。按照韦伯夫人的记述,"理想型"概念是耶林内克在其《普通政治学》(*Allgemeine Staatslehre*,1900)中提出的。参见玛丽安妮·韦伯:《马克斯·韦伯传》,第 397 页。
② 韦伯:《社会科学认识和社会政策认识的"客观性"》,《社会科学方法论》,李秋零、田薇译,中国人民大学出版社,1999 年,第 32 页。译文有修改,强调部分为原文所有。

助我们理解文化意义（Kulturbedeutung）。当我们将现实（或历史）中的个案与一个理想型进行比较时，就会找到该个案与理想型的差异。同时，理想型还是很好的启发手段。可以说，现实中的个案是多个理想型按照不同比例的混合。

> 它（理想型）不是"假设"，但它要为假设的形成指明方向；它不是对现实的描述，但它要为描述提供清晰的表达手段。①
> 因为理想型概念形成的目的，就是在任何地方都使人清晰地意识到，它不是合乎类的东西，而恰恰相反，是文化现象的**特征**。②

韦伯的不少论著中都使用了理想型的方法，以此来对照具体的历史个案，例如资本主义、合理主义、统治类型、城市经济等。例如，当人们将印度莫卧尔王朝的资本主义经济与韦伯所讲的西方现代出现的合理资本主义（理想型）进行比较之后，就会发现印度所缺乏的那些特质。不过，韦伯再三强调构建理想型并不是目标而是手段。③ 事实上，我们在日常生活中已经不自觉地构建了一些理想型，例如程序员、理工男等。当讲出这些词的时候，大家脑海中立刻会出现一个人设以及伴随的特性。只不过这些日常的理想型是带有强烈价值倾向的刻板印象。理想型不是认识的目标，而是认识的手段。学者可以不断地构建新的理想型，并对原有理想型进行修正。所以说，任何一种理想型都不是

---

① 韦伯：《社会科学认识和社会政策认识的"客观性"》，《社会科学方法论》，第32页。
② 同上书，第40页。译文有修改。
③ 同上书，第33页。

一劳永逸的,而是暂时的研究工具。

④ 价值判断无涉

韦伯理解社会学中引起争议最大的一个方法就是价值判断无涉(阙如),又叫作"价值中立"(value free)。但是汉语中"中立"一词有很大的误导。人们往往会想起外交中的中立(neutrality),即不和任何国家结盟,也不与任何国家敌对。韦伯提出的价值判断无涉(Werturteilsfreiheit)由三个词组成,分别是价值(Wert)、判断(Urteil)和无涉(Freiheit)。韦伯的这一原则基于哲学上的基本二分——应然(Sollen/ought)与实然(Sein/is)。讨论应然的是规范性命题,而讨论实然的是描述性命题。从实然命题无法推导出应然命题,反之亦然。韦伯认为,学术研究的根本是要找到因果关系(实然),而不要被一些个人或团体的私见(应然)所左右。价值判断无涉原则的提出就是为了保证学术研究的独立性和客观性。因而,韦伯提出如下的要求:

> 研究者和描述者应当无条件地把经验事实的规定(包括他所确定的经验的人的"有价值取向的"行为,而经验的人是他所研究的)与他的实际的价值评判态度,亦即在判断这些事实(包括经验的人的可能被造成为研究对象的"价值评判")令人愉快或令人不愉快的"鉴定"态度区分开来,因为这是两个根本不同的问题。①

---

① 韦伯:《社会科学和经济科学"价值无涉"的意义》,《社会科学方法论》,韩水法、莫茜译,商务印书馆,2013 年,第 162 页。关于韦伯提出"价值判断无涉"的思想史背景参见迪尔克·克斯勒:《马克斯·韦伯的生平、著述及影响》,第 222—231 页。

前者是价值哲学的问题,而后者才是社会(经验)科学的问题——重视经验事实命题的有效性。

韦伯在他的学生时代就意识到,当时德国的一些学者(例如特赖奇克)利用大学讲坛,讲授的并不是学术知识和方法,而是夹带了大量的个人信仰和政治主张。① 这样的讲课和研究有碍学术研究的深入,也有缘木求鱼之嫌。但这样的讲课内容对年轻学生和社会大众却有极大的鼓动力。因此,韦伯提出大学课堂的讲课和学术研究应当坚持"价值判断无涉"原则。这意味着一个学者在处理其研究对象时,需要避免进行价值评判,使用的术语和概念也应当保持客观中立。这并不是说学者活在价值真空当中。韦伯也认识到,一个人之所以研究某个对象,一定是因为某种"价值关联"(Wertbeziehung)。价值关联使得个人对某些议题感兴趣,并推动他从事某方面的研究。但如果要表达个人的政治立场和宗教认信,完全可以到广场或公共集会上去,以公民或信徒的身份进行,而不必伪装为一个教师或学者。著名的韦伯研究学者施路赫特就提出,价值判断无涉原则是一个调节性(regulative)原则,而非构成性(constructive)原则。

德国学者穆勒就提出,韦伯的价值判断无涉原则涉及五个维度的问题。② (1)大学中教授和学生的关系问题:是否允许教授在课堂上

---

① 海因里希·冯·特赖奇克(Heinrich von Treitschk,1834—1896),德国历史学家和政客。特赖奇克推崇国家威权,主张普鲁士至上,用武力统一德意志。他认为德国是神圣罗马帝国的继承者,对英国和美国式的民主持有深刻怀疑。在其课堂上,特赖奇克经常毫不避讳地表达其政治主张。
② Hans-Peter Müller, *Max Weber: Eine Einführung in Sein Werk*, Köln: Böhlau Verlag, 2007, SS. 191-193.

发表个人的价值判断？大学授课是否应当局限于各自的专业领域？——这是该问题的体制维度。(2)科学的问题：价值关联和价值判断的关系是怎样的？事实上，任何科学背后都存在关联价值。——这是该问题的学科方法论维度。(3)经济与社会科学中的应然-实然问题：科学是否能维护某种价值和规范——这是该问题的哲学核心。(4)科学与实践的关系：科学并非为自身而存在，而是存在于社会和文化之中。科学是否为了改善人类和社会而服务，并提出相应的建议？——这是该问题的政治维度。(5)科学与生活：我应当如何生活？换言之，我可以做什么？——这是价值判断无涉问题的生存论维度。

韦伯提出该原则之后，学界的反应差异极大。在20世纪30年代，德国社会学界就因此出现了鲜明的对立和分裂。"二战"之后，围绕这一原则的争论还在继续，其顶点是1964年韦伯诞辰百年在海德堡的大会。当代社会学领域中的学者基本接受和继承了这一原则，而社会理论界的学者则大多反对这一原则。

七

写作缘起和韦伯面对的问题

1. 新教伦理的写作缘起

《新教伦理与资本主义精神》最初是一篇长论文。韦伯写作这篇论文并非"计划内"的产物,而是临时决定的结果。这一决定和桑巴特与布伦塔诺有着密切关系。① 1903 年时,韦伯面对着两难:一方面,学界迫切需要研究资本主义的历史作用和理论意义;另一方面,他的好友桑巴特已经在 1902 年出版了《现代资本主义》(*Der moderne Kapitalismus*)一书。② 该书在德语学界获得了不同的反响。当时,韦伯、雅菲和桑巴特共同担任《社会科学与社会政策文献》的编辑。韦伯

---

① 路约·布伦塔诺(Lujo Brentano,1844—1931),德国历史学派经济学家,曾在柏林、维也纳、莱比锡和慕尼黑等地任教。虽然其学术立场与韦伯差异很大,但退休时推荐韦伯接任其在慕尼黑大学的教席。
② 维尔纳·桑巴特比韦伯长一岁,1863 年出生于普鲁士萨克森的艾姆士雷本(Ermsleben)的一个地主和政治家家庭。他在柏林、比萨和罗马上大学,并于 1888 年在柏林大学获得博士学位。1890 年到 1906 年,他在布雷斯劳大学任教,1917 年赴柏林大学任教。青年时代的桑巴特受到马克思主义的深刻影响,但后来逐渐放弃了马克思主义的立场。桑巴特 1941 年 5 月在柏林去世。桑巴特和韦伯在 1904 年相识,后一起编辑《社会科学与社会政策文献》杂志。

七　写作缘起和韦伯面对的问题

知道无法绕过桑巴特，否则就会破坏编辑部的团结。但是最初他自己并不愿写书评，因为他本人并不同意桑巴特的部分观点。①

于是，韦伯邀请著名学者布伦塔诺去评论桑巴特的文章，计划发表在《社会科学与社会政策文献》中。为此1903年秋，韦伯、布伦塔诺和桑巴特一起讨论了这一可能性。而此时，韦伯自己则要处理一些方法论问题。韦伯认为，只有学界一流的学者才能处理桑巴特的棘手问题，而年轻学者的回应不值得桑巴特回应。但可惜的是，布伦塔诺迟迟没有答应写这篇回应文章。布伦塔诺在1904年也完全无暇评论桑巴特的著作。直到1913年，布伦塔诺才简短地评论了桑巴特的工作，而当时桑巴特已经出版后续著作《犹太人和经济生活》(1911)和《布尔乔亚》(1913)。②

由于没有学者及时对桑巴特做出回应，韦伯才决定自己写一篇文章。1904年4月12日，韦伯写信给保罗·齐贝克（Paul Siebeck）出版社，表示自己将写作一篇文章发表在《文献》上——这就是后来的《新教伦理与资本主义精神》一文。1904年4月到7月，韦伯写作该文的第一部分。在8月出发去美国之前，他阅读并审核了这部分文章。当他从圣路易斯回来之后，即在1904年11月，第一部分已经付印了，刊登在《文献》的XX卷（该卷的日期标记为1905年，引起了后来的一些误会）。回到海德堡之后，韦伯开始写作第二部分，并于1905年3月

---

① Hartmut Lehmann, "Friends and Foes: The Formation and Consolidation of the Protestant Ethic Thesis," In *The Protestant Ethic Turns 100: Essays on the Centenary of the Weber Thesis*, p.52.

② Ibid., 54-57.

完成,同年《文献》XXI卷发表了第二部分。①

因此,有学者认为韦伯的作品提供了一个"外交的杰作":他并没有直接评论桑巴特的作品,而是提供了一个关于现代资本主义起源的案例研究;他在很多地方提到了桑巴特的书,但是并没直接去评价其学术成就。在第一部分中,韦伯的写作包含了对桑巴特的批评和高度赞扬。②

2. 提出问题:欧芬巴赫的发现

经常有人说读书如"剥洋葱"——一本研究性的著作内部有很多脉络和层次。如果囫囵吞枣,就会找不到它的论证和论证之间的逻辑关系。因此本书要帮助读者梳理韦伯的论证,重构论证中的脉络,分析他使用的一些核心概念,而不要迷失在众多的例子和脚注当中。首先就要从韦伯面对的问题开始。

韦伯在《新教伦理与资本主义精神》第一卷的第一章开头就提出了这样一个观察:

> 如果我们观察一下多信仰地区的职业统计数字,就会经常发现如下的现象:资本家和企业主**绝大多数**是新教徒,受过教育的

---

① Ibid., 57-59. 根据韦伯夫人的回忆,韦伯在1903年圣诞节之后,大约在1904年1月就已经开始着手写作《新教伦理与资本主义精神》一文。参见玛丽安妮·韦伯:《马克斯·韦伯传》,第355页。

② Ibid., 59.

高等工人阶层(即现代企业制度中的高等技术和销售人员)也是如此。这一现象已经在天主教出版物和文献中,并在德国天主教大会上讨论过了。不仅是在信仰差异和国籍差异(以及连带的文化发展程度差异)共存的地方是如此的,例如在德国东部的德意志人和波兰之间,而且几乎到处都是如此——只要资本主义在蓬勃发展,民众可以根据其需求自由地改变民众社会分层与职业;而且越是如此,分野就愈加明显。我们在宗教的统计数字中发现,该现象是十分显著的。在全部人口中,新教徒资本家的比例,以及在大规模现代工商业企业制度(Unternehmung)中高级工人阶层的比例较高……①

有人望文生义地认为,韦伯在《新教伦理与资本主义精神》一书中主要处理的是神学问题,这是大错特错的观点。韦伯的上述观察并非空穴来风,而是来自一项社会学和人口学的经验研究的成果。韦伯的学生马丁·欧芬巴赫(Martin Offenbach)在 1901 年发表了一篇论文《信仰与社会分层:巴登州天主教徒和新教徒经济状况的研究》(*Konfession und soziale Schichtung*:*Eine Studie über die wirtschaftliche Lage der Katholiken und Protestanten in Baden*,Tübingen und Leipzig,1901)。这篇论文主要使用了国民统计的资料,研究了德国西南部巴登州信仰状况与社会分层之间的关系。虽然欧芬巴赫发现了一些有趣的现象,

---

① 《新教伦理与资本主义精神》,郁喆隽译,浙江大学出版社,2018 年,第 3—4 页。着重部分为原文所有,下同。

也提出了有益的学术问题,但是未给出让韦伯满意的回答。①

首先,欧芬巴赫发现巴登州的人口中,不同信仰群体的课税数额存在很大的差异。

表格4 巴登州不同信仰群体的课税数额②

每一千名新教徒	954 060 马克
每一千名天主教徒	589 000 马克
每一千名犹太教徒	>4 000 000 马克

众所周知,在欧洲历史上,犹太人因为垄断了金融、珠宝和贵金属交易等行业,他们的收入比较高,缴税也相应多。因此表格中犹太人课税高于新教徒和天主教徒几倍,不足为奇。但是,巴登州人口中天主教徒占大多数(约三分之二),新教徒占据少数(约三分之一),两者的外部环境几乎完全一致。那么为什么如上表中显示,新教徒的人均课税差不多达到了天主教徒的两倍?换言之,为何信仰差异会导致经济状况的差异呢?

当时在德国的学术界存在一种流行的解释:经济决定宗教。用韦伯的话来说:"……信仰归属并不是经济现象的**原因**,而在某种程度上

---

① 现代统计学诞生于18世纪的欧洲大陆。当时欧陆上的各大国,出于国力的竞争的目的而要对本国的国力有一个确切的把握。因此最初的国民统计学诞生的背景主要是近代民族国家的崛起,其目的主要是进行人口-国力统计,因此被叫作"政治算术"。歌德在1786年就曾经感叹过"我们这个人们满脑子都是统计数目字的时代"。不过,当时国民统计学的内容比较简单,也缺乏当代统计中拥有的回归分析等方法。韦伯之所以不接受将统计数字作为理论研究的最终解释,有其方法论的原因。

② Weber, *Religionssoziologie* I, S. 19, Fußnote 8. 参见《韦伯作品集Ⅻ·新教伦理与资本主义精神》,康乐、简惠美译,广西师范大学出版社,2008年,第10页,注4。

七 写作缘起和韦伯面对的问题

恰是其**结果**。"①持有这一观点的著名学者就包括韦伯的好友、著名的经济学者维尔纳·桑巴特(Werner Sombart，1863—1941)。他在1902年出版了《现代资本主义》(*Der Moderne Kapitalismus*，Vol. I)一书。在该书的第三部分中,桑巴特就探讨了资本主义的精神起源问题。他认为"获利欲"是资本主义的根本。由此,桑巴特认为新教是资本主义的结果。他在1911年出版了《犹太人和经济生活》,将获利欲追溯到犹太人那里。②

但是,韦伯很快就指出了桑巴特这一说法的困境:

> 宗教改革并不意味着消除教会对生活的支配,而更多地意味着另一种支配形式代替了原有的形式。一种高度舒适的、当时几乎未被感受到的、几乎仅仅是形式上的支配,被另一种支配所代替,后者在可想象的范围内,渗透到了家庭和公共生活的一切领域,并且无休止地严格规制了整体的生活方式。③

桑巴特的理论或许可以解释犹太人收入高于基督徒,但是却无法解释为何新教徒的收入要高于天主教徒。因为从宗教史来看,宗教改革之后的新教,在生活方方面面的规定和戒律并没有减少,反而增加或者更加彻底了。新教当中的清教更为严苛。韦伯用"清教的暴政"

---

① 《新教伦理与资本主义精神》,郁喆隽译,第4页。
② 韦伯提出的问题也有其神学渊源,在此不做重点论述,参见弗雷德里希·威廉·格拉夫:《德国的神学渊源和新教的教会政治》,载哈特穆特·莱曼等编《韦伯的新教伦理:由来、根据和背景》,第4—28页。
③ 《新教伦理与资本主义精神》,郁喆隽译,第4页。

来指称这一现象：像加尔文那样的宗教改革者一旦获得绝对的统治权力，立刻会对人们生活的很多细节做出事无巨细的规定。以日内瓦城为例，教会甚至还会派出德行监视者（类似于秘密警察）来巡查城市，例如女性是否在公共场合大声笑，男子是否过度饮酒，口出污言等。正处在经济崛起阶段的中产阶层为何"容忍"这些清规戒律呢？如果不是内源性的而是出于外力的话，这一现象是无法解释的。

事实上，认为经济是解释宗教的原因，资本主义的出现才推动了宗教改革，是当时德国国民经济学派中流行的一个观点。这一观点部分地来自经济决定论。按照这一说法，宗教信仰显然属于上层建筑，资本主义属于经济基础，因此只能得出是资本主义"决定了"宗教改革。不过这一推论在韦伯看来并不完全符合欧洲历史的实际发展——最先发起宗教改革的地区，例如路德所在的普鲁士在16世纪初基本不存在资本主义的影子；反过来，那些最先出现资本主义经济形态的地方，如意大利的佛罗伦萨、威尼斯和热那亚，都是属于天主教，并没有发生宗教改革。简单地将韦伯和唯物主义对立起来显然在学术上是幼稚的。无论是韦伯还是其他思想家也许都不会否认，人类的宗教文化（上层建筑）和经济基础之间存在复杂的互动和双向影响。

欧芬巴赫发现的第二个令人费解的事实体现在巴登州的教育状况中。1895年巴登州人口中天主教徒占据多数，天主教徒、新教徒和犹太教徒的绝对比例分别为61.3%、37%和1.5%。但是在各级学校中，信仰群体的占比却和人口比例出现了倒挂——犹太人一向重视教育，因此在各级学校中的比例远远超出他们在巴登州的绝对比例；但是，在这项统计中，新教徒在各级学校中的比例都高出了其人口比例，甚至在实业高中和高级职校入学比例中远远超出了天主教徒。

表格 5　巴登州各级学校的入学比例①

	新教徒(%)	天主教徒(%)	犹太人(%)
文理高中(Gymnasien)	43	46	9.5
实业高中(Realgymnasien)	69	31	9
高级职校(Oberrealschulen)	52	41	7
实业中学(Realschulen)	49	40	11
高等小学(Höhere Bürgerschulen)	51	37	12
平均	48	42	10

这项发现可以说明，撇去犹太教徒不论，在巴登州的新教徒要比天主教徒家庭更加重视教育，父母更加愿意让自己的子女接受更多的教育。而韦伯认为，从外在的条件来看，同样无法解释这一现象。他认定父母的宗教对教育以及职业选择产生了影响："……那种**习得的精神特性**（这里指的是家乡和父母家庭的宗教氛围所决定的教养），决定了职业的选择与随后的职业命运。"②接受了更多的教育之后，新教徒在职业选择和收入方面的机会也会优于天主教徒，这样也可以部分地解释，为何新教徒的人均收入高于天主教徒的。③

韦伯在此给出了一个暂时的说明。他认为这一切都可以追溯到

---

① Weber, *Religionssoziologie* I, S. 21, Fußnote 11.《韦伯作品集Ⅻ·新教伦理与资本主义精神》，第 12 页注 9。
② 《新教伦理与资本主义精神》，郁喆隽译，第 7 页。
③ 不仅如此，其他一些数据也显示了一些"异常"的反差：在巴伐利亚，天主教徒占人口的比例超过 70%，但是国家的精英阶层中，天主教只占 16.9%。在国家的司法界中，新教、天主教和犹太教徒的比例分别为 12.59%、2.28% 和 4.86%，天主教律师的比例仅为 11.78%。而在大学中，非终身与终身任教的教授比例如下：新教 100∶86.9，天主教 100∶36.7，犹太教 100∶358.8。托马斯·尼普尔戴，《马克斯·韦伯、新教和 1900 年前后的争论背景》，载哈特穆特·莱曼等编《韦伯的新教伦理：由来、根据和背景》，第 56 页。

一种"内在特性"(innere Eigenart)或者"伦理"(Ethos)上去：

> 新教徒……**无论**是作为统治阶层**还是**被统治阶层，**无论**是作为多数派**还是**少数派，都展现出一种走向经济合理主义的特殊倾向。而天主教徒无论处于何种地位，过去和现在都观察不到同样的倾向。这种差异的原因，必须主要在持续的、内在特质中，而不仅仅在外在的、宗教信仰的历史政治环境中去寻找。①

3. 一种定式化的二元对立

面对马丁·欧芬巴赫论文中发现的这些现象。从宗教角度，当时的德国知识界存在一种定式化的解释，韦伯在文中复述了这一解释，但是他并不表示同意。这种定式化的解释将天主教和新教的生活方式对立起来，认为天主教是"超尘出世"(Weltfremdheit)的，而新教追求俗世享乐(Weltfreude)。

> 天主教较强烈的"超尘出世"特性，及其最高理想具有的苦行特征，必定使得其信徒对世俗的财货不感兴趣。②
> 俗话说：要么吃得好，要么睡得香。③

---

① 《新教伦理与资本主义精神》，郁喆隽译，第9页。
② 同上书，第9页。
③ 同上书，第9页。此句为韦伯转引欧芬巴赫。

当时的德国人普遍认为,天主教徒更倾向于睡得好,而新教徒倾向于吃得好。新教徒似乎更喜欢赚钱和攒钱,而天主教徒则对生活比较随意,更加甘于清贫的生活。

要理解这一基本差异,我们需要了解一点基督宗教的神学要点。宗教神学的观念会对人的处世态度产生很深的影响。在此我们无法绕开基督宗教的救赎观(soteriology)。按照基督宗教的基本世界观,世界被大致分为两个大的部分:此世(World/Diesseits)和彼世(Otherworld/Jenseits)。此世和彼世的二分受到了柏拉图主义哲学的影响。将此世和彼世分离开来的事件是死亡。此世和彼世的价值截然对立:此世是自然的、可朽坏的,是人的肉身的暂时居所,而人的肉身是非常容易堕落的;相反,彼世是超自然的、神圣的,是灵魂的居所,是永恒的,也是属神的。由于人生的基本目标是获得救赎。救赎是在彼世当中最终完成的。因此,对信徒而言,人的肉身只不过是暂时地寄居在此世而已,所以人此世的生活并不具有终极意义。此世的肉身可能被各种魔鬼诱惑而堕落。财富、荣誉和性爱当中均具有这种危险。由此,基督宗教形成了"在世而不属世"(In this world, not of this world)以及"轻视此世"(Contemptus mundi)的态度。

不过需要指出的是,宗教改革之后,这种态度发生了剧烈的转变。因此韦伯无论从社会学以及宗教伦理的角度,都不能赞同上述简单的二分。韦伯接受了良好的经济史教育,他对欧洲率先出现近代资本主义的地区可谓耳熟能详。他不同意所谓新教追求"俗世享乐"这一说法。韦伯立刻举出了一个鲜明的反例——法国加尔文教徒。韦伯指出,法国的加尔文派信徒毫无疑问是法国工业和资本主义的重要担纲者,但是在宗教伦理和生活方式上,他们又是同样超尘出世的。

> ……那种对立,所谓的天主教的"超尘出世"和所谓的新教的物质主义的"俗世享乐"等等含混的观念,在此根本解决不了我们的问题。因为,它对今天和过往而言都是不准确的。①

不单是加尔文派,欧洲大陆上很多新教教派都具有那种超尘出世的气质。而且有意思的是,这些超尘出世的新教教派在经济和工业方面都获得了令人瞩目的成就:

> 当干练的资本主义商业精神与贯穿并规范整体生活的宗教虔诚,同时发生在一个人或一个群体身上。而且这并非零星的个案,而是在历史上很多重要的新教教会与教派的整个群体的特有标志。特别是当加尔文派登场时,总会呈现如此的结合。②

经济史学家戈泰因甚至将加尔文派称为资本主义经济的"温床"。韦伯立刻动用了自己的丰富的经济史知识。他发现,超尘出世的宗教态度和财富之间似乎存在某种关联,他举出了很多例子,如法国、荷兰的加尔文派,德国的路德宗,英国、北美的教友派,尼德兰、德国的门诺派,莱茵河地区和卡尔夫的虔敬派等。于是韦伯形成了这样一个设问,超尘出世和资本主义之间为何存在一种"内在亲和性"(innere Verwandtschaft):"超尘出世、苦行和宗教虔诚与参与资本主义营利这

---

① 《新教伦理与资本主义精神》,郁喆隽译,第 11 页。
② 同上书,第 13 页。

两方面的对立,是不是反过来产生了一种内在**亲和性**?"①

于是,韦伯确定了接下来研究的方向:

> "劳动的精神""进步的精神",或者今天人们倾向于归诸新教所唤醒的精神,并不能被理解为"俗世享乐"或什么"启蒙主义"的精神。……如果说,要找到早期新教精神的某些影响和现代资本主义文化之间的内在亲和性的话,我们**不能**像通常那样,试图从所谓的物质主义的或反苦行的"俗世享乐"中去寻找,而要在其纯粹**宗教**的特性中去寻找。②

4. "苦行"的观念

韦伯在这一章中引入了一个宗教中的关键概念——**苦行**(Askese/Asceticism,也可以翻译为"禁欲")。西方语言中"苦行"这个词来源于希腊语ἄσκησις(áskēsis)一词。其字面含义是练习、训练、修行,并不一定和肉体欲望有直接的关系。常见的苦行行为包括斋戒(素食、禁食)、独居、冥想、放弃睡眠、放弃财产、乞讨、不定居、不洗澡、不理发、不剪指甲、放弃性行为、禁言等等。

在世界各大宗教中均有苦行行为:例如印度教中用梵语Tapas来指称苦行。瑜伽不仅仅是一种体育运动,也包含了宗教苦行的意涵。同样诞生于印度次大陆的佛教,在最初的时刻,佛陀也曾经学习并实

---

① 《新教伦理与资本主义精神》,郁喆隽译,第11页。
② 同上书,第16—17页。

践苦行六年之久。伊斯兰教用 Zuhd 或 Fakir 来指称苦行(者)。伊斯兰教中还存在"德尔维希"(Dervish)这样以乞讨著称的苦行者。此外,苏菲派中的旋转舞蹈也是一种特殊的苦行方式。

基督宗教从其开端就包含了苦行,并在其历史中出现了种类多样的苦行方式:耶稣本人在旷野中禁食 40 天,然后受到魔鬼试探(路 4:1—13),就是一种典型的苦行。公元 3 世纪后在埃及出现了沙漠教父,也带有苦行的属性。公元 4—5 世纪,东方教会还出现过"柱顶僧人":他们让人在空地上竖起一根 3 米以上的柱子,然后自己爬上柱顶,长时间地站立,无遮无挡。根据教会史料记载,其中最著名的一个柱顶僧人是公元 5 世纪的西蒙(390—459)。传说他于 423 年登上叙利亚的一根柱子,至死 37 年之久都没有离开柱头。[①] 中世纪的天主教在修会和修道院中,将苦行系统化。很多天主教的修会,例如本笃会和方济各会都以苦行著称。但是中世纪的苦行行为基本上属于修道士的特权[②]。一些修道士在修道院中坚持每天凌晨 2 点起床,晚饭后 8 点睡觉,生活极为单调。在最极端的案例中,修道士只能喝水和吃面包,而且要参与繁重的体力劳动,并摆脱所有的社会关系。宗教改革之后,新教教派反对修道院的苦行行为。

[①] 关于此事的材料主要见诸 Hans Lietzmann, *Das Leben des Heiligen Symeon Stylites*, Gorgias Press, 2010, reprinted from 1908 Leipzig edition。
[②] 想要了解中世纪修院的生活,可以阅读翁贝托·埃科著《玫瑰之名》,以及汉斯-维尔纳·格茨著《欧洲中世纪生活》。

八

资本主义"精神"

(《新教伦理与资本主义精神》第一卷第二章)

1. 什么是"资本主义"？

"资本主义"这个词我们并不陌生，这恰恰是理解这个概念的最大障碍之一。当我们谈到资本主义的时候，立刻会引发很多彼此矛盾对立的情绪、立场和判断。可以说，我们对"资本主义"已经充满了"前理解"甚至是偏见。马克思曾经在《资本论》中写道："资本来到世间，从头到脚，每个毛孔都滴着血和肮脏的东西。"由于韦伯采取了和马克思截然不同的社会科学方法径路，所以他对资本主义的定义也是迥异的：

> 如果有某个对象，在其身上使用"资本主义精神"这样的称谓是具有意义的话，那么它只可能是一种"历史个体"（historisches Individuum），也就是说，在历史现实中各种关系的复合体——我们在其文化意义的视角之下将之视为一个整体。[1]

---

[1] 《新教伦理与资本主义精神》，郁喆隽译，第 19 页。

有必要说明的是,韦伯在定义资本主义的时候,采取了其理解社会学中的核心方法——理想型(纯粹型)。(参见本书第 82 页)

韦伯对研究对象概念的态度是不要在一开始就给自己设定太多的条条框框:"……最终确定的概念掌握不可能在考察的开端出现,而要在其结束时才出现。"①反过来说,如果一个研究者在研究的开头,就能给出一个完美的定义,那么接下去的研究可能就意义不大了。而且在研究过程中,随着思考的深入、新材料的发现,很可能会充实或者彻底推翻一开始提出的定义。学术研究是一个"止于至善"的过程,事实上不能停止。

2. 韦伯对"资本主义精神"的举例说明

韦伯并没有直接给出资本主义精神的定义,而是首先用一个典型的个人来举例说明了何谓资本主义"精神"(The Spirit of Capitalism/Der "Geist" des Kapitalismus)。被韦伯当作资本主义精神代表的个人就是本杰明·富兰克林(Benjamin Franklin,1706—1790)。很多人可能没有直接见过富兰克林,但是他的头像被印在 100 美元纸钞之上,在美国也算一个家喻户晓的人物了。那么,韦伯为何用富兰克林作为资本主义精神的代表呢?从学术史的角度来看,这和韦伯 1904 年的美国之行有关,韦伯在这次旅行途中看到了生机勃勃的新大陆。当然最为关键的是富兰克林这个人的气质和生平。

本杰明·富兰克林是一个传奇人物,也是一个类似文艺复兴时期

---

① 《新教伦理与资本主义精神》,郁喆隽译,第 20 页。

达·芬奇的"全才"。富兰克林在很多领域都有建树。例如富兰克林是一位发明家,他独立发明过乐器玻璃琴、避雷针、更加节能的开放火炉;还是一位科学家,尤其痴迷于研究当时方兴未艾的电学。为了研究电学,富兰克林曾经在下雷阵雨的时候,放出风筝,尝试引来雷电。此外,他还首次提出正负电子说。富兰克林还是气象学家,他研究过龙卷风。他还是一个出版人、国际象棋高手,在政治领域也颇为著名,他参与起草《独立宣言》,主张废奴;后来还担任过美国第一任驻法大使和宾夕法尼亚州州长等职务。富兰克林被誉为"第一个美国人"。

韦伯之所以选择富兰克林作为资本主义精神的代表,和他的生活方式有关。韦伯认为富兰克林是一个"白手起家"之人(self-made man),也就是完全依靠个人努力而获得成功,而没有凭借祖上和父母的蒙荫。富兰克林还被称为"清教徒美德的无瑕代表"[1]。1726 年,在富兰克林 20 岁时,他就总结出了"13 种美德",并终身追求这些美德:[2]

1. 节制:食不过饱;饮酒不醉。
2. 沉默寡言:言必于人于己有益;避免无益的聊天。
3. 生活秩序:每一样东西应有一定的安放的地方;每件日常事务当有一定的时间。

---

[1] 富兰克林的祖父来自英格兰,其家庭笃信新教,并且很早就脱离了英国国家教会。富兰克林的父亲约瑟于 1682 年举家迁往美洲新英格兰。他本人属于长老会,但并不经常去教会。参见《富兰克林自传》,姚善友译,生活·读书·新知三联书店,1985 年,第 6—7 页。
[2]《富兰克林自传》,第 118—119 页。

4. 决心：当做必做；决心要做的事情应坚持不懈。

5. 俭朴：用钱必须于人或于己有益；换言之，切戒浪费。

6. 勤勉：不浪费时间；每时每刻做些有用的事，戒掉一切不必要的行动。

7. 诚恳：不欺骗人；思想要纯洁公正；说话也要如此。

8. 公正：不做不利于人的事，不要忘记履行对人有益而又是你应尽的义务。

9. 中庸适度：避免极端；人若给你应得的处罚，你当容忍之。

10. 清洁：身体、衣服和住所力求清洁。

11. 镇静：勿因小事或普通的不可避免的事故而惊慌失措。

12. 贞节：除了为了健康或生育后代起见，不常举行房事，切戒房事过度，伤害身体或损害你自己或他人的安宁或名誉。

13. 谦虚：仿效耶稣和苏格拉底。

富兰克林不仅仅提出了上述的生活准则，而且在自己的生活当中身体力行。他非常节俭，近乎吝啬。富兰克林在1748年还出版了《给一个年轻商人的忠告》(*Advices to a young tradesman*)。

韦伯认为，富兰克林身上带有一种典型的资本主义精神：包括禁欲、节制、苦行等。有不少耳熟能详的话语，都来自富兰克林对别人的教导当中。

时间就是金钱。

借贷就是金钱。

切记，金钱的**本质**就是**增值**。钱能生钱，钱子还能生出更多钱孙。五先令倒腾一下就是六先令,再倒腾一下就是七先令三便士,如此继续直到一百镑。……谁要是杀死了一头母猪,就等于杀死了它所能繁衍的成千头猪。谁要是浪费了五先令,就等于是**谋杀**了它所能产出的一切——不计其数的钱。①

乍一看,富兰克林似乎把所有东西都看作赚钱的机会或成本,他好像有一种吝啬过头的"守财"。但是韦伯却认为富兰克林不仅止于此。他将德国历史上著名的大商人、银行家雅各·富格和富兰克林进行了比较,来说明这一点。韦伯认为,雅各·富格和他所代表的富格家族三代经商,主要从事金融行业。富格在其事业巅峰的时候,同时为哈布斯堡王朝和梵蒂冈教廷理财,发展了庞大的商业网络、矿山、商栈等。富格也留下了著名的格言:"只要能赚钱就要赚。"②但韦伯认为富格和富兰克林两人之间存在一种根本的不同:富格代表了"商人的冒险精神和一种无关道德的个人倾向";而富兰克林则有一种"具有伦理色彩的生活方式准则的特征"。③

3. 对"资本主义精神"的界定

韦伯在《新教伦理与资本主义精神》中并没有直接给资本主义下定义,这项工作他在经济史研究中已经完成。在新教伦理的研究中,

---

① 《新教伦理与资本主义精神》,郁喆隽译,第 22 页。强调为原文所有。
② 同上书,第 26 页。
③ 同上书,第 26 页。

八 资本主义"精神"

韦伯关注的是"资本主义精神"(Geist des Kapitalismus/Spirit of capitalism):

> 本书中"资本主义精神"的概念,就是指这样一种特殊的含义。当然,它指的是现代资本主义。因为这里讨论的仅仅是西欧-美洲的资本主义,这就我们提出问题的方式而言是不言自明的。资本主义曾经在中国、印度、巴比伦,以及在西方古代与中世纪都出现过。**但是,我们将会看到,它们全都缺乏那种特殊的精神。**①

显然韦伯在此给出了该书中讨论资本主义精神的两个限定:首先在地理范围上是欧洲-美国的,也就是通常意义上所讲的"西方";其次,在时间上是近代的(modern)②。但是最为重要的却是一种"独特的风格"(Ethos)。在这样一段非常浓缩的定义中,韦伯其实区分了广义和狭义两种资本主义:第一种资本主义是广义的资本主义,它在人类各个时期和各地区都出现过;第二种资本主义是狭义的资本主义,它仅限于近代、西方的资本主义。后者才是韦伯在《新教伦理与资本主义精神》当中的研究对象。

---

① 《新教伦理与资本主义精神》,郁喆隽译,第 26 页。
② 德语和英语当中的 modern 一词既可以翻译为中文中的"现代",也可以翻译为"近代"。modern 必然和现代化(modernization)和现代性(modernity)的观念有关。这里涉及中国和西方历史分期的基本问题,背后还隐藏着历史哲学和史学史的基本假设。按照本国国民教育历史教科书的分期,中国近代史始于第一次鸦片战争。但近年来,学界对中国历史分期的看法有了改变,有学者提出中国近世历史始于唐宋转型。通常认为,西方的"近代"有别于"中世纪"(Mittelalter/Middle ages)和"古代"(Antik)。

韦伯还曾经在其他论文和著作中,概括了另外几种类型的资本主义(理想型):①

合理型资本主义。模式1:自由市场中的贸易、资本主义生产。模式2:资本主义投机与金融。

政治资本主义。模式3:掠夺性的政治利润。模式4:通过强力和支配得到的市场利润。模式5:与政治权威进行非正常交易所得的利润。

传统的商业资本主义。模式6:传统贸易类型和货币交易。

韦伯所说的近代西方的资本主义的"独特风格"是指什么呢?

> ……这一伦理的"至善"(summum bonum)——赚钱,并赚更多的钱,而且要严格回避一切自然的享乐,彻底摆脱了幸福主义或快乐主义的想法,而纯粹将这种"至善"看作目的本身。从个人幸福或利益角度而言,这似乎是毫无问题全然超越的和完全非理性的。人将营利作为其生活的目标,而不再将营利作为满足其物质生活需求的手段。②

一般而言,人们会将资本主义和赚钱(盈利)联系起来,并且把

---

① 理查德·斯威德伯格:《马克斯·韦伯与经济社会学思想》,何蓉译,商务印书馆,2007年,第47页。参见《经济与社会》第2章第31节。
在《经济通史》当中韦伯还有另一个对非合理的资本主义的分类:包税资本主义、战争资本主义、投机资本主义、贷款资本主义。马克斯·韦伯:《经济通史》,姚曾廙译、韦森校订,上海三联书店,2006年,第209—210页。
② 《新教伦理与资本主义精神》,郁喆隽译,第28页。

盈利看作享受人生的必要条件。但是,韦伯在此处看到的资本主义精神,并不是那种追求快乐和享乐的生活态度,而是要反对快乐主义和享乐主义的精神。这种资本主义精神甚至将劳动和赚钱作为目的本身(Selbstzweck/self-purpose)。所谓"目的本身"就是指一个行动将自己作为目的,而不是手段。在我们的日常生活中,一个行动通常被看作达成目的的一个手段。例如,有的人跑步是为了减肥,跑步是手段,减肥是目的。进一步说,减肥也不是最终目的,可能是为了健康或者美观,或者两者兼而有之。只有当一个人跑步是为了跑步,才可以说,跑步成为目的本身。当然这种情况是极为罕见的。同样,将赚钱看作目的本身也是极少见的,因为大多数人赚钱是为了花钱。所以韦伯才说这种将赚钱看作目的本身的做法是极为"不合理的"。

这样一种将赚钱作为目的本身的想法,发展为一种职业义务(Berufspflicht):

> 事实上,这种职业义务(Berufspflicht)的思想,我们如今是如此熟悉,但却不认为是理所应当的。个人应当感觉到这种义务,而且是针对其职业活动内容的义务……这一思想是资本主义文化中社会伦理的特征,而且在某种意义上具有建构性意义。这种义务似乎应该不仅来自资本主义的基础之上。我们将在下文中再向前追溯。①

---

① 《新教伦理与资本主义精神》,郁喆隽译,第30—31页。

4. 韦伯的担忧："巨大宇宙"之桎梏

在这一章中间，韦伯暂时离开论证主线，对资本主义进行了一番评述：

> 如今的资本主义经济秩序是一个巨大的宇宙，个人降生在其中，对他而言，作为个体，那就是他必须生活在其中的、实际上无法改变的桎梏。一旦个人陷入了市场关系之中，这个宇宙就强制他接受其经济行动的各种规范。工厂主要是长期违背这些规范，无疑是会被淘汰出经济舞台的。而工人若不能或不愿适应这些规范的话，也会变成失业者流落街头。①

韦伯在用"巨大的宇宙"来表达资本主义经济秩序是无法超越的，就像宇宙表达的是所有时间和空间的整体一样。这套秩序具有强制性，因而是一个"无法改变的桎梏"。甚至它是非人的。虽然从表面上看，一种由人构成的经济秩序会受到人的影响，但是韦伯悲观地看到，它具有强大的独立性，并不以个人的主观意志而转移。在现实当中，更多的是个人要适应这一秩序，而不是反过来。不仅如此，传统的田园牧歌式的生活也被打破了，个人（无论是工人还是资本家）都无法隐退到那种田园牧歌当中去了。这一段话和全书结尾处的"铁笼说"（eisenes Gehäuse/iron cage）相互呼应，体现了韦伯对资本主义经济制度的担

---

① 《新教伦理与资本主义精神》，郁喆隽译，第31页。

忧，也是他为数不多的批判。

　　为了理解韦伯这一段的深刻内涵，读者不妨去看一下 20 世纪戏剧大师卓别林拍摄的《摩登时代》(*Modern Times*，1936)。在这部黑白电影当中，泰罗制已经彻底实现。人成为流水线上的一个环节。但是和 19 世纪的工厂不同的是，20 世纪的工厂整洁明亮，没有噪音和污染，一切被安排得井井有条。但是卓别林用这种场景表达了更深的忧虑：人的多样性和情绪被认为是流水线上唯一不可控的因素，所以要消灭人性。机械和资本原则内化到个人内部。这一切的目的都是为了提高效率，从而最终实现资本自身的增值。资本主义的原则贯彻到各个角落，个人无法逃遁，身体动作也受到规训——卓别林天才地用戏剧的手法呈现出，工人在一天的工作之后，也无法停止在流水线上拧螺丝的动作，甚至看见任何螺母状的物件都想去拧一下。韦伯和马克思在一点上是高度一致的：发生在工厂流水线上的事情，不会止于工厂之内——生产环节的非人化会扩展到生产之外，影响到生活，甚至成为统摄一切的原则。

　　紧跟着上文的担忧，韦伯在此还要从方法论角度反驳朴素唯物论：

> 　　要使那种适应资本主义的生活方式和职业观念被"筛选"出来，换言之从其他种类的生活方式与职业观念中胜出，显然它首先不是起源于孤立的个人，而是作为一个人群（Menschengruppen）共同承载的观念方式（Anschauungsweise）而产生的。……朴素的历史唯物主义认为，那种"理念"是作为经济状况

的"反映"或"上层建筑"而产生的……①

韦伯用历史的案例指出,在富兰克林的出生地美国的马萨诸塞州,资本主义精神先于资本主义而出现②。马萨诸塞州作为"五月花"登陆新大陆的地点,最早的移民基本上一穷二白、白手起家,完全没有财富的积累,都是从零开始。韦伯认为,新英格兰地区不同于美国南方的各州,后者是由大资本家创立的,而前者是由传教士、大学毕业生,连同小市民、手工匠和自耕农出于宗教原因而建立的③。因此,韦伯认为,因果关系和经济决定论所设想的方向是相反的——不是经济基础单方面地决定上层建筑,上层建筑也可能会影响经济基础。

5. 资本主义 vs 前资本主义

韦伯在《新教伦理与资本主义精神》第一卷第一章中,对比了资本主义和前资本主义。"'前资本主义'的意思是合理使用资本和合理的资本主义的劳动组织,尚未成为引导经济行动的支配性力量。"④他发现,其实在人类的各个民族当中和各个不同历史时期,总有一些人表现出强烈的"营利欲"(又可以翻译为"贪欲")(Erwerbstrieb),例如莎士比亚笔下的犹太商人夏洛克。也总有一些人强烈地渴望财富,并不

---

① 《新教伦理与资本主义精神》,郁喆隽译,第31—32页。
② 同上书,第32页。
③ 新英格兰地区位于美国东北部,包含六个州:缅因州、佛蒙特州、新罕布什尔州、马萨诸塞州、罗得岛州、康涅狄格州。
④ 同上书,第34页。

八 资本主义"精神"

择手段追求财富的积累,韦伯把这一种特质称为"贪财"(拉丁语 auri sacra fames/accursed hunger for gold,也有翻译为"贪欲"或"拜金欲")。不过,韦伯提出"资本主义和前资本主义的差别并不在这一点"①,因为中国古代的士大夫、古罗马贵族和现代庄园主都具有强烈的贪欲。

韦伯认为,资本主义和前资本主义的差别并不在于对财富的渴求,而更多地体现在劳动的态度上。如果仅仅渴求财富,而无法通过恰当的方式去追求财富,是无法实现现代资本主义的。"资本主义不会需要那些毫无纪律、随心所欲(liberum arbitrium)的工人。"②总之,"对于钱财的欲求的不同发展程度,也不是资本主义与前资本主义精神的差异所在。那种'贪财'和我们所知的人类历史一样古老"。③

韦伯提出,要从前资本主义转变为资本主义,核心是要克服"**传统主义**"(Traditionalism)的心态——"披着'伦理外衣'、受着伦理约束的生活方式意义上的资本主义精神,首先要抗衡的对手,就是那种所谓'传统主义'的态度和方式。"④

韦伯对这种心态的表述,并非全然来自理论和书本。他本人在对叔叔卡尔·韦伯纺织工厂的考察中发现了一个有趣的悖论:有些工厂主为了鼓励工人多生产,采取了计件工资。但是,提高单件工资之后,结果却事与愿违,总产量反而下降了。例如,一个工人原本每天可以生产 10 件衣服,每件的工资是 10 元,那么他一天的收入就是 100 元。

---

① 《新教伦理与资本主义精神》,郁喆隽译,第 33 页。
② 同上书,第 33 页。
③ 同上书,第 33 页。
④ 同上书,第 34—35 页。

工厂主现在将每件衣服的工资提高到 15 元，如果一个工人维持原本的工作量，他一天就可以赚到 150 元。但是在实际中，情况却并非如此简单。很多工人每天的产出反而达不到 10 件了，因为现在他一天生产 7 件衣服就可以赚到原本每天的 100 元。虽然再多生产就可以赚到更多，但是工人往往不想赚太多。①

韦伯提出，这种现象背后就是"**知足**"心态在作祟。"知足"就是传统主义的核心。"人并非'天然地'想赚得越多越好，而是想单纯地生活，按照他习惯的方式生活，赚到足以维持这种生活的钱就行了。"②换言之，一个人在经济方面的追求并不是他生活的全部。在这一点上韦伯和后来经济学家提出的"经济人"（homo economicus）有所不同，他认为人还有很多其他维度，并不会单纯追求盈利，他还有宗教、文化等诸多方面的追求。甚至在很多情况下，人在面对传统的生活方式和赚更多钱之间，会选择前者。所以可以说，这种知足心态反对不断地赚钱和盈利，它是资本主义的大敌，要实现资本主义必须首先克服这种传统主义。

韦伯还发现，工厂中不同的人群知足的程度是不同的。

> ……不可或缺的不仅是一种高度的责任感（Verantwortungsgefühl），而且还有一种至少**在劳动过程中**，停止不断地问如下问题的心态：如何才能最舒适地、最不费力地赚到同等的薪水？

---

① 这个问题背后有德国国民经济学当中对工资问题的讨论。有一派认为只有低工资才能提高生产效率，高工资只会降低工作效率，使工人偷懒。
② 《新教伦理与资本主义精神》，郁喆隽译，第 36 页。

八 资本主义"精神"

劳动者要将劳动当作目的本身,即"天职"来做。但是这样一种心态不是与生俱来的。它既不能通过高工资也不能通过低工资直接刺激产生,而可能是一个漫长教化过程的产物。①

因此,韦伯认为心态(Mentalität/Mentality)是使人摆脱传统主义的关键因素。

这种心态如果要使人在工作中加倍投入,必须首先产生出一种"职业义务"。韦伯在随后的段落中,举了两个例子:

首先是女工的例子:

……这群虔敬派背景的女孩可能展现了最好的经济教育。集中思想的能力,还有"把工作当成义务"的坚决的态度,在她们身上经常是与严格的经济观(Wirtschaftlichkeit)——她们会**计算**收入高低——以及冷静自制与节俭结合在一起的,而后者会极大地提高产出能力。将劳动视为目的本身,也即资本主义所要求的"天职"这一观念,作为宗教教化的**结果**,使她们有最大的可能去克服传统主义的敷衍了事。②

而在韦伯的观察中,隶属于新教的女工往往比天主教的女工更加具有这种职业义务。于是韦伯再度发问:适应资本主义的能力和宗教之间是否存在某种关联性? 韦伯提出的第二个例子是一个年轻企业家。

---

① 《新教伦理与资本主义精神》,郁喆隽译,第38页。
② 同上书,第39页。

一个出身批发商家庭的年轻人,从城里来到农村,悉心挑选他所需要的织工,逐渐强化对他们的监督和控制,也就是把他们从农民变成工人;另一方面,他要尽可能直接接触到终端客户,将零售业务完全掌握在自己手中,他亲自招揽客户,每年拜访他们。不过首先还是要按照顾客的需求和愿望来调整其产品质量,以迎合他们的"口味"。此外还要"薄利多销"。这样一来,一种"合理化"进程会一再出现:不进则退。在激烈竞争开始之后,田园牧歌一去不返。①

无疑韦伯在这里描述的并非一个真实的人物,而是一种理想型的建构。这种转变也不会在一个人、一代人身上快速地发生,而更可能是在一群人、几代人身上累积地出现。这段文字的关键首先是"合理化"——要求企业家对生产、销售、客户关系等诸多方面进行合理的管理。其次,韦伯非常隐忍地提到了一种转变——个人悠闲状态被打破。一旦开始合理化的过程,个人不再能随心所欲过那种过去习惯的生活,而是被迫进入到一种市场-资本的逻辑当中。田园牧歌的消失似乎是一种宿命。也唯有这样,上文中提到的传统主义才可能被最终克服。

　　赚来的巨额财产,并不放贷取息,而总是再投入商业。往日安逸舒适的生活方式让位给艰辛节俭。一些迎头跟进的人就能

---

① 《新教伦理与资本主义精神》,郁喆隽译,第43—44页。

出人头地,因为他们不愿消费,而**只想赚钱**。而按照旧方式生活的人,**势必**处处掣肘。在此我们要注意的是,在这些案例中,通常不是因为注入新的货币,才导致了这种变革。在我所知道的一些案例中,从亲戚那里借几千块钱的资本,就可以引发整个革命过程。恰是那种新"**精神**",也即"现代资本主义精神",渗透了进来。①

韦伯的这段话特别符合富兰克林这位白手起家之人。而通常在新大陆开创事业的第一代人物都具有类似的特征——因为他们的父辈或祖辈大多是为了逃避欧洲大陆上的宗教迫害而不得不背井离乡来到美洲,抵达美洲的时候,原本的社会积累几乎为零。从历史上来看,"五月花"号根本没有带来任何旧大陆的资本。美国的最初几代人恰如韦伯所描述的那样,依靠的是"新的精神",勤勉劳动、节衣缩食才完成了资本的积累。

韦伯对这种以合理化为核心的近代资本主义精神是赞赏有加的。具有这种精神的企业家具有一些伦理上的特质,有别于带有传统主义的大商人和大财主:

> 人们总不愿承认,恰是这样一种具有"新精神"的企业家,才能保持清醒自制,以避免道德和经济上的灭顶之灾;除了眼光敏

---

① 《新教伦理与资本主义精神》,郁喆隽译,第 44 页。有学者认为,韦伯的这段话描述的是其叔父卡尔·韦伯。参见京特·罗特,《准英国人韦伯:亲英情感与家族史》,载哈特穆特·莱曼等编《韦伯的新教伦理:由来、根据和背景》,第 83 页。

锐和实干之外,他还要有某种非常突出的伦理特质,这样才能使他在这样的革新中,从客户与工人那里赢得不可或缺的信任,让他具备克服千难万险的能力。还有,企业家的工作量将与日俱增,这与舒适的生活享受是不可兼得的,与之适应的绝不是以往的传统主义,而只有另一种伦理特质。①

那些看似无关紧要的变化,其实却对在经济生活中渗透的新精神,起了决定性的作用。通常能够完成这种变化的,不是莽撞和厚颜无耻的投机商、经济冒险家(他们在经济史上任何时代都曾经出现),也不是单纯的"大金主",相反,他们经历了生活的磨炼,果敢又谨慎,尤其**清醒**而**坚定**,敏锐而全心全意,具有严格的市民观念和原则。②

无论是上文中提到的女工,还是新型企业家,在韦伯看来,他们都是变革的承担者(Träger/carrier,担当者/担纲者)。这一认识必须和韦伯的方法论联系起来。韦伯理解社会学采取了鲜明的"方法论的个人主义"(methodological individualism,参见第六章《韦伯和理解社会学》)。按照方法论的个人主义,在社会学考察中,只有个人才具有主观的认知,反过来任何一种精神或者伦理只有落实到特定的个人(或者由这些个人组成的群体)身上,它们才会在历史中发挥真实的作用。与哲学不同的是,社会学不能单纯地谈论精神、观念或者理念,而必须要在现实中"锚定"一些真心践行这些观念的人,也就是将观念落实为

---

① 《新教伦理与资本主义精神》,郁喆隽译,第44—45页。
② 同上书,第45页。

伦理以及生活方式,它们才不会仅仅是空中楼阁。

这种新精神的意义何在？我们不妨来转换一下视角：韦伯是以从前资本主义向资本主义转型的立场来写作这一章的。从成功的女工和企业家的案例来看,他们都具有一定的合理化的能力。不过,按照前资本主义的传统主义的看法,此种为赚钱而赚钱,而且赚了钱之后避免一切奢侈享乐,继续勤勉劳动的生活样式是如此非理性。按照前资本主义的看法,资本只是贪欲的产物(桑巴特的观点)。不过依旧可以问,韦伯所示的那种经济的理性主义是如何产生的？对桑巴特来说,有一个问题依然是悬而未决的:"天职"观(或者职业义务)当中的那种非理性的要素,到底是从何而来的？顺着这个思路,韦伯提出如下的追问：

> ……那种"天职"——从纯粹幸福利己主义的角度看来是如此不合理——和为职业劳动而献身,是从那种合理形式中产生的。它始终是我们资本主义文化的独特要素。在此,**我们感兴趣的**,恰是这种"天职"的观念中(如同存在于每一种职业观念中的)那种**不合理**因素,到底是从何而来。①

---

① 《新教伦理与资本主义精神》,郁喆隽译,第52—53页。

九

路德的职业观

(《新教伦理与资本主义精神》第一卷第三章)

1. "天职"(Beruf/Calling)概念

韦伯在《新教伦理与资本主义精神》的第一卷第三章一开头就写下了这样一句话:"如今十分明确的是,在德语'Beruf'一词中,同样可能在更为清楚的英语'calling'一词中,都具有一种宗教观念,即上帝交付的**使命**。"①

德语当中的 Beruf 一词在新教伦理研究和韦伯的其他著作中,通常被翻译为"天职"或者"志业"(Beruf/Calling),由此来突出,韦伯所指不仅仅是世俗意义上的职业,它更加不同于一份简单的工作或者一个人用来养家糊口的"生计"。Beruf 一词带有强烈的宗教意味,是一种"使命"(Aufgabe)。韦伯在此谈论天职是在承接上文中提到的职业义务问题。

韦伯提出的天职概念,具有双重的意义——学术上的和个人生活上的。这个概念和如今我们每个人都存在直接的关联。按照现代人

---

① 《新教伦理与资本主义精神》,郁喆隽译,第 55 页。

九 路德的职业观

的寿命预期(大致为 80 岁),一个人一辈子需要工作的时间长达 30 至 40 年。每个人都会问自己一些问题:我按照什么标准来找工作?工作给我带来的仅仅是一份收入吗?现代人很少将工作和"使命"联系起来。而韦伯在此提出一种不同的职业观,这种职业观带有强烈的宗教感——天职不是个人主动选择的结果,而是由更高的力量交托和赋予的。我们中国人对此也并不陌生,即所谓的"天将降大任于斯人也"的那种使命。

韦伯紧接着提出,西方的这种"天职"观念并不是从一开始就有的,而是与宗教改革时期的圣经翻译有直接关系:"这个词在今天的含义来源于**《圣经》译文**,而且是来自译者的精神,而**不是**原文的精神。"① 这里的《圣经》翻译特指 1517 年马丁·路德发动宗教改革之后的翻译工作。② 天主教会的教会官方工作和仪式语言是拉丁语。中世纪晚期绝大部分民众处在文盲状态。路德在发动宗教改革之后,受到萨克森选帝侯腓特烈的庇护,隐居在艾森纳赫的瓦特堡(Wartburg),将圣经翻译为了德语。③ 这一翻译工作具有多重意义:路德的翻译创

---

① 《新教伦理与资本主义精神》,郁喆隽译,第 55 页。
② 教会史专家麦格拉斯认为,广义的"宗教改革"包含四个运动:路德宗的宗教改革、加尔文宗的宗教改革、极端的宗教改革(指再洗礼派)和天主教宗教改革。参见阿利斯特·麦格拉思:《宗教改革运动思潮》,陈佐人译,中国社会科学出版社,2009 年,第 5 页。本书中的"宗教改革"如不加说明,特指欧洲 16 世纪之后的新教宗教改革运动(the Protestant Reformation),因而不包含天主教宗教改革(Catholic Reformation)。
③ 马丁·路德(Martin Luther,1483—1546)是宗教改革的发动者。他出身于一个矿业家庭,其父原本计划让他学习法律。1505 年 6 月 30 日,路德在途中遭遇暴风雨,经历了奇特的宗教体验,遂决定投身神学,随后加入了位于埃尔福特的奥古斯丁修院。1507 年他被任命为教士。在完成神学教育后,他前往维滕堡担任《新约》神(转下页)

造出了现代意义上的德语——之前的德语被认为是下里巴人的粗俗语言,之后德语作为一种书面语言登上历史的舞台,德语文学也从此崛起。这也奠定了德意志民族文化认同的语言基础。之前的一般民众几乎都不能直接阅读拉丁语的《圣经》,如今可以直接阅读德语版的《圣经》。这大大削弱了教会对《圣经》以及教义的阐释垄断。

韦伯认为,恰恰是因为路德的《圣经》翻译,才出现了全新的天职观念,例如:

(20)坚守岗位,持之以恒,工作到老。

(21)不要羡慕罪人的强势,而要坚守自己的工作,忠于主。主使穷人乍富,此乃极易之事。①

伴随路德的《圣经》翻译出现了新的职业观。换言之,这种职业观是之

(接上页)学教授。1517年10月31日,路德在维滕堡城堡教堂的大门上贴出了《九十五条论纲》,此举被认为是宗教改革的开端。之后,在经历了多次神学辩论之后,路德拒绝改变其立场。1521年1月,路德遭到天主教会惩罚,后受到日耳曼诸侯保护,从而得以在瓦特堡翻译《圣经》。路德在神学、礼仪等多方面奠定了宗教改革的方向,他所确立的宗派被称为路德宗,或者按照其"因信称义"教义被叫作"信义宗"。德国以及北欧诸国在很长的历史时期中将路德宗作为国教。参见罗伦培登:《这是我的立场——改教先导马丁·路德传记》,陆中石、古乐人译,译林出版社,1993年。

① 这两句话来自于路德翻译的《西拉书》(《便西拉智训》)。《便西拉智训》主要介绍了一些人生的道理。这卷书是所谓的"次经"(Deuterocanonical books),并不存在于目前通行本的《圣经》中(思高本或和合本)。路德在翻译《圣经》的时代使用较多的是拉丁本(七十子译本),后面的附录中还包含了次经;宗教改革之后,这些次经被删除。路德虽然提出了唯独《圣经》的原则,但事实上,《圣经》是在漫长的历史过程中形成的,在此过程中有增也有减。

九 路德的职业观

前天主教中没有的,是宗教改革的产物:

> 需要明白指出的是,这个词的含义连同**其思想**都是全新的,是宗教改革的产物。在天职概念中存在的那种对世俗日常工作的积极态度,在中世纪甚至在(希腊化后期的)古代就已经初露端倪,我们随后会来谈这一点。然而,有一点却是全新的,即将在俗世职业中履行义务,作为道德上自我肯定(Selbstbestätigung)所能达到的最高内涵。这就会导致不可避免的结果,认为世俗的日常劳动具有宗教意义,在此意义上,"天职"概念就首次产生了。①

2. 西方职业观的演变

韦伯在这一章随后的文本中,简单回顾了西方尤其是传统基督教职业观的演变。任何文化首先需要回答的一个简单问题是人为什么要工作。人从事任何工作不仅仅是一种出于生理需求的必须,即不得不,而且任何文化都会给出一种文化的意义。在基督宗教中,圣经旧约《创世纪》当中"失乐园"的隐喻,就给出了工作的缘起和意义。

在伊甸园中,亚当和夏娃因为忤逆了上帝的意志,偷吃了智慧果,被上帝赶出伊甸园,从此之后人类的子子孙孙受到两个"惩罚"——男性不得不从事辛苦的劳动,而女性不得不承受生育之苦。在此工作具有一定的象征意义,工作首先是人神关系破裂之后而接受的惩罚。这种"惩罚"(消极的)态度持续了几千年,一直要到宗教改革才出现变

---

① 《新教伦理与资本主义精神》,郁喆隽译,第56页。

图 2 亚当和夏娃被逐出伊甸园（米开朗琪罗所绘西斯廷礼拜堂天顶《创世记》局部）

化,即从惩罚转变为神所喜悦的天职。其次,工作也可以被视为人的自我意识诞生的附带结果。

到了《新约》时代,《圣经》当中存在明显的"反商情结",例如"骆驼穿过针的眼,比财主进神的国还容易呢"(《马太福音》19:24;《马可福音》10:25;《路加福音》18:25)。这句经文间接地透露出使徒时代人们的观念:穷人容易进神的国。工作仅仅是用来满足人基本生活的手段。这里也充满了"知足"的传统主义情节,换言之积聚财富是负面的事情。

韦伯选取了13世纪的神学家托马斯·阿奎那(Thomas Aquinas)的观点来说明欧洲中世纪的职业观。在阿奎那看来,世俗劳动属于生物性的事,是信仰生活不可或缺的自然基础,但劳动无关乎道德。换言之,人是为了信仰而活,但不是为了活着而信仰。这里也可以对比一下路德的职业观。在路德看来,世俗的职业劳动也带有道德意义,因为它是邻人之爱的外在表现。

从欧洲中世纪历史来看,人被严格地划分为两个群体——神职人员和俗人(平信徒),因此工作也被划分为两种——修院的工作和俗世的工作。由此产生了所谓的"双重道德":第一种是"命令"(praecepta/commandments)——对所有人都适用;第二种则是"福音的劝告"(consilia evangelica/counsels)——仅仅针对神职人员、修道士。① 劝告要比命令的要求更高,例如包括清贫、贞节、服从等,针对追求"完德"的人。命令和劝告的二分其实预设了不可逾越的社会等级:修道士具有特权,而且更为重要;而普通民众从事生产,以此来满足一小批人的

---

① 《新教伦理与资本主义精神》,郁喆隽译,第56页。

敬拜上帝的工作。俗世的工作是工具性的，是一种手段，而修院的工作才是目的。不少宗教传统都曾经追求超凡脱俗、远离尘世的修行方式，并留下了一些著名的建筑。例如希腊迈泰奥拉(Meteora)的悬崖修道院(东正教)和中国山西的悬空寺。这些建筑都试图构建出与世隔绝的物理空间，从而划分出世界的两个部分——神圣与世俗。

不过欧洲的宗教改革之后，这对截然的区分被逐渐消解，"命令"和"劝告"之间的区别被消除了——由于路德提出了"人人皆可为祭司"的思想，神职人员和俗人之间的隔阂也被取消了。于是，修道院之墙被打破，整个俗世都成了修道院。中世纪的不平等职业观就此终结。

不过，职业观念必然会涉及"分工"这一含义。按照古典的分工理论，分工并不是偶然的，它有内在的原因——某些人特别拥有一些技能，特别擅长做一些事情，所以要发挥出神所赋予的能力，然后再与他人进行交换，这样才能达成和谐社会——亚当·斯密在《国富论》中继承了这一基本观点，只不过放弃了有神论的前提。从有神论的角度出发会认为，"蒙召"(Calling)乃是分工的神学基础。《圣经》经文中有如下的表述："各人蒙召的时候是什么身份，仍要守住这身份。"(《哥林多前书》7: 20)[1]韦伯将之阐释为："一旦上帝做出安排，个人在原则上就应当坚守其职业和社会阶层，并将其地上的营生限定在被给定的生活地位中。"[2]

---

[1] 这句话的英语翻译为"Every one should remain in the state in which he was called"。请注意called(蒙召)和天职(calling)之前的关联，都在强调主动权在上帝而非人。
[2]《新教伦理与资本主义精神》，郁喆隽译，第63页。

九 路德的职业观

　　这种天意信仰（Vorsehungsglaube）虽然解释了分工的来源，但是整体上呈现出非常保守的倾向，而且有利于维护现有秩序。中世纪的欧洲社会等级森严，大致可以分为四个阶层——国王和贵族、大臣和教士、城市平民和工匠、农民。特定的职业群体隶属于一个特定的社会阶层，一般都是子承父业，很难转换职业，几乎无法跨越社会阶层。类似的问题在中国历史当中，很早就由秦末陈胜吴广起义的那句"王侯将相，宁有种乎"提出来了。但是和欧洲不同的是，由于中国后来发展出了特有的科举制度，使得任何考中功名的人都可以立即上升到"士"的阶层，从而完成向上流动。因此可以说，中国古代的社会流动性远高于欧洲的中世纪。然而需要注意的是，中国人在 20 世纪的职业观念在很大程度上并非来自传统，而是可能通过辗转曲折的路径源于欧洲。例如，1959 年时任国家主席刘少奇在接见淘粪工人时传祥时提出："革命只有分工不同，没有高低贵贱之分。"唯有在全民都将革命作为共同使命和目标的时候，分工才能掩盖社会阶层的分化问题。随后进入市场经济时代之后，这一问题又逐渐展露出来。仅从职业选择来看，当代社会似乎并不存在强制性的门槛，但是更多的其他因素，例如教育、家庭环境、地域等，都对阶层固化有所影响。

　　《圣经》中的那种保守的分工观念也被路德所继承下来，虽然路德的《圣经》翻译创造出了全新的天职观念。

　　　　宗教改革的这般成就，首先是——不同于天主教的看法——大大提升了入世职业劳动的道德意义和宗教回报（Prämie）。……路德相信，天职观念来自《圣经》的权威，但《圣经》原典本身却是有利于传统主义的。①

这里的"传统主义"是指路德以神学论证来让人接受现状,满足于现有的职业分工。这在路德对德国农民战争的态度中表现得淋漓尽致。由于路德担心出现激烈的社会动荡,而让人"安于本分"。因此韦伯评价说:

> 路德的天职观念就一直无法摆脱传统主义的束缚。他认为"天职"是人们甘愿"领受"被交托的事情。这一理解过分强调了职业是一个上帝所安排的任务或一项特定的任务。②

韦伯的认为,虽然路德在发起宗教改革方面做出了贡献,然而在职业观念方面却是非常保守的。新教的另一个教派加尔文教派则体现出了与路德不同的"另一种精神"——清教徒严肃的现世关怀,并将现世内生活视为任务。在随后的段落中,韦伯将清教徒诗人约翰·弥尔顿(John Milton, 1608—1674)的《失乐园》(*Paradise Lost*)作为一个例证:"整个俗世放在他们面前,让他们选择安身的地方,有上帝的意图作他们的指导。"③弥尔顿的诗句反映出观念的深刻转变:现世也可以成为一个安息之处。这一想法打破了中世纪的此世和彼此的绝对二分,充分肯定了俗世的价值。这也导致了清教徒对现世的严肃关怀

---

① 《新教伦理与资本主义精神》,郁喆隽译,第61—62页。
② 同上书,第64页。
③ 同上书,第67页。转引自朱维之译《失乐园》,上海译文出版社,1984年版,译文有所修改。

态度。韦伯认为,这种态度不能被简单归结为一种"国民性",而相对于路德,加尔文派更加能够体现那种资本主义精神。有神学家提出,在加尔文那里"宗教信仰不应只是与生活并行的、部分的,而必须掌握我们人全部的生存"①。

3. "未曾想见的结果"

在回顾了欧洲历史上职业观念的演变之后,韦伯在第三章(也是第一卷)的结尾处,写下了一段方法论的评述:

> 当我们研究早期的新教伦理与资本主义精神发展的关系时,要以加尔文、加尔文宗和其他的清教教派的创见为出发点,但是这不能被理解为——如我们过去所期待的那样——这些宗教教派的创立者或代表者是以唤起在任何一种意义上的(我在此称之为)"资本主义精神"为目标。我们无法相信,他们中任何一个人会认为,追求此世的财货作为目的本身具有伦理价值。无论如何我们必须牢记的是,伦理上的改革计划,对改教家而言(对我们的考察来说还可以算上门诺、乔治、福克斯和卫斯理),从来不是核心的关注点。他们并不是伦理文化团体的奠基人,也不是人道主义社会改革运动或文化理念的代表者。灵魂的救赎乃是他们生活和事业唯一的中心。他们的伦理目标坚定不移,学说的实际效

---

① 亚伯拉罕·凯波尔:《加尔文主义讲座》,载茜亚·凡赫尔斯玛著《加尔文传》,王兆丰译,华夏出版社,第233页。

果强大,都是纯粹宗教动机的**结果**。因此,我们将得出如下的结论:宗教改革的文化效果,在很大程度上——就我们着重研究的方面而言——是改教家未曾预见、甚至是**并非意欲**的后果。这与他们自己所预想的大相径庭,甚至恰好背道而驰。①

这一段话之所以重要,在于它体现出了韦伯的深思熟虑:那种伦理,即"资本主义精神"并不是宗教改革者的目标。对于宗教改革者和当时的信徒而言,救赎才是人生的首要追求。但是这一动机可以造成意想不到的(社会与经济)结果。这也是社会研究中必须要注意到的一对背反——意图和结果的背反——"未曾预见、甚至是**并非意欲**的后果"(Unvorhergesehene und geradezu ungewollte Folgen)。

在社会行动中,行动者的主观意图和其造成的客观结果之间往往存在差异,正所谓无心插柳柳成荫。一些宏观的社会现象是当事人无法预料的结果(Unintended consequence)。这一洞见也可以用来反驳对韦伯此书的一种常见误解,即错误地认为,皈依新教就能实现个人致富。韦伯强调的是,从历史来看,的确新教伦理催生了一种职业观念和义务,按照这种职业观念和义务生活的人,通过自身勤勉和苦行,积累了财富,促进了资本主义的发展。这恰恰说明,致富并非其最初的动机。而之所以在社会行动中会出现意图和结果的背反,其原因在于人不可能穷尽一切可能性,在现实中也无法控制所有的边界条件。

韦伯在第一卷的末尾处提出了一个社会本体论的核心问题:理念是以何种方式在历史当中发挥作用的?(Wie werden die 'Ideen' in

---

① 《新教伦理与资本主义精神》,郁喆隽译,第70—71页。

der Geschichte wirksam?)①

此后,韦伯重申了价值无涉的原则,做出了如下的简短说明:"……本研究并不旨在对任何一种(例如关于社会政策或宗教的)改革思想的内涵进行评价(werten)。"②这一表述是在表达其理解社会学中"价值判断无涉"的原则,即在研究中首先需要处理事实问题,而要悬置学者个人价值判断。

> ……我们要做的无非是阐明,在大量历史的特殊动机中发展出来的、指向"此世"的现代特殊文化的网络中,哪些宗教动机为它提供了织线。我们无非是问,这种文化独具特色的内容在何种程度上可以将宗教改革作为其历史原因。③

韦伯明确地提出了一个立场,他反对简单的单因论(monocausation):

> 此外,我们必须摆脱如下的看法,即人们可以从经济变革中推演出宗教改革乃是历史发展的必然结果。大量的历史形势——不仅是那些适应经济规律的,还有完全无法用经济视角来解释的,尤其是纯粹政治的进程——都必须一起发挥作用,才能

---

① 《新教伦理与资本主义精神》,郁喆隽译,第71页。施路赫特认为,韦伯在此提出的不是一个历史问题,而是国民经济学和社会学中的一个核心问题。Wolfgang Schluchter, *Die Entzauberung der Welt*, Tübingen: Mohr Siebeck, 2009, S. 48.
② 同上书,第71页。
③ 同上书,第71页。

使得新创立的教会继续存在下去。另一方面，我们也无意捍卫如下那种荒谬而教条的主张：资本主义精神（在我们暂时使用的意义上）**只可能**是宗教改革特定影响的结果；或甚至认为作为**经济体系**的资本主义是宗教改革的产物。资本主义商业经营的某些重要形式要远远**早于**宗教改革，这就断然驳斥了上述的主张。①

在人文和社会科学的研究中，很少有单因事件，而往往都是多因的。例如一个地区或者国家之所以能够富有，绝非仅仅由单一一个条件所"决定"。大致设想一下，该地区的富裕程度可能与以下自然条件有关，例如地理位置、气候条件、风物和物种、土地肥沃程度等。在外部自然条件类似的情况下，富裕还与另一些人的条件有关，例如勤奋程度、积累财富的倾向、劳动技能、技术条件。如果引入该地区的政治和体制条件，则会更加复杂，例如治安状况、所有制、税收制度、是否保护私产、是否存在劳役制度等。可见，一个地区的富裕程度是诸多条件复合的结果，绝不会仅仅因为单个条件而成立。

例如北欧国家目前在各项发展指标上均处在全球领先的位置。但是从自然条件来看，北欧几乎不占任何优势。如果没有工业革命带来的技术优势，在农业为主的生产条件下，我们是无法想象北欧成为发达地区的。可见自然条件并不是唯一决定性的因素。此外，北欧四国在"二战"之后普遍实现了高福利的社会民主制度。不过也有人指出，这样的高福利制度是和这些国家路德宗的传统有关的。一方面高福利是出于"爱邻人"的宗教伦理；另一方面，路德宗特别强调个人义

---

① 《新教伦理与资本主义精神》，郁喆隽译，第 71—72 页。

务和勤勉劳动,不会因为高福利而出现懒惰,这样高福利的社会政策才会维持下去。韦伯在讨论新教伦理的时候,其眼光主要着眼于德国的新教和天主教的比较——马丁·欧芬巴赫在人口统计中发现的问题,因此诸多外部条件几乎都是相同的——这也类似于在自然科学实验中其他变量都已经被"控制"。此时,自然可以从宗教这一自变量出发来进行探讨。

韦伯的研究者本迪克斯这样总结韦伯的立场:"在韦伯看来,没有理念的物质利益是空洞的,但没有物质利益的理念则是无力的。"① 也就是说,物质力量和人类的思想观念是相辅相成的。认为人类社会是由物质力量所决定的,这本身就是一种观念的产物,会反过来对社会和历史进程产生影响。

韦伯在《新教伦理与资本主义精神》一书中围绕新教伦理的论证,大致是从人群的心理-内在状态克服、挑战外部条件的不利来论述,主要体现在两个方面,即勤勉和节俭(避免奢侈性消费)方面。但这并不意味着,其他条件没有在起作用。韦伯作为一个在国民经济学和经济史领域造诣颇深的学者,毫无疑问明白其他诸多条件发挥的作用,有些甚至是不可或缺的。近年来,还有学者提出了新教伦理促进人力资源的论证。(参见第十五章《韦伯命题及其批评》)

在这一章的最后,韦伯提出了《新教伦理与资本主义精神》第二篇的研究计划,即要讨论宗教改革是如何产生出上述文化特色的:

> 我们应当确定:宗教力量是否或在多大程度上**共同参与了**那

---

① 转引自 D.G.麦克雷:《韦伯》,第88页。译文有修改。

种资本主义"精神"在此世中质的形成与量的扩张？此外，考虑到物质基础、社会与政治组织形式和宗教改革时代的精神内涵之间存在着错综复杂的相互关系，我们首先要考察的是，某种宗教信仰和职业伦理之间，是否已经以及在哪些方面存在选择亲和性（Wahlverwandtschaft）？此外，还要尽可能地阐明，由于这种选择亲和性，宗教运动对物质文化的发展方式和总体方向产生了怎样的影响？①

韦伯在此使用一个概念"选择亲和性"（Wahlverwandtschaft/elective affinity，或译为"内在亲和性"）。该词最初来源于化学科学，指某些元素或物质之间比较容易发生反应的现象。后来德国大文豪歌德将该词用在1809年出版的小说《亲和力》（*Die Wahlverwandtschaften*，英语翻译为 *Affinity*）的标题中，从而成为家喻户晓的词汇。② 韦伯苦心孤诣选取这个来自当时化学理论的概念，就是为了避免造成因果关系的误读。韦伯在《新教伦理与资本主义精神》中主要讨论了一个方向的影响，即宗教对经济，但这并不意味着反方向的作用是不重要的。他在姊妹篇《新教教派与资本主义精神》一文中，就集中探讨了美国的经济分层对形成宗教教派的影响。更不能忽视的是，韦伯在其经济史和

---

① 《新教伦理与资本主义精神》，郁喆隽译，第72页。
② 参见歌德：《歌德文集》第六卷，人民文学出版社，1999年，第166页以下，奥托上尉的解释。歌德就暗示，人类社会中也有类似的亲和性，"可以使那些原本相互排斥的物质聚合在一起"。同上，第168页。而韦伯研究专家施路赫特则认为，韦伯纯粹是在比喻的意义上使用这个概念的，其方法论意义并不明确。Wolfgang Schluchter, *Die Entzauberung Der Welt*, SS. 46-47.

国民经济学的大量研究中,系统地梳理了经济和经济史研究的重要性。

4. 第一卷中韦伯的论证线索小结

— 出发点:欧芬巴赫的发现——天主教徒和新教徒经济-职业的差异;排除"俗世享乐"说(第一卷第一章)

— 资本主义精神:反传统主义;职业义务 vs 营利欲;经济理性主义(第一卷第二章)

— 职业观的研究:路德 vs 加尔文;加尔文派和资本主义精神的内在关联(第一卷第三章)

总问题:理念如何在历史中起作用?——宗教信仰如何影响经济制度?

十

入世苦行与合理化

(《新教伦理与资本主义精神》第二卷第一章)

1. 宗教与合理性的关系

本章的标题可能就会引起一些思索。我们当代人一般会认为宗教和理性是背道而驰的两种活动，似乎宗教代表了超自然和非理性。韦伯在《新教伦理与资本主义精神》当中集中探讨了"合理性"（rationality）、合理化（rationalization）这些概念①。在一般的观念中，能

---

① "合理性"的词根是拉丁语 ratio。一般而言，西方语言中"理性"一词有两个用法：一个是将理性和激情对立起来使用；另一个是在理性选择意义上使用，指一个行动者的行动是基于充分理据或理由的。参见 Jon Elster, *Reason and Rationality*, Translated by Steven Rendall, Princeton and Oxford: Princeton University Press, 2009, pp. 1 - 3。合理主义（Rationalism）一词在哲学与社会学中内涵差异很大。哲学史上将 17 世纪欧陆的一些哲学称为"唯理论"，如笛卡尔、斯宾诺莎、莱布尼茨的哲学。在认识论上，唯理论更多地强调知识的先天（a prior）来源。与之相对的是经验论（empiricism），代表人物有洛克、贝克莱和休谟等人。他们认为知识的主要来源是后天的经验。参见 Robert Audi, *The Cambridge Dictionary of Philosophy* (*Second Edition*), Cambridge and New York: Cambridge University Press, 1999, pp. 771 - 772。在社会学中，合理主义主要关心的不是知识来源的问题，而是行动依据、动机和效果之间的关系。与之相关是"合理性"（rationality）概念。一般将（转下页）

十 入世苦行与合理化

够代表合理性的似乎不会是宗教,而是科学、技术和法律等等。不过如果从思想史来考察,就会发现将宗教与合理性对立起来是非常晚近的做法,而且值得反思。只有现代人才坚定地认为,理性与信仰是不相容的。甚至这本身就是一种未加论证的信念。合理性本身成为被神话的对象。

如在欧洲思想中向前追溯,对宗教进行全面批评大致发生在 18 世纪,尤其来自法国启蒙运动中的百科全书派。例如霍尔巴赫(1723—1789)说过:"基督教依靠的是欺骗、无知和轻信。"狄德罗(1713—1784)也指出:"上帝是没有的;上帝创造世界是一种妄想。"而法国大革命的精神旗手之一伏尔泰(1694—1778)虽然对宗教也持有批判立场,但却说:"假如上帝并不存在,那就必须把祂造出。"这句话意味着,伏尔泰即便批判宗教,也依然承认宗教在道德问题上有至关重要的作用,而无论什么社会是无法设想没有道德而成立的。当然也有学者指出,欧洲人对宗教的批判仅仅是指基督宗教,而不是其他世界宗教。换言之,"宗教"作为一个"类概念"的出现要晚得多。

在宗教学当中,有一个著名的"世俗化"(Secularization)命题,其核心认为宗教与现代性是无法兼容的。换言之,一个国家和地区的现代

(接上页)合理性区分为理论合理性和实践合理性。Ibid., 772 - 3. 在哲学史当中,出现过很多与"合理性"类似的概念,但其含义有较大的差别。例如英语当中的理性(Reason),其形容词为 reasonable,意思是"可以与之讨论和辩论的"。"理性"通常被认为是一种与情感、感知、想象和记忆截然不同的心灵能力。德语中的理性(Vernuft)和感性、知性构成了人类的三种认知能力,而知性能力才对应科学。此外,心理学当中的"非理性"(irrational)则带有不可预测、因人而异,甚至和失控、越轨、疯狂有关的含义。

化程度越高,宗教就会越式微。美国的宗教社会学家卡萨诺瓦(Jose Casanova)将"世俗化"命题划分为三个子命题,分别为宗教衰弱-消亡(decline of religion)、体制分化(institutional differentiation)和私人化(privatization)。① 但是,请注意世俗化是一个命题——任何命题在原则上都是可以被证伪的,命题可能是对的,也可能是错的。20 世纪 80 年代以来,越来越多的经验证据都指出,世俗化命题很难被坚持。但是从启蒙运动以来,伴随着世俗化命题出现了一种意识形态和特定的历史观——世俗主义(Secularism)。世俗主义不仅坚信宗教会衰落和消失,而且将之转换为一个规范问题,即宗教应当衰落并最终消亡。世俗主义在学术研究中是无法加以论证的,但却作为一种观念影响着社会。

韦伯在新教伦理研究中的论证打破了将宗教与合理性简单对立起来的做法,在两者之间架起了一座桥梁,尝试论证现代西方社会的合理性很大程度上恰恰来自于宗教改革之后的某些神学观念。

2. 加尔文派的神学特征

在第二卷的第一章是《新教伦理与资本主义精神》全书的枢纽。在这一章的开头,韦伯决定将清教(Puritanism)作为资本主义精神最为典型的担纲者(承担者 Träger)来加以考察:

---

① Jose Casanova, "Private and Public Religions," *Social Research* 1(1992): 17-57. 另参见 Jose Casanova, *Public Religion in the Modern World*, Chicago and London: The University of Chicago Press, 1994。

十 入世苦行与合理化

> 问题的关键并不在于当时的伦理手册官方地或理论上教授的东西……我们要考察的关键在于,由宗教信仰和宗教生活实践所创造出来的**心理动因**。这种心理动因因为生活方式指明方向,并让个人坚持这一方向。这种动因在很大程度上也是来源于宗教信仰的特性。①

此处的核心是"心理动力"。这一设问承接了上一章决定的研究方向和主要追问。

"清教"(Puritanism)是 16 世纪后半叶出现在英国的一个新教教派。亨利八世(1491—1547,1509—1547 在位)发动的宗教改革不同于欧洲大陆路德和加尔文的宗教改革:他最初的目的是要教会宣布他和首任妻子阿拉贡的凯瑟琳(1485—1536,1509—1533 在位)的婚姻无效,但被教宗克莱门七世拒绝。后来,亨利八世主要着眼于脱离罗马天主教教廷,加强王权对教权的领导,以及对教产的控制,而在教会制度和礼仪上未做根本的改革。因此英国的宗教改革被叫作"中间道路"(via media,或者说是"半吊子")的宗教改革。英国的全部国民依然不得不参与英国的国家教会——圣公会,而圣公会在仪式和教义上保留了大量天主教的元素。亨利八世死后,其长女玛丽一世(1553—1558 在位)短暂地恢复了天主教。在随后继位的伊丽莎白一世(1558—1603 在位)统治时期,英国有部分信徒提出要向欧洲大陆的宗

---

① 《新教伦理与资本主义精神》,郁喆隽译,第 80 页。

教改革学习,清除天主教的残余——这些人被称为"清教徒"①。"清教徒"一词源于拉丁文 Purus,意为"清洁"。但是这些清教徒受到迫害,一些人不得不背井离乡离开英国,前往荷兰与爱尔兰等地。1620 年,第一批的新大陆移民 102 名清教徒,乘坐著名的"五月花"号(Mayflower)来到美洲的普利茅斯建立殖民地。因而,清教徒也对日后美国的发展起到了至关重要的奠基性作用。清教在神学上主要受到欧洲大陆加尔文的影响。

韦伯在这一章当中着重分析了加尔文派的两个独具特色的神学观念:神恩蒙选(Gnadenwahl/election of Grace)和预定论。"神恩蒙选"认为,一个人被选择,依靠的完全是上帝的恩宠,与个人的作为和德行并没有直接的关联——换言之,选择权在神而不在人。

"预定论"又叫作预选说或前定论(Prädestination/Predestination),它主要涉及的问题是,人何时被拣选成为"义人"。它在《圣经》中有如下的表达:"预先所定下的人又召他们来。所召来的人,又称他们为义。所称为义的人,又叫他们得荣耀。"(《罗马书》8:30)路德提出"因信称义"的教义,因此"称义"是任何基督徒都最为关心的问题。

何时被拣选称义,在《圣经》中有这样的说法:

---

① 清教徒在神学和仪式方面有很多特色,例如他们坚持《圣经》无谬——《圣经》的经文是上帝对人的直接话语,在字面上是真的;清教徒带有强烈的反天主教的立场,认为天主教的教宗制是一切教义和仪式谬误的来源。他们坚持神职人员应当放弃天主教那样华丽的祭衣,而只穿着非常简单的黑色长袍。在仪式方面,清教徒认为在圣餐礼上,信徒应当坐着或者站着,而不是跪着接受圣体。清教徒拒绝使用钦定公祷书。参见 Francis J. Bremer, *Puritanism: A Very Short Introduction*, Oxford & New York: Oxford University Press, 2009, pp. 7-8。

十 入世苦行与合理化

> 就如神从创立世界以前,在基督里拣选了我们,使我们在他面前成为圣洁,无有瑕疵。又因爱我们,就按着自己意旨所喜悦的,预定我们借着耶稣基督的儿子的名分,使他荣耀的恩典得着称赞;这恩典是他在爱子里所赐给我们的。我们借这爱子的血,得蒙救赎,过犯得以赦免,乃是照他丰富的恩典。这恩典是神用诸般智慧聪明,充充足足赏给我们的,都是照他自己所预定的美意,叫我们知道他旨意的奥秘。(《以弗所书》1:4—9)

对于非信徒而言,这样的说法有些无法理解:上帝在创造世界之前就已经选择了一些义人。

加尔文派对预定论的表述,还见诸1647年《西敏寺信仰告白》第三章第五条:

> 这些蒙上帝豫定得生命的人,是上帝从创立世界以前,按照祂永恒与不变的目的,也按照祂奥秘的计划与美意,在基督里拣选这些人的,使他们可以得到永远的荣耀。上帝这样选(豫)定他们,完全是出于上帝白白的恩惠与慈爱,并不是根据上帝预见他们的信心、善行,也不因为上帝预见他们在信心与善行上的坚持,或受造界其他任何事物;这些都不是上帝选(豫)定的条件或动因,总之这都是要使祂荣耀的恩典得着称赞。①

一旦上帝做出了决定,任何人都无法改变被拣选或者没有被拣选的事

---

① 《新教伦理与资本主义精神》,郁喆隽译,第84页。

实。这一神学观念一方面是要反对天主教"圣工成义"的教义——人的任何作为都无法改变上帝的意旨；另一方面也不同于其他新教教派的称义说——人的信仰、信心和道德修为也不能改变拣选。它旨在突出人与神地位的绝对差异——人是卑微的、会犯错的，因此被拣选全靠上帝的恩典。上帝本可以不拣选任何人，但他还是拣选了一些人。

3. 预定论的神学基础

基督宗教是一个典型的一神教，其上帝不仅仅是一个超越"神"，而且具有如下最高属性——全知（omniscience）、全能（omnipotence）、全在（omnipresence）、至善（omnibenevolence）、超越（transcendent）和绝对（absolute）。

然而在历史过程中，基督宗教形成了"三位一体"的神学教义。但是恰因为如此，三位一体事实上存在一种内在张力：《旧约》中的神（圣父）具有极大的权威，它随意毁灭一个城市；而在《新约》中的耶稣（圣子）就更接近于一个人，他具有人情味，是一个生活在人群中活生生的人。因此在历代的神学中均有不同的侧重，有的更加侧重于将上帝的人性理解得多一些，有的则反之。韦伯在该章中也提出了"双重的神"的观念。①

加尔文显然属于后者，他在神学渊源上继承了奥古斯丁的一个学说——神的"奥秘旨意"。如果上帝的所作所为完全能够被有限的人所理解和参透，那么就违背了上帝绝对和超越的属性。换言之，如果

---

① 参见郁喆隽译《新教伦理与资本主义精神》，第81页注20。

上帝的确是绝对和超越的,他的作为中必有一部分,是人类绝对无法理解,甚至被认为荒谬的。

清教教士理查德·西博思(Richard Sibbes,1577—1635)用非常简练的语言将此总结为:"人可以领会上帝,但不能理解祂。"(It was possible to apprehend God but not to comprehend him.)① 上帝是绝对地超越于人的体验之外的。18 世纪新英格兰地区的教士埃德华兹(Jonathan Edwards,1703—1758)做过如下的类比:人无法体验到上帝,就像一个天生没有味觉的人无法知道蜂蜜的味道,像一个天生的盲人无法描述彩虹一样。② 因此清教徒认为,用任何有形的图像或符号来表现上帝都是错误的,因此要求移除教堂中使用的绘画、雕塑和彩窗玻璃。

无论是神恩蒙选还是预定论,对加尔文来说,都更为着重那个超越和绝对的神。加尔文认为,拣选的绝对权柄是在神,而不是在人。有神学家这样总结加尔文的神学:"宗教里的每一个动机的起点是上帝而不是人。人是器皿,是方法,唯有上帝是目的,是始点,也是终点,是众水之源泉,也是众水所流回的海洋。"③

4. 预定论的神学后果

那么当一个信徒毫无保留地接受了加尔文的神学观念,会形成怎

---

① Francis J. Bremer, *Puritanism: A Very Short Introduction*, p.34.
② Ibid., 36.
③ 亚伯拉罕·凯波尔:《加尔文主义讲座》,载茜亚·凡赫尔斯玛《加尔文传》,第237页。

样的心理呢？韦伯分析了一个加尔文派信徒的心理。首先是**"可怕的裁定"**（decretum horrible）：

> 上帝不是为人而存在，人恰是为了上帝而存在。只有一小部分人才能获得救赎，这对加尔文来说是毫无疑问的事实。所有事件都可以作为上帝自我荣耀的手段。……我们只知道：一部分人永生，另一部分人遭诅咒。假设人的功过得失可以参与来决定其命运，那就等于说，上帝自亘古以来确凿无疑的绝对自由决定，会受到人的影响而有所改变——这是无稽之谈。……从亘古以来完全无法揣测的意旨，给每个人分派了命运，并支配了宇宙中的所有细枝末节。上帝的意旨是无法改变的，祂的恩典对那些获得的人来说也是无法失去的，而对被祂拒绝的人来说是不可企及的。①

信徒会时刻感受到自己的卑微和上帝的伟大和超越，两者形成截然的对比。其次，信徒会产生一种**"空前的孤寂感"**："对宗教改革时代的人而言，人生最重大的事情就是永恒的救赎。人不得不独自前行，去面对自亘古以来就已经确定的命运。"②这里依然存在天主教和新教的对比：按照教义，天主教徒可以通过教会和神职人员的圣事，来面对救赎的问题。换言之，教会是人和神之间的一个中介机构。但是宗教改革之后，尤其按照加尔文的神学，一个人是否获得拣选，直接由神在创世

---

① 《新教伦理与资本主义精神》，郁喆隽译，第87页。
② 同上书，第89页。

之前决定——拣选和称义这件事情是个人和神之间的事情,更加确切地说,神对人单向的事情。任何其他人(家人、朋友)或机构对此均无能为力,绝对无法插手。有很多学者提出,在此意义上,欧洲在宗教改革之后才出现真正的个人主义。

再次,出现了"现世的祛魅"(Entzauberung der Welt/Disenchantment of the world):

> 那种世界祛魅的重大宗教是进程——始于古代犹太教的先知,它结合了希腊科学思想,并将一切通过巫术性救赎的手段视为迷信和亵渎而加以拒斥——在此终结。……对于上帝拒绝给予救恩的人而言,不仅没有巫术性的手段可以获得救恩,而且根本就没有任何手段来获得它。①

由于救赎是上帝和人之间的直接事物,因此以往宗教中的"巫术"都无济于事了。因此,祛魅首先指的是以往天主教中的一些圣事,例如天主教有圣餐变体论(transubstantiation),而新教认为圣餐仅仅是一种带有纪念意义的象征仪式。韦伯提出,清教徒因此否定了感官和情感的要素,而只求"专一信赖神的最极端形式"。

因此,清教徒重新理解了现世的目的:

---

① 《新教伦理与资本主义精神》,郁喆隽译,第89—90页。"祛魅"这一术语的另一灵感来源是德国文学家席勒。他曾经使用了"自然的去神"(Entgötterung der Natur)和"世界的去神"(Entgötterung der Welt)这两个表述。参见José M. González García, "Max Weber, Goethe and Rilke: The Magic of Language and Music in a Disenchanted World," *Max Weber Studies*, 11(2): 268。

此世注定是为了——而且只是为了——上帝的自我荣耀,被拣选的基督徒在此世的目的是为了——而且只是为了——通过遵守上帝的诫命,各安其分地来增加上帝的荣光。然而,上帝要的是基督徒的社会成就,**因为**他想要让社会生活的形态符合其诫命,并以符合这一目的的方式建立起来。加尔文派信徒在此世中的社会工作,只是"为了荣耀神"(in majorem gloriam Dei)。因此,服务于此世生活之职业劳动,也具有了这种特征。①

人成为神的工具,其目的不是为自己而活,而仅仅是为了荣耀神而活。神是第一位的,人是第二位的,两者关系决不能倒置。

　　但与此同时,不能忽视的是,加尔文派的信徒无时无刻不会产生对"**救赎确证**"的疑问:"**我**是被拣选的吗?我又如何能确定我是被拣选的呢?"②但是矛盾的是,因为上帝是绝对的超越的,他具有不可参透的奥秘旨意,因此,在原则上任何个人都无法直接回答这个问题。

　　面对这种疑问,出现了两种劝告:

　　其一是,有义务**坚信**自己被拣选,并将任何怀疑都视为魔鬼的诱惑而加以拒斥。因为缺乏自我确定(Selbstgewißheit)就是信仰不足的,也正是救恩不足的结果。使徒要求人们"**坚守**"自己召命的劝诫,在此被解释为个人有义务在日常斗争中来赢得自己获

---

① 《新教伦理与资本主义精神》,郁喆隽译,第93页。
② 同上书,第96页。

得拣选和称义的主观确定。①

其二是,为了获得那种自我确证,最好的手段就是孜孜不倦地进行职业劳动。只有这样才能消除宗教的疑虑,并给人带来恩宠状态的安全感。②

韦伯认为,恰是第二种劝告塑造了资本主义英雄时代的钢铁般坚定的清教徒商人。每当一个信徒产生自我怀疑的时候,立刻会有一种关乎救赎的重压产生——它甚至超过了生死的重要性:我的一切都是上帝赐予的,包括我的时间、身体和能力。如果我浪费了任何一点时间,不努力工作而去荒废,都是对上帝荣光的伤害。虽然这无法改变我被拣选的事实,但是使得自己陷入更加深的怀疑之中。所以可以想象,一个加尔文派的信徒时时刻刻都在向自己发问,由此造成了一种内在的紧张感,绝不亚于"战战兢兢,如履薄冰"的感受。一旦他想要休息一会儿,这个问题就会冒出来。即便是休息,也并非为了休息,而是为了休息后更好地荣耀上帝;一旦他想要享乐一下,这个问题也会冒出来,阻止任何享乐;每次他在做出人生的重大选择的时候,这个问题就会出现,每次就好像上帝亲自在他的头脑里敲响了大钟一样震撼灵魂。这就是韦伯所说的那种强大的"心理动力"。

由此产生了系统的生活方法。韦伯通过比较天主教和新教的救赎观念,来加以说明:

---

① 《新教伦理与资本主义精神》,郁喆隽译,第97页。
② 同上书,第98页。

加尔文派信徒创造了自己的救赎,或者更确切地说,创造了对救赎的确证。但是,这种创造并不像天主教那样,**能够**通过逐渐积累个别善功而获得,而是存在于**成体系**的自我**检视**中,这种自我检视**时刻**都面临着选择:被拣选或者被抛弃。①

这里"成体系的"意味着,加尔文派的信徒不再是偶尔地苦行——例如在特定节日的斋戒,或者偶尔为教会做出奉献——他生活的每时每刻、每一个方面都具有宗教感,是圣洁的,也是苦行的一部分。例如,清教徒特别注重清洁,这不仅体现在个人清洁和穿着,而且也体现在住宅和居住地的整体清洁。如果清教徒不能比其他人更为清洁,对他们来说,就失去获得救赎的外部证据,也是对上帝荣耀的损害。在心理学上,这种现象被称为"特殊论"(particularism)——因为坚信自己的被拣选,而形成了一种比他人更为特殊的心理感受,进而促使他们在行为上有所提升。

韦伯提出,由此清教徒塑造出笼罩整体生活样式的一套首尾一贯的方法。也正是凭借这种方法,才最终克服了经济和职业领域以"知足"为核心的传统主义。

5. 合理化与苦行

韦伯在这里一章里的写作,好像在架设一座吊桥——他要从两个不同的方向进行论证,一端是宗教改革后加尔文派(清教徒)的伦理和

---

① 《新教伦理与资本主义精神》,郁喆隽译,第 101 页。

生活方式,另一端则是作为经济基础的资本主义。两个似乎不相关的生活领域要在这里"合拢"了。对救赎的执着追求造就了一种合理的生活态度。

> 圣徒的生活只追求一个超越的目标:救赎。**正因如此**,其俗世生活被彻底合理化,并只被一种立场所支配,即增加上帝在地上的荣耀。"一切都是为了增加上帝的荣耀"这一立场,从来没有如此被严肃奉行。只有用恒常反省来指引生活,才能克服自然状态……这种合理化给予了加尔文派虔敬性以一种独特的**苦行**特征……①

清教徒的苦行并不体现在对此世生活的轻视上,而表现为一种积极的"入世苦行"(innerweltlich Askese/inner-worldly asceticism)。在保留苦行目标不变的前提下,他们彻底转换了苦行的实践形式。韦伯在此比较了天主教和清教徒的苦行:天主教的苦行是由修道士在修道院中完成的:

> ……克服自然状态,让人摆脱非合理的冲动和人对俗世与自然的依赖,使人服从有计划的意志之最高权力(Suprematie),不断**检视**其行为,并**权衡**其伦理价值。②

---

① 《新教伦理与资本主义精神》,郁喆隽译,第103—104页。
② 同上书,第104—105页。

而宗教改革之后,由于不再有修道士这样一种特殊身份,苦行是由每一个清教徒履行的,它表现为一种"积极的自制"(selbstbeherrung/self-controlling):

> 这种苦行的目标是,能够过一种警醒的、自觉而明澈的生活,而其最紧迫的任务乃是消除无拘无束的、充满本能的生活享乐,最重要的**手段**则是让信徒的生活方式具有秩序。①

韦伯借用德国宗教领袖塞巴斯蒂安·法兰克的观点提出:"宗教改革的意义在于,每一个基督徒都必须终其一生成为僧侣。"②

韦伯在本章的结尾处对其基本论证做了一个小结③:在神恩蒙宠和预定论的神学前提下,清教徒会坚定地相信自己获得了恩宠拣选的身份,但是他又知道自己无法凭借任何巫术、圣礼、忏悔或善功获得救赎。因此获得救赎的唯一确证就是,证明自己的行为举止不同于"自然人"。结果就是,他形成了一种特殊的生活方式(伦理),或者说他获得了一种强大的心理驱动力——讲求方法地审视自己的恩宠状态的动机,并将自己的生活变成贯彻一生、时时刻刻的苦行。他要合理地建构自己的生存的每个细节:"着眼于彼世而在现世内进行生活样式的理性化,这是禁欲的基督新教的职业观所造就的结果。"④

---

① 《新教伦理与资本主义精神》,郁喆隽译,第 105 页。
② 同上书,第 108 页。
③ 参见《韦伯作品集 XII·新教伦理与资本主义精神》,康乐、简惠美译,广西师范大学出版社,2007 年,第 145—146 页。
④ 《韦伯作品集 XII·新教伦理与资本主义精神》,第 146 页。

十 入世苦行与合理化

在本章的最后,韦伯写道:

> 基督教的禁欲,起初是逃离俗世而隐于孤寂,虽然也从修道院里伸手,借由教会来支配其所弃绝的俗世;不过,对俗世日常生活自然天成无拘无束的性格,却也大体上任其自由。如今,此种禁欲则封起了修道院的大门,转身步入市井红尘,着手将自己的方法论灌注到俗世的日常生活里,企图将之改造成一种在现世里却又不属于俗世也不是为了此世的理性生活。①

按照韦伯研究专家施路赫特的看法,韦伯对合理性问题的关注是逐步提升的。韦伯首先看到的是欧洲近代经济活动中出现的合理主义,并认为这一现象在欧洲之外的文明中没有出现过,是欧洲特有的事件。进而他发现在欧洲的科学、艺术、政治和法律当中都存在这样一种合理主义,也就是存在于欧洲文化之整体当中的西方合理主义(der okzidentale Rationalismus)。然后韦伯才将目光投射到欧洲之外的文化中,通过横向比较将合理主义作为其普遍历史叙事中的一个要素。最终,韦伯提出事实上存在着截然不同的合理主义以及合理化方向,并尝试建立一套系统的合理化类型。②

---

① 《韦伯作品集 XII·新教伦理与资本主义精神》,第 146 页。
② Wolfgang Schluchter, *Die Entwicklung des okzidentalen Rationalismus: Eine Analyse von Max Webers Gesellschaftsgeschichte*, Tübingen: J. C. B. Mohr, 1979, SS. 18 - 21.

十一

苦行和资本主义精神

(《新教伦理与资本主义精神》第二卷第二章)

1. 清教徒的时间观和财富观

在本章中韦伯着重论证的是宗教观念如何塑造了日常生活的经济准则。而他选择了一个清教的代表(参见"理想型"的方法)巴克斯特(Richard Baxter,1615—1691)的思想来阐释这个问题。

巴克斯特是17世纪英国清教思想的代表人物,他写作了《基督徒指南》(Christian Directory)。该书被称为"清教道德神学最为集大成之作"①。韦伯主要引用巴克斯特在此书中的论述,来探讨清教徒的财富观和时间观。

在巴克斯特的时代,流行着一种看法:"财富本身是极为危险的,其诱惑是永无止境的……"②这一看法和宗教改革之前天主教的财富观有一脉相承之处,其神学原因在于认定彼世的救赎才是首要的,而此世生活是暂时的、次要的。巴克斯特甚至比加尔文更严厉地反对对

---

① 《新教伦理与资本主义精神》,郁喆隽译,第118页。
② 同上书,第119页。

十一　苦行和资本主义精神

图 3　巴克斯特肖像

世俗财富的追求:"道德上真正可耻的是在财产上安然歇息,是享受财富以及随之而来的懈怠与肉欲,尤其是放弃了追求圣洁的生活。"①但是可以看出,巴克斯特反对的并不是财富本身,而是财富可能带来的"副作用"——懒惰和肉欲,或者说任何不符合宗教精神的财富的使用。与此同时,巴克斯特认为浪费时间是首恶:"时间无限宝贵,因为损失任何时间都等于减少了为上帝的荣耀而进行的劳作。"②

从上述的财富观和时间观出发,巴克斯特也提出了自己的劳动观:他劝勉人要刻苦地持续肉体劳动或精神劳动。值得指出的是中世纪神学权威托马斯·阿奎那在《神学大全》中曾经提出,劳动是自然的必需。他更多地指向的是肉体的劳动。而巴克斯特在此将精神劳动和肉体劳动视为同样重要。

他认为,劳动具有双重好处:首先,劳动是有效的苦行手段。"劳动对抵御一切诱惑具有特效。"③而且巴克斯特劝勉信徒:"在你的职业中刻苦劳动。"④这里巴克斯特反对的是"临机劳动"——随意的、非专业的短暂劳动。劳动的第二重好处是,劳动根本上是上帝所规定的生活**目的本身**(Selbstzweck/self-purpose)。请注意,这一说法和中世纪天主教对劳动的看法存在根本的不同。天主教的劳动是一种"不得不"——为人的肉体生存必须从事的活动;某些人例如修道士可以摆脱这种工作而专心侍奉上帝。但是对巴克斯特而言,劳动带有宗教和道德意义,因为劳动是由神所规定的。从事劳动的人所具有的天赋、

---

① 《新教伦理与资本主义精神》,郁喆隽译,第 119 页。
② 同上书,第 120 页。
③ 同上书,第 120 页。
④ 同上书,第 120—121 页。

能力、精力和时间也都是由上帝赐予的。

由此,在巴克斯特那里也形成了一种"**分工赞美论**"。"分工"对当代人来说是一种自然而然的经济现象。苏格兰经济学家亚当·斯密曾经对分工进行过功利主义的说明:"由于能使得工人技术熟练,职业的专业化能够提升产量和质量,因此也有利于公共福祉……"①斯密的论证核心在于,分工促进了专门化,因而可以提高效率。个人不必要从事所有的工作,各自在一个自己擅长的领域中耕耘,更有利于专门化。然后通过市场交换,实现各自利益的最大化。

但是,巴克斯特从清教的神学立场,为分工提供了一个论证:

> 没有固定的职业,一个人的劳动成效只是不稳定的临机劳动(Gelegenheitsarbeit),游手好闲的时间要超过劳动时间。……他(职业工人)有规律地完成其工作,而其他人则陷入混乱之中,不知何时何地工作……因此,一份固定的职业,对任何人都是最好的。②

从这段话可以看出,巴克斯特没有预设任何功利主义的效用(utility)原则,而提出了一个神学论证,甚至是以人神关系为核心的论证。临机劳动会有损神的荣光。因此,神要求理性的职业劳动,它要求有系统、讲求方法:

---

① 《新教伦理与资本主义精神》,郁喆隽译,第123页。
② 同上书,第124页。

> 如果上帝给你们指了一条路，沿着这条路你们可以符合律法的方式，获得比其他道路更多的利益，而且也对你或他人的灵魂无害，但如果你拒绝这样做，而选择另一条利益较少的道路，那么你就是违背了你的天职中的一个目的。你也就拒绝了做上帝的管家(stewart)，也拒绝了接受他赐予并将之按照他所要求的方式来使用。你可以为上帝而劳动致富，而不是为了肉欲和罪恶的目的。①

这样一来，劳动观也连带地导致了财富观的微妙变化——致富是天职(calling)；而且贫穷有损神的荣光。非宗教的看法只会把财富和个人及其贪婪关联起来，这似乎是对私有制批判的核心。而清教产生了一种超越个人的财富观——个人在此世的财富积累归根到底不是为了个人自己，而是为了上帝。从经济意义上来看，是个人占有和拥有财富，但从宗教意义来看，是人为上帝暂管财富，财富的所有者是神，人是神的管家而已。

由此，职业就具有了强烈的伦理意义："上帝祝福他的产业。"②

在巴克斯特那里，职业观已经和路德的职业(Beruf)概念出现了区别。这样的职业观和财富观才会孕育出一种特有的资本主义风格(Ethos)：韦伯将犹太人的资本主义称为"贱民资本主义"(Paria-Kapitalismus)；而清教徒则具有理性的市民企业与理性的组织劳动的

---

① 《新教伦理与资本主义精神》，郁喆隽译，第125页。韦伯在此引用的是巴克斯特《基督徒指南》中的内容。
② 同上书，第127页。

风格。① 他们反对无拘无束地享受人生及生活乐趣，才形成了一种近乎严苛的"守财"精神：人受神恩宠而被托付管理财货。财产并不是奢靡和享乐的代名词，相反财富意味着责任感；人要为神荣耀而保有财产，并以无休止的劳动来增加财产。②

韦伯在这里对他的论证思路进行了总结：宗教改革之后的一些新教苦行教派形成了一种"入世苦行"的伦理。这种伦理（或者说生活方式）要求其信徒抵制自由享乐，并反对奢侈消费；同时对抗财产的非理性使用；以致富为终极目的而追求财富；将世俗劳动视为最高的苦行手段；"通过苦行的强制节约而形成资本。"③

2. "断根"的资本主义

从16世纪的路德到17世纪的巴克斯特，韦伯到此为止的论述的着眼点依然是在宗教改革之后时期——大约一百到两百年。但是韦伯心心念念的是他的时代，即19—20世纪的德国。因此韦伯的论述并没有到此为止。

可以说韦伯在《新教伦理与资本主义精神》一书中论述了两个断裂：第一个断裂是宗教改革造成的断裂——尤其是天主教和新教苦行教派（以加尔文宗为代表）之间伦理的断裂；第二个断裂是工业革命之后，韦伯在德国和美国目睹的现代资本主义和宗教改革时代之间的断

---

① 《新教伦理与资本主义精神》，郁喆隽译，第129页。
② 参见：同上书，第131—134页。
③ 同上书，第137页。

裂。韦伯用非常凝练的语言将之归纳为"从宗教人到经济人"的转变：

> 正如卫斯理在这里所说，那种强有力的宗教运动，全面展现出对经济的影响，其意义首先在于其苦行教育对经济发展的作用。而这通常是在纯粹的宗教热情已经消退之后才显现出来的，追求天国的奋斗逐渐开始消解为清醒的职业美德。宗教的根基慢慢枯萎，功利主义的现世性取而代之。①

毫无疑问，最初的信徒对功利的追求带有强烈的宗教动机。资本主义像一株植物一样扎根在宗教的土壤之中，才可能在如此短的时间内成长为一棵参天大树。但是一旦羽翼丰满，它就形成了自己的逻辑，不再需要宗教的土壤。这就是"断根的资本主义"。

韦伯认为，"朝圣者"逐渐被"经济人"所取代。当代社会形成独特的市民职业风格。它也不再需要诉诸任何宗教的起源："……当思想的宗教根基枯死之后，发展就会不知不觉地转向功利主义。"②此时，人不再是为神积累财富，而是为自己；人也不再将自己视为神的管家，他自己就是财富的拥有者。原本的宗教伦理也无法再起到辖制人性贪欲的作用。

不过韦伯认为他的论证已经非常清晰地揭示了以下的要点：

> 现代资本主义精神，乃至一切现代的文化，具有一个建构性

---

① 《新教伦理与资本主义精神》，郁喆隽译，第 141 页。
② 同上书，第 143 页。

十一　苦行和资本主义精神

的组成部分,即在**天职观念**基础之上的合理生活方式。它诞生于基督宗教的苦行精神,这就是本书所要证明的。①

3. 引而未发的批判：钢铁牢笼

韦伯如果严守其"价值无涉"的原则,本应该在此收笔。不过,他抑制不住内心的激动,继续写了几段充满感情色彩的文字。断根的资本主义对身处其中的人意味着什么呢？韦伯一改冷静旁观的视角,用激扬的语气将之总结为**"宇宙秩序"**：

> 清教徒**想要**成为职业人,而我们则必须成为职业人。因为,苦行已经从修道士的书斋进入了职业生活,并开始支配入世之道德,苦行帮助建立那种现代经济秩序的强大宇宙。这种秩序受到机械生产的技术和经济条件的限制。它无以复加的强制力,决定着(或将决定)每一个出生在这一机制中个人的生活,即便他**不**直接从事经济营利。也许这种决定作用会一直持续下去,直到最后一滴化石燃料烧尽为止。②

上文中所谓的"宇宙"指的是一种个人无法超越和逃避的世界。它带有绝对的强制性,变成了一个个人无法逃遁也无法反抗的力量。韦伯在此也道出了这一个宇宙的外在强制力的来源——机械文明的技术

---

① 《新教伦理与资本主义精神》,郁喆隽译,第146页。
② 同上书,第147页。

和经济机制。在这一点上,韦伯在对现代性的诊断上和很多现代思想家是惺惺相惜的:例如马克思在《巴黎手稿》中提出的"异化"(Entfrem-dung)、法兰克福学派对工具理性的批判,以及海德格尔对"技术"的反思等等。紧接着,韦伯写道:

> 按照巴克斯特的看法,对外在财货的顾虑,应该像圣徒肩上"一件薄斗篷",随时可以舍弃。但是,命运却使得这件薄斗篷变成了钢铁般坚硬的牢笼。因为苦行决意改造世界并在世界中发挥作用,俗世的外在财货便史无前例地赢得了凌驾于人类之上且最终无法摆脱的力量。如今苦行精神已经逃出了那牢笼,是否永久,谁又知道呢?高歌猛进的资本主义,既已建立在机械的基础之上,就不再需要这样的支柱。其自鸣得意的继承者(启蒙运动),似乎也已经彻底褪去了她玫瑰色的红颜。①

"钢铁牢笼"(eisenhartes Gehäuse/Iron Cage)被约定俗成地翻译为"牢笼"。事实上,德语中 Gehäuse 一词也具有"外壳"的意思。卡夫卡《变形记》(*Die Verwandlung*)中主人公格里高尔·萨姆沙的遭遇可以为这个词补充一个脚注。在这部荒诞的中篇小说里,一天早上格里高尔醒来发现自己变成了一只巨大的甲虫,他被坚硬无比的外壳压得喘不过气来,甚至无法翻身也不敢发出任何呼叫。

宗教改革时代的信徒,将救赎视为最终的目标,而财富仅仅是荣耀上帝的手段之一。因此,财富并非他们最终的牵挂。而对现代人来

---

① 《新教伦理与资本主义精神》,郁喆隽译,第 147—148 页。

十一 苦行和资本主义精神

说,外在的财富成为一个牢笼,一双红舞鞋。斩断了自己宗教根基的资本主义,是会成为人类的千年福祉,还是将变成无所忌惮的妖魔鬼怪呢?[1]

韦伯看到了现代资本主义的诸多风险和问题,他试图给出出路。但是,他又暂时看不到任何确切的出路。于是他一连用了四个反问句来表达他的担忧。每个问号好像都在决绝地否定一种可能的解决方案。这大概也是韦伯对19世纪德国现实观察之后,得出的无奈而悲观的看法:

> 没有人知道,将来谁会住在这个牢笼中。这一惊人发展的终点,是否会产生新的先知,抑或是否会迎来旧有思想和理想的伟大复兴?如果两者都不是,是否会出现一种自鸣得意的、机械式的僵化现象?无论如何,对这种文化发展的"最后的人"而言,下面的话可能颇为真确:"专家没有灵魂,享乐者没有良心:这种虚无竟自负地幻想已经达到人性前所未有之高度。"[2]

我们似乎依然生活在韦伯的预言当中。

在全书的结尾处,为了避免可能的误解,韦伯回到了唯物-唯心之

---

[1] 有观点认为,韦伯提出钢铁牢笼说和他的美国之行有关:韦伯访问美国的时候,恰好发生印第安领土和俄克拉荷马争端。印第安人本身的"古代共产主义"面临资本主义文化的摧枯拉朽式的冲击。韦伯由此意识到了文化、政治和经济之间的复杂关系。这种体验成为韦伯"钢铁牢笼"的主要元素之一。Lutz Kaelber, "Introduction: The Centenary of Weber's Protestant Ethic Essay," In *The Protestant Ethic Turns 100: Essays on the Centenary of the Weber Thesis*, pp. 32-33.
[2] 《新教伦理与资本主义精神》,郁喆隽译,第148页。

争的问题上来。他强调此书着重探讨的是苦行的基督新教的文化意义,以及这些教派的伦理是以什么方式影响信徒的心理动机的。本书考察的是宗教意识对生活样式、文化和国民性的塑造,但与此同时"……我们的意图绝不是用片面的唯心主义,替代同样片面的唯物主义,来对文化和历史做出因果解释。**两种解释**都是**有可能的**。但如果任何一种解释不是用来为研究做准备的,而是充任研究的结论,那么两者都无助于获得历史真实"。①

---

① 《新教伦理与资本主义精神》,郁喆隽译,第 149 页。

十二

韦伯与中国

1. 从欧洲到世界: 跨文化比较的视角

韦伯的《新教伦理与资本主义精神》不仅在西方,在以基督宗教为主的国家引发了大量的讨论,也在世界范围内引发了大量的学术和非学术的争论。需要特别指出的是,韦伯对中国的讨论,是他在新教伦理研究之后第一个聚焦非欧洲文明的案例研究。

《新教伦理与资本主义精神》及其姐妹篇《新教教派与资本主义精神》写作于1904—1905年。此后韦伯在德语学术界受到不少评论和批评,他也花费了大量的时间对之进行回应。可惜的是不少批评的学术水准不高,很难和韦伯进行等量齐观的学术对话。但是韦伯依然被一些新教伦理中的内在问题所吸引。"一战"期间,开始了一个庞大的研究计划——《诸世界宗教的经济伦理》(*Wirtschaftsethos der Weltreligionen*)。这一研究计划最终呈现为韦伯去世前后出版的《宗教社会学文集》(Gesammelte Aufsätze zur Religionssoziologie)第1—3卷。从完成的时间顺序来看,包括如下的作品:

-《诸世界宗教的经济伦理》(1916):《宗教社会学概要》《儒教与道教 I-Ⅳ》《中间考察》《宗教拒世的等级与倾向》——收入《宗教社会

学文集》第 1 卷

- 《印度教与佛教》(1916)——收入《宗教社会学文集》第 2 卷
- 《古犹太教Ⅰ》(1917)——收入《宗教社会学文集》第 3 卷
- 《古犹太教Ⅱ》(1918)——收入《宗教社会学文集》第 3 卷
- 《前言》(Vorbemerkung，1920)——收入《宗教社会学文集》第 1 卷

韦伯未能完成对伊斯兰教的研究就过世了。从已经完成的部分来看，这是一个雄心极大的研究计划，当代几乎没有学者敢于提出这样一个庞大的计划，并且一个人独立完成。从 20 世纪初的学术条件来看，欧洲知识界对非欧洲文明的基础文献和社会状况的掌握，是无法和今天相比的。因此，韦伯的这一研究计划也必然带有那个时代的局限性。《宗教社会学文集》第 1 卷是他生前亲自修订和完成编辑的一本著作，能够比较准确地体现出韦伯的研究思路和方向。

《宗教社会学文集》第 1 卷的《前言》(Vorbemerkung)是韦伯在完成所有手稿之后撰写的一篇类似总序言的文献。他开宗明义地提出了这样一个问题：

> 现代欧洲文明之子，在研究普遍历史的任何问题时，不可避免会提出如下问题：在西方，而且仅在西方，曾经出现了（至少我们愿意这样认为）具有普遍意义和有效性(Gültigkeit)的文化现象，这究竟是哪些条件的关联所导致的？①

---

① 《新教伦理与资本主义精神》，郁喆隽译，第 1 页。

毫无疑问,韦伯的出发点是欧洲,但是他却很早就克服了欧洲中心论的视角,大胆地去考察一些非欧洲文明的特质。韦伯在这篇《前言》中非常提纲挈领地提出,对合理性的追求是西方文化的内核,而且体现在很多方面:不仅仅在科学中,而且还在艺术、音乐、建筑、绘画中,甚至在西方的学术、官吏-官僚制、政治当中,最终不言而喻体现在近代资本主义中。①

韦伯在《新教伦理与资本主义精神》当中提出了一个耐人寻味的问题:为何在近代西方,尤其是宗教改革之后,出现了这样一种以合理性为核心的资本主义?此时的韦伯将这一追问的视野拓展到世界范围内的很多文化中,问道:那么在其他时间和其他地区,是否出现过类似近代西方的合理资本主义呢?如果没有,那么是为什么?

虽然和新教伦理的写作时间相隔十多年,但是韦伯在概念的内部自洽方面做得很好。他对"资本主义"的定义是一以贯之的。他认为资本主义不等于无止境的营利欲,也不仅仅体现出人性中的贪欲。"资本主义"的经济行为是基于利用交易机会而追求利得的行为,亦即基于(形式上)和平的营利机会;而其核心特征是资本计算(Kapitalrechnung)。这样一种广义的资本主义不仅仅存在于西方近代:

> ……资本主义和资本主义的企业,以及资本核算的合理化形式,曾经在世界上**所有**文明国家都出现过——在中国、巴比伦、埃

---

① 参见《新教伦理与资本主义精神》,郁喆隽译,第1—8页。

及、古代地中海、西方中世纪以及近代都是如此。①

但是,和这种广义的资本主义有所差别的是西方近代的理性资本主义:

> 但是,近代的西方还有一种完全不同的、在其他地方没有的资本主义:(形式上)**自由劳动**的合理-资本主义组织。这在其他地方只有萌芽而已。②

这种资本主义深刻地改变了人类最近400年的命运。我们甚至可以毫不夸张地说,如今我们每一个人都生活在这种资本主义的历史后果中。韦伯提出,这种近代合理资本主义产生出了一些要素,例如家计与经营的分离、理性的簿记。③ 尤为关键的是近代合理资本主义中出现了理性的劳动组织,包括市民(Bürger)、资产阶级(Bourgeoisie)、普罗大众等社会阶层。"核心问题在于合理的**自由劳动**组织之**市民经营资本主义的产生**。"④

韦伯将合理主义(Rationalism)作为近代西方崛起的一个关键性要素。他在《新教伦理与资本主义精神》当中已经从新教教派苦行伦理出发,论证了合理主义兴起的宗教根基。在韦伯看来,这种合理主

---

① 《新教伦理与资本主义精神》,郁喆隽译,第9页。
② 同上书,第10页。
③ 参见同上书,第11页。
④ 同上书,第14页。

义的特征是精确计算和对可计算性的孜孜追求。这不仅体现在西方科学中,也体现在社会秩序中,例如西方特有的法律和行政的理性结构当中。①

但在文化上,西方文化形成了固有的、特殊心态的"理性主义"。因此,韦伯提出了如下的问题:"为什么资本主义利益没有在中国或印度发挥同样的作用呢?为什么在那些地方,无论科学还是艺术,或是国家和经济的发展,都没有走上西方所特有的**合理化**道路?"②这个发问方式非常类似于科学史中的"李约瑟问题"(Needham's Grand Question):尽管中国古代对人类科技发展做出了很多重要贡献,但为

---

① 以笔者本人在德国留学的经历,合理主义甚至贯穿于德国人日常生活的方方面面中,其中最有趣的例子是餐具和厨房:德国人的厨房类似于一个实验室,里面有量筒、量杯和天平、格式模具,外加锅碗瓢盆、刀叉棍棒……量筒量杯是烘焙糕点必不可少的;常用的刀具就有五六把,有的是用来切冻肉的,有的是用来切法棍的,有的则是用来切蔬菜的,有的是用来处理海鲜的……做菜用和吃饭用的勺子是严格分开的,喝汤与吃甜点的勺子大小形状不一。小小一间厨房里有一整套器物学。这体现了西方人的合理主义精神。有人会认为这些器具极为烦琐,但其实背后依然是要节约时间、提高效率、精益求精的合理化思想。

德国人的菜谱也有工业说明书一般的精确性——每一道工序都会精准地写出使用的材料和分量,而且精准到克。相比之下,我们中国的美食文化虽然博大精深,但在菜谱方面就没有那么精准,往往采用"少许""适量""根据个人口味"的字眼。精确度量和规定的好处是可以标准化,并最终实现工业化——因此按照德国的菜谱做菜好像是工业;而中国的厨艺就是艺术,它不追求唯一性,但对厨师的经验要求极高。

西方意义上的第一个"现代厨房"是德国女设计师 Margarete Schütte-Lihotzky 在 1926 年设计的"法兰克福厨房"。因为最早在德国法兰克福市的福利房项目中实现而得名。她参考了工业流水线上的泰罗制,以提高效率、减少主妇走路距离为目标,彻底优化了传统厨房,将吃饭、烹饪、储物、洗涤,甚至熨烫几个功能集中在八平方米当中,成为一种新典范和时尚。这样的厨房当然也反映了城市化之后,居住面积减小带来的挑战,当然更大的问题是人们能够用来做饭的时间越来越少了。

② 《新教伦理与资本主义精神》,郁喆隽译,第 15—16 页。

十二 韦伯与中国 | 177

什么科学和工业革命没有在近代的中国发生?① 提出问题的方式出现了微妙的变化：从问"为什么有"，转变为"为什么没有"。

韦伯提出的首要研究任务如下：认识西方的尤其是近代西方的理性主义的独有特质，并说明其起源。这种说明包含两个方面，既有一个地区的基本自然、地理、物质和经济条件，也有该地区人民的心态（伦理）和生活方式。韦伯尤其着重研究的是宗教对人们伦理和生活方式的缔造作用——这一思路和新教伦理的思路是一致的。

2. 韦伯的中国研究：《儒教与道教》

中国古代曾经出现过高度发达的商业文明。如果大家见到过张择端的《清明上河图》，就会为里面出现的各色商品、商贩和商铺感到惊叹。这幅画描绘的是北宋时期都城东京（今河南开封）的状况。到了南宋时期，中国南方的商业就更加发达了，远远超过了同时期的欧洲。② 那么中国是否出现过韦伯所说的近代资本主义呢？

韦伯对此问题的考察集中体现在《儒教与道教》(*Konfuzianismus and Taoismus*)一书中。该书后来被翻译为英语版的《中国的宗教》(*The Religion of China*)。《儒教与道教》是韦伯跨出欧洲文明，对世界各大文化传统研究的首部专著。其核心思路和新教伦理是一致的：

---

① 韦伯在《儒教与道教》中也提出了类似的问题，参见该书第六章第三节"自然科学思维之阙如"。
② 关于南宋的商业状况可参考谢和耐：《蒙元入侵前夜的中国日常生活》，江苏人民出版社，1995年。该著作主要依靠的资料是《梦粱录》，描写南宋都城临安（今天的浙江杭州）的情况。

从世界各大文明的主要宗教入手，来探讨宗教如何塑造了该文明的经济伦理（Wirtschaftsethik），并进而对该文明的经济制度产生奠基作用。

需要指出的是，该书虽然以"儒教与道教"作为标题，但绝非仅仅研究宗教。我们从该书的章节编排就可以一探端倪：

表格6 《儒教与道教》的章节安排①

章节内容	分类
第一章 社会学的基础之一：城市、君侯与神祇 1. 货币制度 2. 城市与行会 3. 诸侯的行政与神的观念：与中东相比较 4. 中央君主的卡理斯玛祭司地位	社会学基础
第二章 社会学的基础之二：封建国家与俸禄国家 1. 采邑制的世袭性卡理斯玛性格 2. 统一的官僚体制国家之复兴 3. 中央政府与地方官吏 4. 公共的负担：徭役国家与租税国家 5. 官吏阶层与赋税征收的配额化	
第三章 社会学的基础之三：行政与农业制度 1. 封建制度与财政制度 2. 军事制度与王安石的改革尝试 3. 国库对农民的保护，以及对农业制度所造成的结果	
第四章 社会学的基础之四：自治、法律与资本主义 1. 资本主义依存关系之阙如 2. 氏族组织 3. 村落的自治 4. 氏族对经济的羁绊 5. 家产制法律结构	
第五章 士人阶层 1. 中国的人文主义之礼仪的、以行政技术为取向的性格；和平主义的转化 2. 孔子 3. 考试制度的发展 4. 儒家教育在社会学教育类型里的定位 5. 士人阶层的身份性格：封建荣誉与学生荣誉 6. 君子理想 7. 官吏的威望	正统宗教

---

① 根据《韦伯作品集Ⅴ：中国的宗教》，康乐、简惠美译，广西师范大学出版社，2004年版整理。

续表

8. 经济政策的见解 9. 士人的政敌——苏丹制与宦官	
第六章 儒教的生活取向 1. 官僚制与教权制 2. 自然法与形式的法理思想之阙如 3. 自然科学思维之阙如 4. 儒教的本质 5. 形而上学的摆脱与儒教的入世本质 6. "礼"的中心概念 7. 恭顺(孝) 8. 儒教的经济心态及其对专家精神的排斥 9. 君子理想 10. 经典的重要性 11. 正统教义的历史发展 12. 早期儒教的"激越" 13. 儒教的和平主义性格	
第七章 正统与异端(道教) 1. 教义与仪式在中国 2. 隐逸思想与老子 3. 道与神秘主义 4. 神秘主义的实际结果 5. 正统与异端学派的对立 6. 道教的长生术 7. 道教的教权制 8. 佛教在中国的一般地位 9. 巫术之合理的体系化 10. 道教的伦理 11. 中国正统的与异端的伦理之传统主义性格 12. 中国的教派与异端迫害 13. 太平(天国)运动 14. 发展的结果	**异端宗教**
第八章 结论：儒教与清教	**结论与比较**

在《儒教与道教》中，韦伯在前半部分(第一到第四章)并未直接研究儒教和道教，而是对中国的社会学基础进行了全面和深入的探讨。他不仅运用了自己在经济史和国民经济学中学到的知识，分析了中国城市的特征，还进入政治领域，分析国家是如何运作的，最后还研究了中国的法律制度。这在20世纪初是具有开创性意义的。在研究宗教之前，韦伯对自然、物候、农业、政治、制度进行如此全面的分析，这种

做法是非常"唯物的"。然后,韦伯在分析中国的宗教时,他将儒教作为正统,道教作为异端。

但是囿于20世纪初欧洲知识界对中国了解的程度,韦伯在《儒教与道教》中使用的基本材料存在不足。因此,基于这些材料的分析,按照今天的眼光看来,完全是可以斟酌和反驳的。以下对韦伯的基本观点进行归纳:

韦伯采用了其理解社会学中的经典方法,将中国的社会归结为一个理想型——传统主义。这种传统主义用经济史的术语来表述的话,其核心就是**家产官僚制**(Patrimonialbuerokratie/Patrimonial bureaucracy)①。家产官僚制体现在《诗经·小雅》的一句话当中:"溥天之下,莫非王土;率土之滨,莫非王臣。"韦伯认为,相对于欧洲的经济制度,中国的整个国家制度都被视为皇帝一个人的私产。换言之,中国历史上虽然发展出了庞大而有效的官僚制度,但这套制度的根本目的,不是为了一件公共事务,而是为了一件私事,即为皇帝家族管理家产的。皇帝的家族拥有绝对权威,在其之下形成了金字塔式的官僚结构。官僚要对皇帝效忠,因此是皇帝的"家臣"。而皇帝作为一个中央君主还是具有卡理斯玛地位的最高祭司长。② 这意味着在中国古代,社会秩序乃是宇宙秩序的一部分,而宇宙非人格性的规范与和谐凌驾于众神之上。③

毫无疑问,韦伯看到中国很早就出现了中央集权,它可能是为了

---

① 王容芬译本(商务印书馆,1997年)翻译为"世袭官僚制"。
② 《韦伯作品集 V:中国的宗教》,第67页以下。
③ 同上书,第70页。

抵御洪水和外族入侵的威胁。官僚集团形成了一个维护既得利益的"同质特权团体"。其特征是高度稳定，反对变革。韦伯引用了王安石变法失败的例子来说明这一点。①

韦伯指出，和欧洲的城市相比，中国的城市作为帝国的行政中心，缺乏政治和军事自主权，也缺乏市民阶级。中国城市的市民未能摆脱宗族的羁绊。甚至和中国的乡村比较，城市更加缺乏自治权。② 而在欧洲历史上，被作为近代典范的城市，如威尼斯、热那亚、佛罗伦萨，在其鼎盛时期都不是在一个大帝国中的城市，而是拥有高度自治权的共和国。这些城市因此可以自行其是，而不需要对一个君主负责。而且在这些城市当中，土地和财产私有制是非常明确的。韦伯还看到在中国，宗（氏）族拥有基于血缘的组织势力。他认为，宗族团体的凝聚力和延续性是"坚不可摧"和"无所不能"的。而家族领袖拥有卡理斯玛（Charisma）权威。③

中国的士人阶层接受了"高贵的俗人教育"。它不同于欧洲中世纪的教会神职人员所接受的宗教教育，也不同于近代大学兴起之后出现的职业教育，它更类似于一种通识教育（general education）。这种教育在不同时代也展现出其利弊：一方面，它具有开放性——任何人通过科举考试都可以成为士人，而不论出身；但另一方面，它的自主性是很低的。官僚的任命和升迁，甚至是生死都掌握在皇帝一个人手中。一方面，中国的传统教育理念提出"君子不器"，在这套教

---

① 《韦伯作品集 V：中国的宗教》，第 92—93 页，第 125—129 页。
② 同上书，第 44 页。
③ 同上书，第 115 页以下。

育中培养出来的官员,在文学、写作、伦理方面是突出的,不过另一方面却缺乏特殊领域中的专业能力,例如工业、军事、城市管理、医疗等。①

韦伯一针见血地看到,这样一个士人阶层是具有强大的垄断性的。中国的官僚缙绅凭借身份地位而获得了特权,进而构成了一个保护性团体。官僚机构中的官员往往通过政治特权而获得某些经济特权。韦伯甚至发明了一个概念来指称这一经济制度——"内政性的剥削资本主义"(innerpolitischer Beutekapitalismus)。② 由这样的官员组成的政府也具有明显的弊端,即看似政府无所不在,但其实是软弱无力的。最为严重的问题是,到了明清两代国家财政发给官员的俸禄不高。官员为了维持体面的生活,就不得不想方设法依靠其权力来敛财。③ 这种俸禄政策与货币经济结合之后,反而加强了官员们的"坐食者心态"(Rentnergeist)。④

韦伯把中国的宗教称为"巫术花园"(Zaubergarten/magic garden)。首先,中国的宗教不同于欧洲的,它不是一神论的,而是多神,甚至是泛神论的。皇帝不仅是国家的君主和政治领导,还要负责国家祭祀。而在民间占据主导地位的是祖先崇拜和大量的民间宗教。和亚伯拉罕系宗教相比,中国历史上没有宗教先知和强大的僧侣阶层。儒家带有一种强烈的理性主义和伦理倾向。不过,韦伯也看到,在宗教方面精英与民众之间一直存在张力甚至是冲突:士大夫信奉的是儒教,而

---

① 《韦伯作品集 V:中国的宗教》,第 182—183 页。
② 同上书,第 139 页。
③ 同上书,第 104—107 页。
④ 同上书,第 109 页。

老百姓主要实践的是各种民间宗教。

有学者批评韦伯,认为他在《儒教与道教》中采用了"非历史"(ahistorical)的研究方法,忽视了中国各历史时期之间的剧烈变化,也忽视了不同地区之间的巨大差异。但是不得不承认,韦伯所运用的理想型构建的方法,对于跨文明比较是有益的。他得出了从纯粹历史材料的角度无法看出的差异。韦伯的一些洞见克服了时代局限和材料不足,在今天依然可以闪耀其光芒。

韦伯在完成《儒教与道教》之后,进行了一项对比。他回过头来,一一对照地比较了中国的儒教和欧洲的清教:

表格7 儒教和清教的比较[①]

儒教	清教
信仰非人格的宇宙秩序;容忍巫术	信仰超越的上帝;反对巫术
适应世界,维护天人和谐;以秩序为理想	通过无休止地寻求上帝眼中的美德来驾驭世界;以不断变化为理想
为实现尊严和自我完善而自我克制	为抑制邪恶本性和实现上帝旨意而自我克制
没有与神圣传统相关联的先知预言;人循规蹈矩,以避免激怒鬼神,要成为君子	先知预言创造了传统,而现实世界是邪恶的;人单靠自己的努力不能达到完善
家庭伦理支配一切人际关系	一切人际关系服从于服侍上帝
亲属关系是商业交易、民间社团、法律和公共管理的基础	理性法规和协定是商业交易、民间社团、法律和公共管理的基础
对大家族之外的人不信任	信任一切同信仰的兄弟
财富是尊严和自我完善的基础	财富是诱惑,是道德生活的副产品

韦伯在完成其诸世界宗教的经济伦理之后,可以构建出一个各世界宗教的理想型:

[①] 本表根据《韦伯作品集Ⅴ:中国的宗教》第八章整理。

表格 8　各世界宗教的理想型

	积极的：苦行/动态的生命	消极的：神秘主义/冥想的生命
否定此世（世界）	主宰世界 （基督教）	从世界隐遁 （印度教、佛教）
肯定此世（世界）	适应世界 （儒教）	从理论上把握世界 （古希腊哲学）

3. 儒家伦理与东亚文明

韦伯在《儒教与道教》当中对中国的分析，都在回答一个问题，即中国的宗教和文化基础，都无法孕育出近代西方式的合理资本主义。但是这个回答在"二战"之后不仅受到学术理论上的反驳，也面临了亚洲现实的挑战。从 20 世纪 60 年代开始，亚洲"四小龙"（韩国、中国台湾、中国香港、新加坡）出现了明显的经济起飞。这些国家和地区都成功地建立了资本主义的经济制度。而这些地区在经济方面的成功，大致具有如下特征：利用国外资金和技术，加上本地劳动力，从而实现工业化和现代化。但是这些地区显然并不是以基督教占主导的。那么，如果韦伯在世将如何面对这一现象呢？

不少汉语学界的学者，尝试顺着韦伯的思路，来回答这一问题。其中最具代表性的是两位知名学者，第一位是余英时。①

事实上，在 20 世纪 50 年代大陆史学界进行了大量围绕"资本主义萌芽"的讨论。"二战"之后，西方学界也开始以新教伦理解释东亚经济现代化的现象，例如美国学者罗伯特·贝拉的《德川宗教：现代日

---

① 余英时 1930 年生于天津；1950—1955 年就读香港新亚书院，师从钱穆；1956—1961 年就读哈佛大学，获博士学位。

本的文化渊源》(1957)。这些研究的基本延续了韦伯问题,即中国为什么没有发展出西方式的资本主义。

余英时对这一问题的探讨主要见诸《中国近世宗教伦理与商人精神》。该文初稿在1985年刊于《知识分子》月刊,1987年出版单行本。他将韦伯问题放置在中国历史框架中,提出了这样一个中心问题:儒释道三教伦理对明清商业的发展是否发生过推动作用? 或者更加确切地说:"在中国的宗教道德传统中有没有一种思想或观念,其作用与'前定论'有相当的地方然而又有根本的差异?"①

余英时认为,中唐以来新禅宗、新儒家和新道家出现了明显的"入世转向"。这与韦伯所论述的宗教改革之后,从天主教到新教的伦理变化类似。余英时提出,新禅宗主张"修行不必在寺",加上"识自心内善知识即得解脱",这与新教的立场极为相似。② 百丈怀海提出"一日不作,一日不食",肯定了世间活动的重要性,并且赋予其宗教的意义,对宋代中国社会造成了深远的影响。③ 全真道教也主张不能一味避世,而要以出世精神做入世的事业。余英时认为这一点和加尔文的主张也极为契合。丘处机提出要走"立功立德"的入世之路求道,与17世纪英国的清教也类似。④ "新道教各派的兴起和发展充分地说明了一个重要事实:中国的宗教伦理自新禅宗以来即一直在朝着入世苦行的方向转变。"⑤

---

① 《余英时文集》第3卷,广西师范大学出版社,2004年,第238页。
② 同上书,第243页。
③ 同上书,第245—247页。
④ 同上书,第250—252页。
⑤ 同上书,第256页。

余英时认为，从韩愈、李翱到宋明理学，新儒教（New Confucianism）也发生了这样一个入世转向。新儒教和旧儒家不同的是，前者在心性论当中尝试处理天理-人欲、理-气之间的紧张关系。"新儒教因新禅宗的挑战而全面地发展了自己的'天理'世界；这是新儒家的'彼世'，与'此世'既相反而又相成。"①

余英时认为，中国文化对"此世"不是消极地适应，而是采取积极的改变态度。"在内在超越的文化类型之下，新儒家更把他们和'此世'之间的紧张提高到最大的限度。"②而最大的不同是，清教徒以入世苦行为上帝的绝对命令，而新儒家则相信有"天理"。③

余英时提出，"先天下之忧而忧，后天下之乐而乐"，"以天下为己任"（朱熹对范仲淹的评价），就是新儒家的入世苦行。④ 中国近世的宗教转向大致分为三波：第一波是新禅宗，第二波是新道家，而新儒家则是第三波。⑤

余英时在《中国近世宗教伦理与商人精神》下篇中提出，明清儒家发展出了"治生"论——如陈确提出的那样，治生比读书来得迫切，士必须先有独立的经济生活才能有独立的人格。⑥ 新四民论的出现也说明社会中商人地位上升，社会中出现了"弃儒就贾"的趋势，要求把儒家的价值观带到商人的阶层中去。⑦ 商人对于宗教和道德问题有积极

---

① 《余英时文集》第 3 卷，广西师范大学出版社，2004 年，第 267 页。
② 同上书，第 270 页。
③ 同上书，第 277 页。
④ 同上书，第 279 页以下。
⑤ 同上书，第 282 页。
⑥ 同上书，第 294—295 页。
⑦ 同上书，第 296—297 页。

寻求的兴趣,而不是被动接受。① 中国商人伦理强调勤俭、诚信不欺。② 而明代商人形成的"贾道"——以最有效的方式来达到做生意的目的,相当于韦伯的理性化过程。③ 不过余英时也认识到,明清商人虽然已经走到了传统的边缘,但依然未能突破传统。其中一个原因可能与君主专制有关。④

第二位尝试质疑韦伯论述的学者是杜维明,他旗帜鲜明地提出了"儒家伦理"(Confucian Ethics)。⑤ 1982 年 8 月 26 日,杜维明受邀在新加坡议会大会堂做了题为《孔夫子哲学及其跨时代发展》的讲演。这场讲演的背景是 1982 年新加坡把儒家伦理列为中学三、四年级的选修课。杜维明作为八位儒家伦理的专家之一,受邀到新加坡。在新加坡访问期间,他做了多次报告和公开讲演。⑥ 在这次讲演的基础上,杜维明撰写了《新加坡的挑战——新儒家伦理与企业精神》(1984 年英文版;1989 年生活·读书·新知三联书店版)一书。杜维明承认,韦伯对新教伦理与资本主义精神的研究是他研究的出发点。⑦ 在该书中,杜维明将儒家伦理(Confucian Ethics)作为东亚核心价值。他认为,东亚

---

① 《余英时文集》第 3 卷,广西师范大学出版社,2004 年,第 310 页。
② 同上书,第 318 页以下。
③ 同上书,第 325 页。
④ 同上书,第 336 页。
⑤ 杜维明 1940 年生于昆明,1961 年毕业于台湾东海大学,1968 年毕业于哈佛。1981 年起任哈佛东亚系教授、主任。
⑥ 《杜维明文集》第 2 卷,武汉出版社,2002 年,第 5—6 页,王孟林序。
⑦ 同上书,第 75 页。但是杜维明在《儒家伦理与东亚企业精神》中主要引用的是德国学者哈贝马斯对韦伯思想的总结,基本来自于 1980 年哈贝马斯在伯克利的一个小规模教师讨论班。

资本主义的发展在很大程度上可以证明韦伯错了。资本主义的产生可能有另外的途径,儒家伦理也具有类似的功能。换言之,儒家伦理是新教伦理的功能等价物(functional equivalence)。

杜维明所说的儒家伦理具有以下一些特质,可以成为"第二次现代浪潮"中新型资本主义的核心。首先,儒家伦理注重义务感:自我约束、修身、取得一致意见和合作;其次,儒家伦理高度重视教育与礼仪;最后,儒家伦理注重社区和政府的领导。① 杜维明也严格区分了两种儒家:一种是政治化的儒家,另一种是伦理化的儒家。他更加关注的是后者,即在哲学人类学和宗教哲学内的儒家,其焦点是如何学会做人。② 杜维明认为,韦伯认为儒家"适应世界"的说法可能是错的。儒家是挑战世界的——它通过积极的个人参与改造现世,并把它纳入道德的秩序。③ 此外,中国文化中也有明显的"企业精神"(entrepreneurial spirit)。和韦伯笔下浮士德式的个人英雄不同的是,儒家伦理并不倡导个人主义,而要求人对一个更大的实体——家庭、公司、集体或者国家做出承诺,这是一种"集体的伦理"。④ 杜维明在很大程度上试图为儒家正名,但也同时意味着其局限性:

若要是把儒家伦理理解为一种对东亚和新加坡的成功做出

---

① 《杜维明文集》第 2 卷,第 93—94 页。
② 杜维明提出,在儒家那里做人是一个整体的探索,包括如下三个方面:首先,学做人不是自发的,而是牵涉个人的抉择和信念;其次,这个学习过程是连续不断的,甚至是永无止境的;最后,这个进程是整体性的,这意味着学做人不仅仅是学习一种特殊的专业技巧,而且要得使人格得到全面的改造。《杜维明文集》第 2 卷,第 10—11 页。
③ 同上书,第 101—102 页。
④ 同上书,第 120—121 页。

了贡献的重要价值和力量一笔勾销的新浪潮的话,那将是错误的,甚至会是灾难性的。儒家伦理确实对东亚的成功做出过重大贡献。但是,有许多其他类型的动力结构,也在其间起了作用。①

以余英时和杜维明为代表的学者对儒家伦理的讨论是具有开创性的。他们虽然无法给出决定性的结论,但是都站在非西方中心的立场提示出一个耐人寻味的问题:现代化是否等于西化?回顾20世纪的历史,我们是否过于强调了传统和现代的对立。这不仅是一个理论问题,更是一个实践问题。我们需要从现实甚至未来的视角来思考本国传统文化与现代化的关系——传统文化究竟是现代化的阻碍还是资源?我们习惯用一条已经变成教条的空洞话语来回答这个问题——取其精华,去其糟粕。然而具有讽刺意义的是,即便所有人都接受这句话,但问题的关键是,对"何谓精华,何谓糟粕"在今天出现了前所未有的分歧。可以说,儒家伦理的思考可以反对韦伯的具体结论,但是却始终没有超出韦伯的基本思路——依然在用韦伯的方式来反对韦伯的结论。

从某种意义上讲,汉语学术圈在"二战"之后重新燃起对韦伯命题的兴趣,除却纯粹的学理旨趣外,更多地折射出一个社会在经济起飞之后对文化认同以及延续性的渴求。② 其论证基于一个经验事实,即东亚经济的腾飞,因此其论证也带有明显的"事后"(post hoc)特征。很难讲这一成功,能够毫无障碍地平移到政治、法律等外部条件截然

---

① 《杜维明文集》第2卷,第121页。
② 杜维明也暗示过这一点。参见《杜维明文集》第2卷,第119页。

不同的其他国家和地区,也很难对未来做出有效的预测。杜维明自己也意识到,他所讲的儒家并非历史上的儒家,而是"一种新的儒家伦理,它是对于西方的冲击的一种回答"。①

本书需要特别指出的是,围绕儒家伦理的思考带有一定视角的局限性,大致采取哲学和思想史的径路,而缺乏社会学、经济史和人类学的观察。后者恰恰是韦伯所拥有的强项,虽然这些能力在《新教伦理与资本主义精神》一书中没有得到充分的展现。韦伯始终在强调社会的基本结构和观念的双向互动。这一点是汉语学术界特别需要加强的。

---

① 《杜维明文集》第 2 卷,第 121 页。

十三

误读的类型学分析[①]

[①] 本章内容曾以《两种繁荣夹缝中的文本——对汉语学界关于马克斯·韦伯〈新教伦理与资本主义精神〉误读的类型学分析》为题发表于《基督教学术》,2009年,第128—148页。

马克斯·韦伯的《新教伦理与资本主义精神》自诞生之日起,就从没有远离过批评和争论的风口浪尖。现代学术工业似乎特别垂青曾经隐没于德国本土学术界近半个世纪之久的韦伯。很多个彼此矛盾、带有歧义的韦伯形象分别在欧美诸多韦伯诠释学中分别占据了统治地位。关于韦伯的研究著作、论文足以用汗牛充栋来形容——这种局面可以被称为韦伯研究的"过度繁荣"。

但是韦伯却以另一种方式在汉语学术圈登场——他进入汉语学界的视界滞后西方主流学界大约三十年,对他的原著的翻译和研究始终显得十分稀缺,整体质量也参差不齐。然而,就在 20 世纪 80 年代,韦伯似乎一夜之间在汉语学界声名鹊起。奇怪的是,在其后的二十余年时间里,中文韦伯时常是以一种面具化和符号化的形式充斥于很多汉语学术著作及论文的行文和脚注中。误译、误读加上某些比附和假借,使得韦伯的面目在汉语语境下有时模糊不清,有时又支离破碎——我们姑且称这种状况为汉语学术圈韦伯研究的"虚假繁荣"。

对比欧美学术圈韦伯研究的"过度繁荣"和汉语学术圈的"虚假繁荣",我们不难发现,《新教伦理》作为韦伯遭受争议最多的作品,也成为韦伯在汉语知识界命运的一个缩影。一方面,在一段时间内出现了言必称"新教伦理"的局面;另一方面,对《新教伦理》的解读、阐释又是最不彻底的。一些学者没有深入韦伯的原著，而是道听途说地引用所谓"韦伯式命题"（Webersche These），最终变成学术界集体无意识地以讹传讹；还有一些学者往往假"新教伦理"和韦伯之名，夹带"私货"，大胆发挥，将一些本不属于韦伯的看法强加在韦伯名下，将韦伯研究变成了"伪伯研究"。

《新教伦理》可以说是韦伯的宗教社会学一个提纲挈领式的"总起"。对该文本的研究，其意义不仅关乎对这一文本及其讨论的新教伦理与资本主义关系的问题，必定还会牵涉对韦伯以后大量著作的解读的基准问题。可以说，该文是整个韦伯理解社会学（Verstehende Soziologie）乃至德国宗教社会学径路的最具代表性的作品。进一步讲，《新教伦理》还具有方法论上的价值。韦伯分析新教伦理和资本主义之间关系的"范作"为以后的学者开启了一个独特的分析视角。它可以更广泛地用于对基督宗教和中国社会、文化之关联，以及中国本土宗教和中国社会、经济关系的讨论之中。

因此，以上所述汉语学界对《新教伦理》的误读，不仅会损害到韦伯研究整体水平，还会整体地影响宗教社会学在汉语文化圈的发展。基于以上理由，本文试图在系统理解《新教伦理》一文内容的基础上，梳理汉语学术界对该文本的误读。鉴于汉语学术圈内对于《新教伦理》的误解、误读已不胜枚举，因此本章尝试使用"类型学"（Typologie）的方法，归纳几种误读的典型案例，分析其共有的思维定式，并挖掘出隐藏在误读背后的深层次文化原因，以期达到抛砖引玉、正本清源的效果。

1.《新教伦理》的设问依据：神学还是社会学？

众所周知，韦伯在《新教伦理》中讨论的是这样一个问题，即某种特定的宗教信仰、教义是如何可能对看似不相关的一个经济现象（资本主义）的诞生起到推动作用的；或者用韦伯自己的术语——"文化意义"（Kulturbedeutung）来理解宗教，该问题就变成了文化如何影响经济。仅从《新教伦理与资本主义精神》这个标题入手，读者便可以提出很多问题。从立论的一般思路出发，如果要说明一种独特的经济现象，完全可以从经济领域内部给出说明，例如人力资源、自然资源（矿产、气候、地理环境）、市场供求等，也可以从其他社会组成部分来研究经济，例如政治、军事等。作为国民经济学（Nationalökonomie）教授的韦伯对此应当是心知肚明的，那么他为何偏偏要选择从宗教——或者从更为广义的文化角度——来探求资本主义崛起的"原动力"问题呢？这个设问是不是随意、偶然的呢？这是不是由韦伯个人的喜好所决定的呢？

当然我们首先可以通过历史考察，给出一个学术史的解答。但这并不是本文考察的重点，因为它并不涉及韦伯提问的内在逻辑。可能是由于韦伯使用的大量论据都是新教各教派的神学思想及教义，有的学者得出了这样的结论："韦伯学家也承认，'新教伦理'的全部证据是建立在神学家、作家的理论上面的，全书没有引用过一个企业家的实例。换句话说，这部书仅仅提供了'新教伦理'方面的证据，但没有举出资本家怎样运用'新教伦理'的证据。"这段话至少包含了以下两个判断——判断1：《新教伦理》的论据是神学，换言之不是社会学。判断2：《新教伦理》没有给出实例。那么这两个判断是否准确呢？让我们看韦伯自己在《新教伦理》中的一段话：

> 我的一个学生曾经仔细整理过当时我们关于这个问题所能掌握的最为详细的统计材料——巴登州宗教信仰的统计数据。**参见马丁·奥芬巴赫**：《信仰和社会阶层——关于巴登州天主教徒和新教徒经济状况的研究》，图宾根和莱比锡，1901年，第4册，卷5，巴登州高校的国民经济研究。以下表格中所使用的事实和数据均来源于此。①

在《新教伦理》第一章《问题》(Das Problem)的第一节《信仰和社会阶层》(Konfession und soziale Schichtung)中，在短短的14页中，韦伯在九处脚注中提到了这个学生的研究成果。如此高的援引密度，并且出现在全书的最开始的设问部分，不可谓不引人注目。那么这位奥芬巴赫博士的研究著作对《新教伦理》有怎样的意义呢？从韦伯所征引的内容（包括一个表格）看，其大致内容可以归纳如下：根据详细的统计学调查，在某些地区（巴登、普鲁士、巴伐利亚、乌滕堡，乃至匈牙利），存在这样的现象，即(1)在新教徒中企业主和资本占有者的比例明显高于天主教徒；(2)在现代企业中的高级技术人员和商人阶层中，

---

① Martin Offenbacher, *Konfession und soziale Schichtung, Eine Studie über die wirtschaftliche Lage der Katholiken und Protestanten in Baden*, Tübingen und Leipzig, 1901 (Bd. IV, Heft 5 der volkswirtschaftlichen Abhandlung der Badischen Hochschulen). 参见 Max Weber, *Gesammelte Aufsätze zur Religionssoziologie I*, Tübingen: Mohr, 1988, S. 18 – 19, Fußnote 1。

新教徒的比例明显偏高；(3)新教徒进入各种非义务教育机构(文理高中、职业高中、理科高中和市民高中)学习的比例远远高于天主教徒和犹太教徒。类似的现象还存在于西欧不少经济发达的地区，如荷兰、爱尔兰、日内瓦等。以往的人文科学虽然没有如此详细的统计数据，但是已经有不少学者注意到了类似的现象。

可以说，正是基于以上的**统计相关的事实**，韦伯才能够提出《新教伦理》的核心问题：新教对资本主义的发展究竟起到了怎样的推动作用？也只有基于这样引人注目的**统计差异**，韦伯才能合法地从宗教切入探讨经济问题。这才是这部《新教伦理》的设问基础，即便它们隐藏在一个又一个的脚注中。韦伯在随后章节中的任务就是给出一个能够说明新教和以上经济现象因果关系(Kausalzusammenhang)的解释(Erklärung)。

由此可见，上文提到的那位学者的两个判断可能都无法成立：首先，关于判断1——韦伯设问的出发点完完全全是社会学的统计事实，这一点无须再额外进行合法性的论证；其次，关于判断2——因为具备了如此充分的统计学数据，韦伯无须再给出某些具体的企业家的案例来加以说明。相反，如果没有统计数据的支持，仅仅列举企业家的实例，不仅要有足够大的样本数量，而且还要符合随机抽样(free sample)的原则，才能成为合格的社会学研究对象。因此判断2对于韦伯的研究而言是不必要的。

汉语学界在研读《新教伦理》的时候往往忽略了韦伯的这个至关重要的出发点，将眼光放在随后的论证上，就会丧失对韦伯命题性质的基本把握。

2.《新教伦理》的涉及范围：资本主义，特指还是泛指？

韦伯在《新教伦理》中究竟是在何种意义上"资本主义"一词？或者说，"资本主义精神"（Der Geist des Kapitalismus）中的"精神"的存在时间和地域到底是否有所限定？首先还是让我们来看一位学者的话："资本主义只有在欧洲的西部和西北部以及美洲的北部才能产生，因为只有在那里基督教新教才占据统治地位。这个假定实在过于大胆，以至于迫使韦伯本人也要到别处去寻找佐证。"①

从行文的句式上来看——"只有……才……"——这位学者对韦伯理解的资本主义下了一个很强的限定。细细分析，我们就会发现其中隐藏的一个三段论结构：首先他假定，韦伯认为，只有在基督教新教占据统治地位的地区，资本主义才能够产生——大前提；其次，他认为，只有在北美和欧洲西部及西北部基督教新教才占据统治地位——小前提；所以，他认为，韦伯认为资本主义只有在欧洲的西部和西北部以及美洲的北部才能产生——结论；换言之，在世界其他地区，资本主义不会产生。可以说在这样的前提和假设之下，完成一个三段论推理是很简单的，而其结论是具有非常强烈的排他性的。

那么，韦伯是否能够接受这样一个三段论呢？让我们看一段韦伯自己的话：

> 本书中"资本主义精神"的概念，就是指这样一种特殊的含

---

① 刘为：《韦伯东方理论批判》，刊《史学理论研究》，1996年第2期，第81页。

义。当然,它指的是现代资本主义。因为这里讨论的仅仅是西欧-美洲的资本主义,这就我们提出问题的方式而言是不言自明的。资本主义曾经在中国、印度、巴比伦,以及在西方古代和中世纪都出现过。但是,我们将会看到,它们全都缺乏那种特殊的精神。[1]

我们发现,韦伯对"资本主义"概念的使用是十分审慎的。从以上这段短短的引文中我们就可以至少得出以下几个结论。

结论一,韦伯在《新教伦理》中所谈论的资本主义有双重的限定:时间上——近代的,空间上——西欧和美国。我们暂且将韦伯所指称的这种狭义的资本主义称为"资本主义1"。

结论二,除了这种资本主义之外,在人类文明的其他时间段内、在世界其他地区也可以产生资本主义,我们暂且将这种广义的资本主义称为"资本主义2"。

如果将韦伯的限定和上文引用的那位学者的三段论加以比较,我们便会发现:因为韦伯承认"资本主义2"的存在,所以以上的大前提不成立,自然其结论也和韦伯的想法完全矛盾。至于上面的小前提,在韦伯看来仅仅指的是"资本主义1"。韦伯的资本主义定义不是强烈排他的——资本主义2在世界其他地区和其他时间段早已或可以存在。但是韦伯在《新教伦理》中的旨趣并非研究资本主义2,而是相对狭义很多的资本主义1——近代西欧和美国的资本主义。

为何韦伯会将自己的研究对象限定得如此狭小呢?想必这还是

---

[1]《新教伦理与资本主义精神》,郁喆隽译,第26页。

和我们在前一点中谈到的韦伯研究的出发点相关——因为前人的统计学数据恰好是仅仅关于这些地区和这个时间段的。超出了这些地区和这个时间段,如果要提出类似的问题,可能会面临问题本身合法性的挑战——或许就根本不能以这种方式提问了。假设要这样问,在缺乏统计数据支持的情况下,这样的设问自然也就不成立了。韦伯的工作旨在说明新教这种宗教观念和这一特定时间和空间内发生的经济现象(即资本主义)之间的"因果关联"(Kausalbeziehung)。

以上所要表明的是汉语学术界对《新教伦理》的第二种典型误读,即不加区分和限定地使用"资本主义"概念,从而可能扩大韦伯的论题范围,将其意义无限放大,而脱离了统计数据的支持范围,成为无本之木。

3.《新教伦理》的效力: 是否可以证否,以及如何加以证否?

在完成了以上两点的澄清之后,对《新教伦理》的阐述就可以在相对清晰的认识平台上进行,对汉语学术圈关于该著作误读的分析就能够更进一步展开了。可以说,汉语学术圈对《新教伦理》热衷程度和对它的误读只有被安置在一个超越文本本身的大历史背景中才能被完全阐明,即在过去30年内亚洲范围内"四小龙"和"四小虎"经济的相继崛起。有学者认为,这些发生在亚洲的经济现象背后都以儒家伦理为支撑,这构成了对韦伯理论的有力反驳。[1]

---

[1] 例如王文钦:《新加坡与儒家文化》,苏州大学出版社,1995年。

那么究竟这种主张是否能够成立呢？我们需要在以上两点结论的基础上首先来探讨，韦伯的《新教伦理》究竟在何种意义上可以被证否，以及在方法论上如何可能证否这两个彼此关联的问题。①

在此我们不妨赘述一下以上两个结论：一、《新教伦理》的出发点是统计数据；二、韦伯在《新教伦理》中主要探讨的是新教和近代美国及西欧的资本主义。基于以上两点，本文认为，《新教伦理》在原则上是可以被证否的。但是证否的方式无外乎以下两种：

一、给出相反的统计学上的数据，来说明同样是在西欧或美国，新教徒占据人口多数的地区经济发展不如其他宗教信仰占据优势的地区——我们可以称之为"异地异教比较"。西方学者使用这种方法反驳韦伯的案例有苏格兰和英格兰的比较：17 至 19 世纪，英格兰的新教徒大约只占全部人口的一半，而苏格兰新教徒比例高出英格兰很

---

① 从韦伯作品的内在逻辑上讲，讨论这个问题必定要和《儒教与道教》(*Konfuzianismus und Taoismus*)一书相关联。该作品大致写于 1913—1915 年间，最初以《儒教》为标题在 1915 年《社会科学和社会政策文献》(*Archiv für Sozialwissenschaften und Sozialpolitik*)10 月号和 12 月号发表。1919 年韦伯对其进行修改后以《儒教与道教》的标题收入 1920 年出版的《宗教社会学论文集》第一卷 (*Gesammelte Aufsätze zur Religionssoziologie I*) 中。1951 年，格斯（Hans H. Gerth）将《儒教与道教》译成英文，改名《中国宗教：儒教与道教》，以单行本出版 (*Religion of China: Confucianism and Taoism*, New York: Free Press, 1951)。该文是韦伯《诸世界宗教的经济伦理》(*Die Wirtschaftsethik der Weltreligionen*)在导论后的第一部分。《诸世界宗教的经济伦理》可以视为韦伯《新教伦理》研究的直接扩大和深入，也可以视为韦伯对种种误读的回击。他试图通过对佛教、印度教、道教、儒教、犹太教和伊斯兰教等各大宗教与经济之间关系的研究，来阐明西方理性主义和资本主义发展的历史特殊性。韦伯对中国宗教的研究，主要就集中在《儒教与道教》中，而且韦伯还专门辟出一章来比较儒教和清教。但是限于本文的论题和篇幅限制，在此无法深入涉及韦伯在《儒教与道教》中的内容以及相应的汉语学术界对他的批评。

多，但是在这一时期，苏格兰的资本主义经济发展远远慢于英格兰。①

二、同样是给出相反的统计学数据，但是要显示，在同一个资本主义和现代经济高度发展的地区，新教徒所占据的企业家、资本家、技术工人、商人乃至非义务教育的学校内学生的比例低于非新教信徒——我们可以称之为"同地异教比较"。

一般而言，试图从东亚经济崛起的事实来否证韦伯在《新教伦理》中的结论，大多属于上述的第一种类型，即"异地异教比较"研究。但是这些研究隐含了以下危险：

（1）将韦伯在《新教伦理》中的"资本主义"概念扩大——从上文加以界定的"资本主义 1"（近代的、发生在欧洲和美国的资本主义）扩大为"资本主义 2"（历史上其他时段的、发生在欧洲和美国之外的资本主义），或者在上下文中不加区分地混淆两者。

（2）即便将资本主义作为一个普遍的概念来使用，倘若要说明东亚资本主义的兴起受益于儒家伦理，还需要论证在所涉及的东亚地区，儒家②信徒在现代资本主义机体中，在资本占有者、企业主、管理层、高级技术工人和接受高等教育等人群比例上高于其他宗教信徒人群。但是由于儒家不同于基督宗教的教会体制，很难明确统计所谓的

---

① 参见 Max Weber, *Protestantische Ethik II：Kritiken und Antikritiken*, München und Hamburg: Siebenstern Taschenbuch Verlag, 1968。
② 或者采用另一个概念"儒教"。但本文并不想涉及已经在大陆学界进行过激烈争论的"儒家是不是教"的问题。这个争论从一开始就缺乏共同的概念平台。至今没有学者对"教"和"宗教"概念如何在"西方"（Okzident）发现"东方"（Orient）和世界其他部分的历史进程中的演变进行一项概念史的考察。这使得本应建立在这基础之上的讨论显得缺乏根基。

"儒教徒"数量和比例。这也就意味着,这种对《新教伦理》的东亚证否从一开始就缺乏必要的统计数据的支持,至多可以被称为"东亚猜想"或"东亚假设"。同样,如果要在东亚地区采用"同地异教比较"也会面临相似的界定难题。

(3) 这种否证的企图往往将"东亚"——一个曾经受到儒家思想影响的、巨大的地理区域——作为一个文化的整体来处理,而忽视了其内在的张力和差异。例如,日本、韩国、新加坡,以及中国香港为何在不同的历史时期发生了经济起飞。同时,上述国家和地区的经济样态又是如此不同,是否都可以用一个同源的文化因素——儒家伦理——来加以解释。

综上所述,所谓东亚资本主义的崛起构成对韦伯《新教伦理》的证否,尚停留在愿望的层面上。因为它们或者混淆了韦伯的"资本主义概念"(1),或者在论证的技术层面面临定义和统计的困难(2),或者未能解决"儒家伦理"的内在歧义和问题(3)。

4. 儒家伦理：超越《新教伦理》?

概括而言,汉语学界研究韦伯《新教伦理》的很大一个驱动力来自试图找寻一个新教伦理"功能等价物"(functional equivalence)的企图。不同的学者赋予这种功能等价物不同的名称,例如儒家伦理、新儒教文化(Neo-confucian-culture)、宗教伦理、儒教文化圈等,而与资本主义和资本主义精神相对应的产物被命名为"儒教资本主义""儒教国家"等等。

然而,一个功能等价物要发挥等价的功能,绝对不是通过命名就能够完成的。至少韦伯在《新教伦理》一文中论证加尔文宗的前定论教义(Prädestinationslehre)如何产生出资本主义精神,从而最终推动了资本主义的诞生,这个论证过程是有环节的,而非一蹴而就的。两相比较韦伯在《新教伦理》中的论证和不少汉语学界学者对"儒教伦理"的"论证",就会发现以下一些偏差:

① 变"描述性(deskriptiv)命题"为"规范性(normativ)命题"

由于韦伯《新教伦理》一文有大量的统计数据为经验支持,所以他的任务就是要"解释"那种统计相关性。而汉语学界的"儒家伦理"研究往往不是在从事解释性的工作,而是要为"儒家伦理"的合法性进行论证,或者通过推行儒家伦理的教育来促进本地区资本主义的发展或者抑制资本主义发展中的某些社会问题。例如有的学者认为儒家伦理可以用来抵制工具理性:"我们深信,随着东亚地区日渐现代化,儒家思想应予重新肯定。这里不只有着共同的文化渊源,而且都纳入全球性的现代化进程,工具理性的泛滥指日可待。如果我们同意法兰克福学者的判断,工具理性是高度现代化社会许多罪恶的主要源头,则儒家思想正可发挥制约作用。"①

也有学者对儒家伦理本身的发展和转型提出了很好的设想,即"儒家伦理的现代化转化或现代化可以归纳为如下过程:批判并摈弃其意识形态化的形式,在现代化生活转化与学习的必要性以及非意识形态化的儒家伦理中寻找现代化的启动力量和基础。以此为起点,在现代社会中重构儒家价值观:在现代化的现实环境中实施现代化的儒

---

① 张德胜、金耀基,《儒商研究:儒家伦理与现代社会探微》,刊《社会学研究》1999年第3期,第46页。

家价值观，包括制定正确的策略，采取正确的态度，解决现代化过程中的问题。也就是说，转化儒家伦理，使之现代化，并且创造性地、广泛地运用它们"①。

如果从语言现象上分析，它们往往以祈使句的形式出现，即"应当……"(should be)，而不是"是……"(be)，也即将实然命题改换为应然命题。这就使得学术研究的性质发生了根本的改变，它不再是认识、理解和解释，而变成了愿望、建议、计划。韦伯虽然在《新教伦理》中也隐约流露出对资本主义的某些个人的不满情绪，但是韦伯在社会学方法论上一直是坚持价值中立(Werturteilfreiheit)的——简而言之，学者不应该将个人的好恶引入学术研究。②

② 变"非预期性结果"为"预期性结果"

德国思想中一直有所谓"意愿和效果之背反"(die Paradox der Wirkung gegen über den Wollen)，也就是说，人按照某一事先持有的意愿行动，但实际的结果往往和之前的预期不同，或者产生了超出意愿甚至是和意愿完全相反的结果。韦伯在《新教伦理》中也将新教伦理和资本主义视为这种关系的典型表现：

> 当我们研究早期的新教伦理与资本主义精神发展的关系时，要以加尔文、加尔文宗和其他的清教教派的创见为出发点，但是

---

① 成中英，《整体性与共生性：儒家伦理与东亚经济发展》，刊《浙江社会科学》1998年第2期，第22页。
② 详见 Max Weber, Der Sinn der "Wertfreiheit" der soziologischen und ökonomischen Wissenschaft, In: Max Weber, *Gesammelte Aufsätze zur Wissenschaftslehre*, Tübingen: Mohr, 1988, S. 489–540。

这不能被理解为——如我们过去所期待的那样——这些宗教教派的创立者或代表者是以唤起在任何一种意义上的（我在此称之为）"资本主义精神"为目标。我们无法相信，他们中任何一个人会认为，追求此世的财货作为目的本身具有伦理价值。无论如何我们必须牢记的是，伦理上的改革计划，对改教家而言（对我们的考察来说还可以算上门诺、乔治、福克斯和卫斯理），从来不是核心的关注点。他们并不是伦理文化团体的奠基人，也不是人道主义社会改革运动或文化理念的代表者。灵魂的救赎乃是他们生活和事业唯一的中心。他们的伦理目标坚定不移，学说的实际效果强大，都是纯粹宗教动机的结果。因此，我们将得出如下的结论：宗教改革的文化效果，在很大程度上——就我们着重研究的方面而言——是改教家未曾预见、甚至是并非意欲的后果。这与他们自己所预想的大相径庭，甚至恰好背道而驰。[①]

也就是说，资本主义本是新教伦理的非预期性结果（unintended consequence），或者说是"副产品"。儒家伦理的倡导者们似乎完全忽视了社会、历史的复杂性，要将资本主义确确实实塑造为儒家伦理的直接产物。更有学者提出了将"儒家伦理"改造为"普世伦理"（universal ethics）的宏伟目标。[②] 姑且不论其他文化是否具备这样的意图来接受儒家伦理，单就伦理在现实中贯彻的艰巨性而言，它也不

[①] 《新教伦理与资本主义精神》，郁喆隽译，第 70—71 页。
[②] 万俊人，《儒家伦理：一种普世伦理资源的意义》，刊《社会科学论坛》，1999 年第 5—6 期，第 38—43 页。

能被象牙塔中制造出来的玫瑰色梦想所轻易克服。

③ 用商人个案替换"代表阶层"

韦伯在《新教伦理》中在分析加尔文宗对资本主义产生的作用时明确指出,加尔文宗的前定论教义使得教徒必须寻找一种尘世的象征,来表现出他们被神恩选择这一事实。因此才会产生一种工作伦理(Berufsethik),以及在日常的此世生活中实践这种工作伦理的人群。这些人群更容易成为资本占有者、商人、高级技术工人等等。简而言之,落实新教伦理所代表的生活方式(Lebensführung)需要一个代表阶层(Trägerschicht)或者说一个特定的人群:

> 那种适应资本主义特性的生活方式(Lebensführung)和职业观(Berufsauffassung)之所以最终能够得到选择,并且能左右其他的生活态度,显然它必定早已产生,并且不是在若干孤立的个人那里产生,而是作为一种为人群(Menschengruppen)所共有的直观方式(Anschauungsweise)产生的。这才是我们要解释的对象。①

汉语学界在探讨儒家伦理在东亚产生的作用时,似乎每每在这个问题上都采取了回避的态度。这其中或许也有上文提及的无法界定"儒教徒"的困难,也有统计数据匮乏的实际。有的学者开始从成功商人的个案及访谈入手来落实儒家伦理,并塑造出一个"儒商"的理想

---

① Max Weber, *Gesammelte Aufsätze zur Religionssoziologie I*, Tübingen: Mohr, 1988, S. 37.

型。① 但是由于样本数量的局限,加上样本选择不符合统计学的随机取样原则,这样的尝试始终还是停留在初步的材料整理层面上。也有学者试图用某些企业家的例子来说明儒家伦理对一个企业(尤其是家族企业)产生的积极作用。但最终只能得出"中西伦理的差异并不是绝对的,中国传统伦理同资本主义经济并不绝对抵触。中西伦理在亚洲四小龙经济发展中的融合是其鲜明的特点之一"这样一个模棱两可的结论。②

④ 用"引文关系"替代"因果关系"

韦伯在论证新教伦理对资本主义精神和经济理性主义(ökonomischer Rationalismus)兴起的影响时,始终注意论证的层次和推理的环节。如果将两者之间的关系加以简单表述,可以归纳为以下的"链式关系"。

加尔文宗的选民前定论 → 入世苦行(aktive/innerweltliche Askese):加尔文教徒将尘世财产的积累作为被神恩蒙选的外在标志;形成了一种工作伦理,即工作、盈利不是为了自己的享受,而是作为生活本身的目标(Selbstzweck)→ 为此要形成一种理性化的生活方式(rationale Lebensführung),例如井井有条的生活、严格的簿记制度等等→资本主义的兴起。这样的"链式反应"才构成了宗教和经济之间的"因果关联"(Kausalzusammenhang)。

而不少汉语学术著作在讨论儒家伦理对东亚资本主义兴起的作

---

① 其中最值得称道的尝试是张德胜、金耀基的《儒商研究:儒家伦理与现代社会探微》,刊《社会学研究》1999 年第 3 期,第 37—47 页。
② 杜恂诚:《中国传统伦理与近代资本主义——兼评韦伯〈中国的宗教〉》,上海社会科学院出版社,1993 年,第 61 页。

用时,却缺乏如此严格的因果关联的论证,而只是简单罗列引文。而且还经常出现这样一种现象:他们讨论的资本主义存在于20世纪,而引文则来自形成于先秦《论语》或者某些明儒的代表作——似乎这些历史文献在20世纪尚存有多少社会影响是不需要论证的。这种"引故纸堆"和"博物馆式的论证"将一种社会学的研究变成了纯粹哲学思辨,也将一种哲学思想对社会的影响的可能性直接等同于现实性。

也有学者相对比较审慎,试图说明中国宗教"中唐以来的入世转向"和"16世纪以来商业的重大发展"。他认为:"中国的宗教伦理大体上恰好符合'入世苦行'的形态。……以'理想型'而言,韦伯所刻画的'入世苦行'也同样可以把中国宗教包括进去。"①他还表示:"韦伯论新教伦理有助于资本主义的发展,首推'勤'(industry)与'俭'(frugality)两大要目。"②这样对"入世苦行"(innerweltliche Askese)的概括似乎过于简单了。因为历史上几乎所有民族都将勤俭作为美德,而不是相反。韦伯对入世苦行界定的关键点是将工作自身作为生活的目标(Selbstzweck),也即不以世俗的享乐作为工作和盈利的目的。上文的作者始终没有说明,中国近世的宗教伦理是否也存在类似的特性。即便明代商人的"贾道"和韦伯的"天职"(Beruf/calling)概念存在表面的相似性,但内在的因果关联的论证始终是缺失的,亦即"中唐以来的入世转向"如何在一个人群的日常行为中发生具体的作用,从而使得他们的日常行为具备某种特征,进而促进了"16世纪以来商业的重大发展"。毕竟哲学引文和商业现象的平行描述不能等同于社会学论证。

---

① 参见余英时:《中国近世宗教伦理与商人精神》,联经出版社,1987年,自序第69页。
② 同上书,第137页。

5. 小结

韦伯的《新教伦理》意义在很大程度上超出了一个文本能够承载的内容。它始终处在东西方两个学术圈、两种文明样态的夹缝中间。对它的解读集中地体现出这种中间状态的张力以及思维方式的差异。

如果韦伯在《新教伦理》之后的宗教社会学研究可以简单地用一个问题来概括的话，那就是为何西欧和北美成为如此这般而不是其他形态(so-und-nicht-anders-Gewordensein)。虽然我们不能过分苛刻地将韦伯称为"西方中心论者"，但是韦伯研究的关涉重心始终是西方文明的特殊发展(Sonderentwicklung der abendländischen Zivilisation)。而当汉语学术界讨论《新教伦理》时，眼光不会和不能停留在西方文明，自然要引申到东亚和中华文明的发展问题上来。这可以被称为**"焦点的平移"**。

自从韦伯在20世纪50年代被美国社会学界"返销"德国之后，在西方学术界韦伯热似乎会周期性地出现。而在汉语学术界，韦伯作为一个标志性人物出现，还仅仅是近30年的事件。这个时间差不仅仅说明，汉语学界在很多问题的基本素材掌握和研究深度上很不足，它还意味着，汉语学界不得不首先参考西方学者的研究成果，先领会他人的"先入之见"，然后才能发出自己的声音。这可以被称为**"研究的滞后"**。

事实上，以上两个学术领域的问题都是历史本身的缩影。西方资本主义早在宗教改革之后就开始萌芽，韦伯对资本主义精神的讨论大约就发生在西方文明出现强烈危机感的前夜——一种文化的优越感还是可以透过文本体现出来的。而东方的资本主义却是迟至 19 世纪到 20 世纪才登上历史舞台，而且是以"次生的资本主义"（der sekundäre Kapitalismus）的面貌出现的——不说资本主义是全盘由西方人引入，至少东方文明原先的历史路径已经被打断。对韦伯问题的讨论可以说是汉语学界自我意识觉醒的另一种表达。这可以被称为**"现代化的错峰"**。

处在以上三种境遇下的韦伯和《新教伦理》遭遇误读似乎也是必然。而本文更多地以批判的形式出现，而不是以建设的方式完成，也是对这种状况不得已的反应。毕竟，马克斯·韦伯在社会学界的地位与康德在哲学史上的地位相类似。倘若想"超越"他们，就要首先"进入"他们，而不是忽略和回避。在此意义上，汉语学界尚任重而道远。

十四

北美新教教派研究的宗教学意义[①]

[①] 本章内容曾以《马克斯·韦伯北美新教教派研究的宗教学意义》为题,发表在《当代宗教研究》,2014年第2期,第34—39页。

"二战"之后,欧美学界对德国思想家马克斯·韦伯的理解经历了"发现"与"再诠释"。在这一过程中,《新教伦理与资本主义精神》始终被认为是韦伯影响力最大的作品,对其研究已经汗牛充栋,俨然成为新教研究无法绕开的文本。在这种耀眼的光晕之下,韦伯的其他新教研究论文似乎显得黯然失色,往往被研究者所忽视。在宗教学理论的意义上,被低估或者说被忽视最为严重的大概就是《新教伦理与资本主义精神》的姊妹篇——《新教教派与资本主义精神》(Die protestantische Sekten und der Geist des Kapitalismus)。本文试图通过对论文写作背景和接受史的重构,从宗教组织类型学方面来重新审视该文的宗教学意义。

韦伯的"北美新教教派"研究主要见诸《宗教社会学文选》(以下简称《文选》)第一卷(Gesammelte Aufsätze zur Religionssoziologie I)的第二部分[1]。该卷文选第一卷分为三个部分:第一部分即著名的《新

---

[1] 本文中所指称的《宗教社会学文选》(德文本在下文中缩写为 RS I)第一卷最初出版于1920年,是韦伯生前唯一亲自修订、编辑和出版的一卷《宗教社会学文选》。请勿将《宗教社会学文选》和韦伯在《经济与社会》第二部分中的第四章《宗教社会学》相混淆。后者的主要目标是以理想型的方式来建构宗教组织化的各种类型,其单行本通常也被称为韦伯的《宗教社会学》。

教伦理与资本主义精神》(*Die protestantische Ethik und der Geist des Kapitalismus*,以下简称《伦理》),第二部分是《新教教派与资本主义精神》(*Die protestantische Sekten und der Geist des Kapitalismus*,以下简称《教派》),第三个部分是《诸世界宗教的经济伦理》(*Die Wirtschaftsethik der Weltreligionen*)的第一部分《儒教与道教》与《中间考察》(Zwischenbetrachtung)。

《伦理》在1904—1905年发表于《社会科学和社会政策文献》的第20—21卷中,《教派》则在1906年发表于《法兰克福报》,经过修改之后同年以《教派与教会》为题发表于《基督教世界》[①]。1920年韦伯去世前不久,该文被收入他亲自修订的《文选》第一卷中。[②] 可以说,《伦理》与《教派》的写作时间非常接近,甚至可能是重叠的,两者大致上都是韦伯在美国之行期间或者之后写作的。两篇论文所涉及的基本问题极为相近,因此应当被理解为一个无法分割的整体。[③] 而韦伯本人将这两篇论文都选入《文选》第一卷,也体现了他对它们的同等重视,更

[①] 1906年该文最初发表时的标题是《"教会"与"教派"》("Kirchen" und "Sekten", In: *Frankfurter Zeitung*, 50. Jg., Nr. 102 vom 13. 4, 1906;其结论部分刊登于1906年4月15日)。随后韦伯将两部分合并,在《基督教世界》发表,标题改为《北美的教会与教派》("Kirchen" und "Sekten" in Nordamerika, Eine Kirchen und sozialpolitsch Skizze, In: *Die Christliche Welt*, 20. Jg., Marburg H., *Verlag der Christlichen Welt*, Nr. 24 v. 14. 6., S. 558 – 562; Nr. 25 v. 21. 6., S. 577 – 583)。

[②] Die protestantischen Sekten und der Geister des Kapitalismus, In: *Gesammelte Aufsaetze zur Religionssoziologie*, Bd. 1, Tübingen: Mohr Siebeck, S. 207 – 236.

[③] 有关韦伯的美国之行,参见汉斯·罗尔曼,《"相会圣路易":特勒尔奇与韦伯的美国之行》,载哈特穆特·莱曼等编《韦伯的新教伦理:由来、根据和背景》,第386—419页。在此行中,韦伯与特洛尔奇拜访了德国牧师汉斯·豪普特,并请这位美国的"教会通"帮忙收集了大量美国教派及其道德信仰和态度的材料。

反映出韦伯写作时一致的问题意识。但是从它们诞生之日起,《教派》就一直被湮没在《伦理》的光环中,而没有得到应有的重视。如果说这两篇文章是孪生姐妹的话,那么姐姐受到的关注与青睐不成比例地超过妹妹。这种"偏爱"在学术史上是极为罕见的。①

1. 韦伯的"教派-教会"二分

从论述对象来看,《教派》一文似乎主要关注的是 20 世纪初美国新教教派状况,但从宗教社会学理论的角度来看,该文所提出的"教会-教派"二分,奠定了宗教组织类型学的第一块基石。所谓的"宗教组织类型学"通常采取的是中层(meso-level)的理论路径,它既不是在宏观层面(macro-level)上研究某地区或国家的整体宗教状况(例如宗教信徒数量分布),也不是在微观层面(micro-level)上研究例如皈依动机、信仰实践和心理体验等宗教信徒的个体行为,但是它无疑是沟通宏观和微观两个层面的重要中介。一般而言,宗教组织类型学需要考察各大宗教的组织和团体,试图从中发现其创立、发展、转变的一般规律,并建构具有共通性的类型。

韦伯自己虽然没有使用"类型学"一词,但他在《教派》一文开首处就明确了该文中"教会-教派"二分的宗教组织类型学意义。他

---

① 造成这种"偏爱"的原因是多方面的,其中一个重要原因就是英语翻译的问题。帕森斯在 1930 年将《伦理》一文单独抽出《宗教社会学文选》第一卷,翻译为英语并出版。这使得英语学界产生了先入为主的理解,将《伦理》视为一个自成一体的文本。而有意思的是,在德语学界《伦理》一直被放在《宗教社会学文选》第一卷中。德语单行本的《伦理》出现在 1934 年(Mohr Siebeck 出版社),反而晚于英语的单行本。

写道：

> 翻修改写的动机在于，我所推衍出来的教派概念（相对于"教会"）的概念在这期间足以告慰地被托洛尔区所接纳并精推细敲地运用于他的大作《基督教社会思想史》(1912)，所以，概念的讨论在此可以轻松略过……①

在此，韦伯认为读者应当熟悉他早前对这对概念的论述。因为他在《文选》第一卷的第一部分（即《伦理》一文）中，曾经对他所使用的"教派"(Sekte)概念进行了描述。在论及基督教苦行精神的担纲者时，他认为最为典型的是加尔文宗，其次则是再洗礼派（包括洗礼派、门诺派，尤其是教友派）。他指出，教派不同于教会(Kirche)，前者全然是个别再生者信徒的共同体，而且单止于这些人。② 他指出，再洗礼派自己往往拒绝被称为"教派"，因此他所谓的教派是宗教研究者的一种"思维建构"。③ 韦伯还对教派进行了如下的界定：首先，教派不只是因为他们与国家并无任何关系；其次，教派也"不在于纳入为教会成员事实上是要通过教团与求道者之间的加入契约"；韦伯认为"教派"的最主

---

① 《韦伯作品集 XII·新教教派与资本主义精神》，第 191 页，脚注。此处"托洛尔区"即下文中的特洛尔奇(Ernst Troeltsch)，翻译不同而已。
② 同上书，第 135 页。
③ 韦伯将其"理想型"(Idealtypus)也称为"思维建构"。参见《社会科学认识和社会政策认识的"客观性"》，载马克斯·韦伯著，李秋零、田薇译：《社会科学方法论》，中国人民大学出版社，1999 年，第 1—49 页。该文的写作时间仅在《伦理》之前几个月，而且在该文中韦伯将教会与教派作为理想型的例子提出来（同上，第 34 页）。在此处他虽然没有直接使用"理想型"一词，但他毫无疑问直接使用了理想型的方法。

要特征在于:

> 他们当中不可以包含未再生者,以免偏离原始基督教的模范,亦即,教团只可以通过自由意志的方式,作为教派而被组织起来,并不是依机构的方式而组织成教会。①

值得注意的是,韦伯在此特别突出的是"自由意志的"(voluntaristisch),也即信徒经过自身有意识的主动选择进入某个教团,而非自然而然地接受某种默认的教会成员身份。② 可以说,韦伯在此明确了教会与教派作为宗教组织在进入(招募)机制(Rekrutierungsmechanismus)上的主要差异。

而在《教派》一文中,韦伯对"教会-教派"二分进行了更为详细的界定:

> ……人是"生来"属于教会……"教会"甚至是个恩宠机构,经营宗教救赎财产有如经营一个信托遗赠基金,加入教会(在概念上!)是义务性的,因此无所谓保证成员的品质。相反的,"教派"

---

① 《韦伯作品集Ⅻ:新教教派与资本主义精神》,第135—136页,脚注210。强调为原文所有。随后,韦伯指出,特洛尔奇在其《基督教社会思想史》中也采纳了这一概念,并且进行了更为深入的讨论。他本人在《诸世界宗教的经济伦理》导论中也对此问题有所涉及。

② 应当指出,用"自由意志"来翻译德语中的 voluntaristisch 一词容易造成误解。哲学上的"自由意志"(Freier Wille/free will)更多强调的是行动者作为主体的自主性,它的对立面是决定论(determinism)。韦伯并非在这个哲学意义上使用 voluntaristisch 一词,他所强调的是信徒的自主选择,当然自由意志是自主选择的前提。

是唯独(在概念上)符合宗教-伦理资格的人所组成的自愿性团体，当人经由宗教的验证而自发性地寻求接纳，他是基于自由意志而加入教派。①

此处，可以发现韦伯又一次强调了"自由意志"(voluntaristisch)一词，并将教派的"自愿性"与教会的"义务性"对立起来。值得注意的是，韦伯在此并没有从教义或者礼仪的角度来界定教会与教派的差异，也没有突出两者在成员数量上的多寡，而是着眼于成员的进入(招募)机制的区别。这种思路显然不是传统神学的，而是社会学的。因此可以说，韦伯通过这个二分开启了宗教组织类型学的先河。虽然韦伯在《教派》中的主要经验材料来自北美基督教，但是这种类型学划分也初步具备了运用到非基督教背景的宗教组织中的可能性。

在韦伯身后出版的《经济与社会》(Wirtschaft und Gesellschaft)第二部分中的第四章《宗教社会学》中，他在试图用"教团的宗教性"(Gemeindereligiosität)来统一"教会-教派"二分，将政治权力与教团之间的关系引入作为类型学的第二条标准。② 换言之，韦伯将教会与教派都视为"教团"(Gemeinde)：后者以具有较强卡理斯玛(Charisma)的先知为核心；如果教派经历了成功的日常化(Veralltäglichung)，教派

---

① 《韦伯作品集Ⅻ：新教教派与资本主义精神》，第196—197页。引文中"'生来'属于教会"的原文为 in die Kirche "hineingeboren"，可以翻译为生下来就进入了教会。说明韦伯特别强调了进入教会不是经过个人自愿选择的过程。参见 RS I, S. 211.
② 参见《韦伯作品集Ⅷ：宗教社会学》，康乐、简惠美译，广西师范大学出版社，2005年，第82—83页。

内的先知会被职业祭司所取代,其信仰会被法典化,进而转型为教会。① 在此,韦伯建立起了教团的连续频谱,并将教会与教派作为两种极端类型。可以说,韦伯试图逐渐从静态的宗教组织类型学向动力学过渡。可惜,由于他在 1920 年突然离世,未能最终完成这一部分,但其最初洞见都可追溯到新教教派研究中产生的"教会-教派"二分。

2. 特洛尔奇的阐释

韦伯的好友特洛尔奇(Ernst Troeltsch)在《基督教的社会学说》(*Die Soziallehren der christlichen Kirchen und Gruppen*)一书中接受并发展了韦伯的这一二分。但他将韦伯二分的重心进行转移,并加入了自己的阐释:韦伯将教会与教派的主要区别体现在宗教组织上,尤其是成员模式中,而特洛尔奇试图强调宗教行为,并在此基础上将宗教行为划分为三类,即教会(Kirche)、教派(Sekte)与神秘主义(Mystik)的行为。

按照特洛尔奇的定义,教会具有保守性,相对地更接受世俗世界,还具有普世的原则;教派是相对较小的团体,通过个人交往建立起来,成员资格较为明显,常见于俗人的基督教中。而特洛尔奇认为,神秘主义和教派之间的界线很难截然划分出来。神秘主义直接建立在个人内在的宗教体验基础之上,或者说个人直接与神存在"交通"。其

---

① 参见《韦伯作品集Ⅷ:宗教社会学》,第 78、86 页。

次,特洛尔奇还更多地强调宗教团体"适应"与"妥协"。① 在这种微妙的转变中,特洛尔奇其实一方面放弃了韦伯的理想型方法论,另一方面将韦伯的社会学问题拉回了神学-心理学的领域。在学术史上也将"教会-教派"二分称为"韦伯-特洛尔奇二分"。而特洛尔奇创造的第三个类型,即神秘主义,也为后来"膜拜团体"(cult)这一宗教组织类型奠定了基础。

在出版《教派》之后几年,在1912年的第一届德国社会学会(Deutsche Gesellschaft für Soziologie)大会上,韦伯在与滕尼斯、特洛尔奇和桑巴特的一次讨论上,补充了他的"教会"与"教派"概念。② 韦伯反对滕尼斯将教派定位于城市的看法。他再次强调了教会是一个机构(Anstalt),而教派不是;教派的成员具有救赎的使命;此外,教派是一种"看不见的教会",它会转变为"看得见的教会"。③ 在这个发言中,韦伯还有意识地提出了他与特洛尔奇差异:他认为教会与教派并

---

① 参见该书的英译本:Ernst Troeltsch, *The Social Teaching of the Christian Church*, Trans. by Oliven Wyon, Chicago and London: University of Chicago Press, 1976, 331,380 - 381,993 - 994。
② 参见 Erste Diskussionsrede zu E. Troltschs Vortrag über "Das stoisch-christliche Naturrecht," In: Weber, *Gesammelte Aufsätze zur Soziologie und Sozialpolitik*, Tübingen: Mohr Siebeck, 1988, S. 462 - 470。该文直到20世纪70年代初才有了英译本,参见 Ferdinand Toennies, Georg Simmel, Ernst Troeltsch and Max Weber, "Max Weber on Church Sect and Mysticism," *Sociological Analysis* 34/2(1973): 140 - 149。
③ 此外,在这段发言中可以明显看出,韦伯的"教会-教派"二分受到了滕尼斯对社会(Gesellschaft)与社群(Gemeinschaft)二分的影响。两者都共同关注了现代社会中的典型组织:在韦伯看来,美国式的新教教派奠定了现代社会组织的基础;而滕尼斯则认为现代社会(Gesellschaft)之所以不同于前现代的社群,乃是因为有协会式的团体。

非单纯的信仰事务;在特洛尔奇看来,国民教会(Volkskirche)是唯一具有普遍性的教会形式。但韦伯用美国新教的状况来反对这种看法。他认为,在美国成为宗教团体成员所要付出的代价比欧洲高。美国的宗教组织类型主要是教派式的,宗教在美国是一项民众(Volks)事务,而非国家事务。教派类型的组织并非普世,而是排他的,它对内给予其成员、对外给予其支持者以特权。由此可见,在20世纪初的德国第一代的社会学家中,"教会-教派"二分已经成为当时共同的问题和讨论热点。

3. 尼布尔的"宗派主义"

韦伯与特洛尔奇最初区分教会与教派时,各自强调的重点有所差异。韦伯更多地看重成员加入宗教组织是否经过自愿选择;而特洛尔奇更多地着眼于宗教组织与社会背景文化之间的关系。而且,韦伯的二分明显采用了其理解社会学中的"理想型"方法。因此可以说,韦伯的"教会-教派"二分主要旨在于构建一种宗教结社(Vergemeinschaftung)的类型,进而对现实的宗教研究具有一定的启发意义,而并不是要发展一套描述性的概念体系。韦伯与特洛尔奇之间的这些细微差异,使得后世学者的接受和阐释过程产生了不同的倾向。[①] 在20世纪的美国宗教社会学中可以尤为明显地观察到对"教会-教派"二分

[①] 最为明显的例子是 William H. Swatos Jr., "Weber or Troeltsch?: Methodology, Syndrome and the Development of Church-Sect Theory," *Journal for the Scientific Study of Religion* 15/2(1976): 129 – 44。该文的作者明确提出了"韦伯还是特洛尔奇"的问题。

的接受、再解释乃至发展的一条连续主线。

尼布尔(H. Richard Niebuhr)在1929年出版的《宗派主义的社会起源》(*The Social Sources of Denominationalism*)一书中,直接援引了韦伯与特洛尔奇的二分,是第一个接受"教会-教派"二分的美国学者。在他看来,宗派主义(denominationalism)代表了基督宗教与俗世之间的妥协,也代表了宗教对人类社会分化的适应。① 他将韦伯与特洛尔奇的理论洞见加以放大和阐释,即宗教团体的社会结构对其教义的影响是非常明显的。② 特洛尔奇对教会与教派概念进行了自己的阐释,并将宗派作为两者之间的"中间型"。体制化的教会非常重视圣事和对年轻教士的培训,而协会化的教派则侧重宗教体验,通常拒斥专业的教士——换言之这两种类型的组织对仪轨专家的倚重是不同的,前者仰赖经过专业神学和仪式训练的教士,而后者更为信赖受到启示的俗人。此外,教会是一种包容性的组织,它与国家、经济和文化利益有千丝万缕的关系。尼布尔因此认为,教会通常与一种文明的伦理是适应与和解(accommodation)的关系。反之,教派通常是少数派团体,它们经常采取分离主义和对俗世的苦行态度。因此,尼布尔认为虽然宗教团体的社会结构也是基于基督宗教的观念之上,但反过来会对其观念产生加强或者修正的效果。"教义与实践随社会结构的变化而变化,而非相反;对这种变化的意识形态解释是无效的。"③

对尼布尔而言,他所要处理的主要问题是宗教组织与社会分层的

---

① H. Richard Niebuhr, *The Social Sources of Denominationalism*, New York: Living Age Books, 1959, p. 6.
② Ibid., 17-19. 尼布尔在此直接引用了韦伯RS I中对教会与教派的界定。
③ Ibid., 21.

关系。他认为,教会、教派都是社会群体,其分化原则应当在它们与社会阶层和阶层(castes)的顺从性(conformity)中去寻找。这并不是说,宗派不是具有宗教目标的宗教团体,而毋宁说,它们都体现了宗教对社会阶层的适应。① 尼布尔还观察到,在美国的宗教生活中,大量的宗教团体与其成员的经济分层(economic stratification)具有明显的关联,这一点在经济上处于劣势群体中尤为明显。尼布尔可能也最早提出了美国宗教团体与欧陆的类型学差异。他指出,最初欧洲移民在美国倾向于采取教派的组织形式,而随着社会秩序的建立,教派又倾向于转变为教会。②

4. "二战"之后美国学界的发展

"二战"之后,美国宗教学界用了将近三十年时间来消化和吸收韦伯-特洛尔奇二分。之所以用了这么长时间,主要基于以下两个理由:首先,美国的宗教格局不同于欧洲大陆,其团体形式更为多样和复杂。教会-教派的二分不足以涵盖美国的宗教团体类型。其次,美国学者试图将韦伯的理想型构造转变为描述性概念。早在20世纪30年代初,霍华德·贝克提出了教会(church)、教派(sect)、宗派(denomination)与膜拜团体(cult)的四分,从而将韦伯的理想型转变为了对现实中宗教团体的"抽象"。而英格则在20世纪40年代,将贝克的四分发展为了六分:膜拜团体、教派、建制教派(established sect)、阶

---

① H. Richard Niebuhr, *The Social Sources of Denominationalism*, 25.
② Ibid., 145.

级教会/宗派(class church/denomination)、教会(ecclesia)与普世教会(universal church)。①

20世纪60年代初,本顿·约翰逊(Benton Johnson)首先较为明确地在美国运用"教会-教派"二分的问题:韦伯与特洛尔奇二分的经验基础是1800年以前的欧洲,他们假定当时基督宗教在欧洲大陆具有垄断地位,其教会在政治上得到保护,例如天主教、路德宗和圣公会的教会。与之相对的是那些带有抗议性质的运动,但通常是不合法的宗教团体,例如胡斯派和再洗礼派。换言之,当时欧洲的教会基本上涵盖了一个国家或地区的绝大部分人口,这在法国、英格兰和斯堪的纳维亚地区尤为明显。但在美国从来没有出现过类似欧洲大陆的教会。在此意义上,绝大部分美国的宗教团体既不是教会,即没有获得世俗政权的支持,也不是教派,即与世俗政权没有直接的冲突。约翰逊还认为,如果要将教会-教派二分运用到当代语境中,也会产生困难。例如,按照韦伯的定义,"教派"的特征是其成员的自愿,但在美国,像阿米什(Amish)教派并不符合这一定义;此外,罗马天主教、东正教、路德宗和圣公会拥有一套圣事体系,但在美国的新教教会通常也缺乏这一体系。② 鉴于上述的问题,约翰逊更为倾向于特洛尔奇的立场,即在韦伯提出的成员自愿性标准之外,引入第二条标准——宗教团体与其周围环境的关系:教会一般接受其周围环境,而教派则通常拒斥其周围环境。③ 这尤其表现在宗教的伦理规范中,教会的伦理规范与其背景

---

① H. Richard Niebuhr, *The Social Sources of Denominationalism*, 135.
② Benton Johnson, "On Church and Sect," *American Sociological Review* 28/4 (1963): 540-541.
③ Ibid., 542.

社会差异不大,而教派的伦理规范则与其背景社会环境存在较大的张力。

到了20世纪70年代,新一代学者在新兴宗教运动的背景中重新提出了"定义"宗教的问题。哥劳克(Charles Y. Glock)顺着韦伯、特洛尔奇和尼布尔的理论轨迹,将剥夺理论(deprivation theory)和战后美国的宗教状况联系起来,提出了他自己的类型学建构和宗教组织的动力学。他区分了经济、社会、组织伦理和心理五种不同的剥夺类型,并认为宗教组织与剥夺类型相匹配。在此基础上,哥劳克相应地建立了五分的宗教组织类型:教派(sect)、教会(church)、救赎运动(healing movement)、改革运动(reform movement)和膜拜团体(cult)。①

到了20世纪70年代末,以斯达克和班布里奇为代表的宗教社会学家提出,必须要放弃韦伯理想型的做法,以宗教组织动力学立场来重新界定教会、教派和膜拜团体(cult)三者。② 毫无疑问,这些类型学的讨论为20世纪80年代之后"理性选择"(rational choice)理论和宗教市场论的兴起奠定了基础。

---

① Charles Y. Glock, "On the Origin and Evolution of Religious Groups," In *Religion in Sociological Perspective: Essays in the Empirical Study of Religion*, edited by Charles Y. Glock, Belmont, California: Wadsworth Publishing Company, 1973, pp. 210 – 220.

② Rodney Stark and William Sims Bainbridge, "Of Churches, Sects and Cults: Preliminary Concepts for a Theory of Religious Movements," *Journal for the Scientific Study of Religion* 18/2(1979): 117 – 131.

5. 小结

本章对韦伯北美新教教派研究的关注主要集中于宗教的组织类型学方面,但应当说该研究的意义远不止于此。它还涉及宗教世俗化、现代社团形式、经济分层与宗教关系等一些重要问题,限于篇幅本文无法展开论述。单就"教会-教派"二分的历史脉络梳理而言,本文也绝非在简单地进行学术上的"祖先崇拜",而是试图勾勒出宗教组织类型学建构的基本问题域,揭示其对宗教学的当代意义。为此,我们有必要从《伦理》的光晕中走出来,以平和的心态和扎实的学术考察来重新审视韦伯的北美新教教派研究,给予它恰当的学术地位。

"教会-教派"二分从 20 世纪初由韦伯和特洛尔奇创立开始,虽然历经一个世纪的接受、阐释和发展历程,但其基本原则并未超出韦伯的最初洞见。可以说,这恰恰体现出韦伯的北美新教教派研究在宗教组织类型学上的奠基性价值。对于中国的宗教研究而言,这一理论脉络具有很高的借鉴意义。当代中国宗教学大多脱胎于传统的文史哲研究。其优势在于重视经典和文本,但由于缺乏社会科学与社会理论的必要支撑而具有明显的盲点:单从宗教传统和经典来对中国宗教进行分类和描述,大致无法超出"三教"(儒释道)和"五教"(天基佛道伊)的框架。但很大程度上,单个宗教在历史和现实中仅仅是"想象的共同体"或者自上而下的权力建构。由于缺乏本土的宗教组织类型学,我们很难在具体社会背景中对不同宗教团体的人员吸纳、组织发展演变模式做出理论上的探索。我们所熟知的那些宗教学术语也时常出现"能指"和"所指"的剥离。某些来源于西方的宗教描述性概念,在中国语境中的意涵出现了不对称乃至倒错的现象。因此笔者认为,如果要建立具有中国特色的宗教学理论体系,基于本土的宗教现实和特色,来建构宗教组织类型学与动力学,将是无法回避的当务之急。在此意义上,韦伯的新教教派研究始终具有重要的理论价值,如能结合本土的问题意识,将焕发历久弥新的理论潜力。

十五

韦伯命题及其批评

1. 批评与反批评

韦伯的《新教伦理与资本主义精神》从诞生之日起，就从不缺乏批评和反驳。但是很长一段时间内，韦伯在 1907 到 1910 年之间写的回应没有被翻译为英语。① 而在韦伯在世时，《新教伦理》并没有受到有质量的反驳。

对韦伯的第一个质疑来自苏黎世大学心理学专业的一位年轻学生卡尔·费舍尔（H. Karl Fischer）。韦伯对他的质疑进行了两次回应。在第一次回应中，他重述了自己文章中的一些基本观点，例如路德的翻译赋予了天职的含义。韦伯认为，具有方法的行为之精神，来源于新教形式的苦行，而这种精神与经济形式处在恰当的关系当中。

---

① 直到 2001 年，Austin Harrington 和 Mary Shields 才将这段时间的批评和反批评翻译为英语（David J. Chalcraft and Austin Harrington, *The Protestant Ethic Debate: Max Weber's Replies to His Critics, 1907-1910*, Translated by Austin Harrington and Mary Shields, Liverpool: Liverpool University Press, eds. 2001）。2002 年 Peter Baehr 和 Gordon C. Wells 翻译了第二个版本。参见 Hartmut Lehmann, "Friends and Foes: The Formation and Consolidation of the Protestant Ethic Thesis," In *The Protestant Ethic Turns 100: Essays on the Centenary of the Weber Thesis*, p. 60.

当然韦伯也提出,这种关系处在极其复杂的因果关系当中。此外,韦伯还引入了一些俄国教派的例子,认为他们的处事方式和新教教派颇为相似。这与1905到1906年的俄国革命有关。韦伯第一个回应中的新意在于,第一,他提出,心理学概念要帮助其说明具体历史的现象及其原因,仅仅给出"事实"是无济于事的。第二,他认为需要更多的补充研究。此时,保罗·齐贝克想让韦伯将他的论文扩充成为一本专著。这个时候,韦伯也开始以复数指称新教伦理的论文,因为他已经在《基督教世界》(*Die Christliche Welt*)上发表了《北美的教会与教派》一文,该文1906年在《法兰克福报》上已经发表过。该文即后来的《新教教派与资本主义精神》。① 韦伯在对费舍尔的第二次回应中提出,他提出的是一个"**命题**",并说计划进一步的研究。不过,韦伯认为费舍尔"缺乏专业知识",认为他无力处理这一论题。韦伯指出,不同苦行教派的宗教特征是很不一样的,他们的宗教动机也是不同的,在不同的环境中可能表现有差异,但绝不能认为他们就没有影响了。韦伯在第二次回应中,加入了一些新的例子,例如新英格兰、德国的流散者、法国南部、荷兰和英格兰,还有苏格兰-爱尔兰人等。② 可见,韦伯在面对费舍尔的时候采取了双重策略:首先,承认他要讨论的问题并没有全部在其论文中涉及;其次,他本人才是专家,可以认为自己的论文并

---

① Hartmut Lehmann, "Friends and Foes: The Formation and Consolidation of the Protestant Ethic Thesis," In *The Protestant Ethic Turns 100: Essays on the Centenary of the Weber Thesis*, 60 - 61.
② Ibid., 61 - 63.

无错误。①

对韦伯的第二位质疑者是基尔大学历史系教授**菲列克斯·拉赫法**(Felix Rachfal)。他主要使用的例子是荷兰历史。韦伯回应的方式和对费舍尔的有所不同。首先，韦伯提出自己的论证尚不完整，需要去完成。而拉赫法的做法可能是在向历史唯物主义投降。其次，韦伯认为拉赫法没有完整地理解他的论文，充满了误解。所以韦伯不想重复自己的观点，而是要拒斥拉赫法的误解。第三，韦伯认为自己更有资格来谈论美国的情况，以及胡格诺派、英格兰的清教徒与荷兰的资本主义。第四，韦伯尝试进一步阐明其方法，例如入世苦行、天职等概念。而他认为拉赫法使用了一些未经定义的概念，也充满了偏见和价值判断。②

在韦伯的第一次回应后，拉赫法写了一篇长文，对韦伯的每一点都提出了反驳。韦伯也做出了最后的回应，这次回应差不多是原文长度的一半。韦伯认为拉赫法没有把握事实，他是无知的，不是一个专家。韦伯还指出，自己在文中已经批评了拉赫法所批评的地方。韦伯差不多认为拉赫法的批评一无是处。③ 韦伯在第二次回应中提出了未来研究的细节：例如，比较苦行新教在各个国家中的差异。最为紧要的问题是，需要比较加尔文宗、洗礼派和虔敬派之间生活方式的差异，以及中世纪和早期基督教中的类似发展。韦伯还提出了资本主义发

---

① 参见 Hartmut Lehmann, "Friends and Foes: The Formation and Consolidation of the Protestant Ethic Thesis," In *The Protestant Ethic Turns 100: Essays on the Centenary of the Weber Thesis*, 65.
② Ibid., 65-66.
③ Ibid., 68-69.

展的三个阶段：中世纪晚期的资本主义极为不稳定，而资本主义的发展和技术的机械化对今日的资本主义至关重要。在中间阶段，出现了合理化和反传统主义的精神，一种全新的人出现了。在最终阶段，现代科学的发展创造出了现代生活方式对经济的实际意义。①

可见，韦伯对拉赫法的回应方式截然不同于对费舍尔的。但是韦伯始终没有受到有质量的批评。不过，通过回应、批评与反批评，韦伯最终巩固了自己在《新教伦理》中的观点，但他也认识到需要进一步研究。可以说，韦伯找到了自己未来学术研究的一个方向，即诸世界宗教的经济伦理。②

从 1911 到 1916 年，两位韦伯的朋友和专业学者桑巴特和布伦塔诺，用他们的著作对韦伯提出了批评和质疑。**桑巴特**在 1911 年和 1913 年分别出版了《犹太人与经济生活》(*Die Juden und das Wirtschaftsleben*, Leipzig: Duncker, 1911. 英译本翻译为 *The Jews and Modern Capitalism*)和《布尔乔亚》(*Der Bourgeois*, München und Leipzig: Duncker & Humblot, 1913. 英译本作《资本主义的精华》，*The Quintessence of Capitalism*)。之后桑巴特还出版了《奢侈与资本主义》(*Luxus und Kapitalismus*, München: Duncker & Humblot)。

在《布尔乔亚》一书的第九章中，桑巴特针对韦伯的观点提出：

> 清教一直是资本主义的对立物，尤其是资本主义经济观的对

---

① Hartmut Lehmann, "Friends and Foes: The Formation and Consolidation of the Protestant Ethic Thesis," In *The Protestant Ethic Turns 100: Essays on the Centenary of the Weber Thesis*, 72-73.

② Ibid., 74-75.

立物。……资本主义是某种世俗的东西,某种为此世的生命而存在的东西……但正是由于该原因,资本主义将受到所有认为现世生活只是来世生活准备阶段的人的憎恶和谴责。①

桑巴特拒绝接受韦伯在《新教伦理与资本主义精神》中对清教的分析,认为清教与资本主义无缘。而在《犹太人与经济生活》中,他承认韦伯的新教伦理研究是该书的"原动力",但是他将资本主义的崛起归功于犹太人。在资本主义产生的过程中,犹太教最早发挥了作用,而且在16世纪就形成了资本主义精神。而资本主义的契约精神则是来源于上帝与摩西立约。

桑巴特在该书中的核心论证和韦伯非常相似。他试图指出,以犹太人的经文为根基,犹太教建立了一套入世的生活伦理,推动了经济合理主义:

>……生活方式的合理化使犹太人习惯了一种与自然相对立(或相互支持)的生活模式,因此也习惯了同样与自然相对立(或相互支持)的、类似于资本主义的那种经济体制。②

因而桑巴特认为,清教并不是资本主义的伦理根基,恰恰相反,是资本

---

① 转引自桑巴特:《奢侈与资本主义》,上海人民出版社,2000年,第235页。菲利普·西格曼:《奢侈与资本主义》英译本导言,译文有修改。
② 桑巴特:《犹太人与现代资本主义》,安佳译,上海人民出版社,2015年,第219页。该中文本从英文本翻译,因而继承了英文本译名。

主义推动了清教教义的形成。桑巴特甚至提出,清教就是犹太教①。或者说,清教教义是从犹太教演绎而来的。②

需要指出的是,桑巴特和韦伯虽然对资本主义起源的问题得出了截然不同的回答,但是两人的思路是高度相似的:他们都反对唯物决定论的立场,认为宗教在经济制度背后发挥着作用。③ 桑巴特甚至将犹太教作为清教的功能等价物。④ 不过,韦伯后来走上了跨文明比较的道路,而桑巴特则没有。

布伦塔诺的批评要比桑巴特更为激烈。他认为宗教对现代资本主义的诞生几乎没有起到作用,相反真正有价值的是贸易、借贷和战争。他还特别提出了十字军东征(尤其是第四次十字军东征)的经济意义。异教(此处指伊斯兰教)商业模式进入欧洲对打破传统主义有至关重要的意义。这是韦伯完全没有关注的问题。⑤

2. 何谓"韦伯命题"?

> 韦伯的新教文化意义的研究,在他所有作品中受到了最广泛、最长久和最好的学术对待。……韦伯的论文面对着的是一个

---

① 桑巴特:《犹太人与现代资本主义》,第 229 页。
② 同上书,第 230 页。甚至在全书结尾处,桑巴特得出了一个近乎种族主义的结论,即犹太人的特质并不来自后天教育,而是"与生俱来"的东西。同上,第 297 页。
③ 桑巴特:《奢侈与资本主义》,第 239 页。
④ 同上书,第 237 页。
⑤ Wolfgang Schluchter, *Die Entzauberung der Welt*, Tübingen: Mohr Siebeck, 2009, S. 57.

有准备的有接纳力的"土壤"。

——桑巴特:《犹太人与现代资本主义》①

韦伯在《新教伦理与资本主义精神》以及《诸世界宗教的经济伦理》中提出的基本问题后来被学界称为"韦伯命题"(weber thesis)。作为一个命题,其真值可以为真,也可以为假,具有可错性。更加重要的是,任何命题都是对问题的回答。从韦伯发表新教伦理的研究开始,围绕这一命题的讨论就开始了,一直没有中断过。而且越来越多的学科和研究方式开始参与其中,提出独到的见解。我们不必迷信韦伯,盲目地认为其结论是一劳永逸的,而要在批判的基础上,延伸和发展回答这一问题的新途径。但首先我们需要用简练的文字来定义和分析一下何谓"韦伯命题"。

首先,从提问的方式来看,韦伯命题可以分为正反两种提法:

-正问:为何在近代西方出现了合理化的资本主义?(问题 A)

这一正向或者说肯定的提法主要集中体现在《新教伦理与资本主义精神》中。要回答这个问题必须要清楚地定义其中的几个核心概念和限定条件:例如"近代""合理化"和"资本主义"。这在上文中均有涉及,这里不再赘述。

-反问:为何在世界其他地方没有出现这样的资本主义?(问题 B)

这一反向或者说否定的提法主要集中体现在《诸世界宗教的经济伦理》中。同样,对这一问题的回答,不得偷换和修改在正题中的核心概念以及限定条件,否则回答就没有意义了。从正问到反问,有以下

---

① 迪尔克·克斯勒:《马克斯·韦伯的生平、著述及影响》,第 249 页。

变化:韦伯在提出正问的时候,其眼光基本局限在西方基督宗教文明中,其关注时段也基本上是宗教改革之后的几个世纪(16—19世纪);基本不涉及世界其他文明或者长时段的历史。但是,要回答反向的提问,就不得不突破这些局限,要讨论世界其他文明(如中国的儒教和道教、印度教、犹太教和伊斯兰教等),而且要将考察的时段拉长。但是需要特别澄清的是,这样一种视域的扩大,容易造成一种误解,即其他文明必然会走上和西方一样的现代化道路。这是一种典型的"**目的论预设**"(teleological assumption)。韦伯的写作中没有这种目的论预设,他并不认为其他民族、国家和地区必然会走上西方式的现代化道路。因为韦伯始终坚持在人类社会中,不存在类似自然科学中那样的法则(Gesetz/law),而仅有一些规律(Regelmässigkeit/regularity)。这意味着人可以运用其能动性来影响历史的进程。① 这一前提才使得韦伯问题有意义。这样才需要讨论,那么究竟西方具备了哪些特殊的内外条件,才使得它走上了这条道路;反过来,非西方的文明,究竟因为缺乏了哪些内外条件而无法走上这条道路。我们需要严格地区分"可欲求性"(desirability)和"目的"(telos)——一件事必然实现,不等于希望其实现;反之亦然。

其次,从问题的关涉性来看,韦伯命题可以分为历史和现实两个提法。

-历史问题:宗教改革之后的新教(16—18世纪)是否推动了经济发展?(问题C)

这一问题涉及韦伯在《新教伦理与资本主义精神》中的具体回答。

---

① 参见韦伯:《批判施塔姆勒》,李荣山译、李康校,上海人民出版社,2011年。

韦伯对此问题的回答是肯定的。不过这一回答是可讨论、可反驳和可修正的。

-**现实问题：当代的宗教(不止新教)还能推动经济发展吗？(问题 D)**

其实,更多的读者并不在意新教苦行教派对西方近代资本主义的推动作用,而关心当时当下本国、本民族的现实问题。于是就可以问,除了新教苦行教派之外,世界其他宗教是否可以形成一种类似的"伦理"或生活方式,进而推动合理资本主义的诞生？韦伯在《诸世界宗教的经济伦理》中对这一问题的回答基本是否定的——认为在儒教、印度教和犹太教中,虽然存在不同的合理化程度,但都还有其他一些因素会妨碍甚至反对合理主义的发展。不过,这一设问本身就以否定历史单路径为前提。换言之,可能存在一种不同于新教的宗教传统,它会产生和新教类似的功能——一种"功能等价物"。这一点对于非基督宗教的后进现代化国家和地区来说至关重要。这两个提法都涉及基本的(历史)事实判断,而不涉及价值判断。①

再次,从问题涉及的宗教传统来看,也有狭义和广义两种比较。

-**狭义比较：天主教 vs 新教(问题 E)**

狭义的比较主要以 16 世纪欧洲宗教改革为分水岭,比较天主教和新教。但也涉及新教内部不同教派的比较。在《新教伦理与资本主义精神》中,可以明显看出,韦伯对路德宗和加尔文宗的不同评价——前者更接近于经济上的传统主义,后者则是反对传统主义的先锋。对

---

① 到 20 世纪 60 年代,美国的天主教神学家曾经回顾了"二战"后韦伯命题在美国社会中受到的检验。Andrew Greeley, "The Protestant Ethic: Time for a Moratorium," *Sociological Analysis* 25(1): 20-33,1964.

韦伯来说,不同宗教和教派的比较内容主要并非其神学思想和仪式,而是其伦理,或者说生活方式(Lebensführung)。

—广义比较:基督宗教 vs 其他世界宗教(问题 F)

当超出西方,必然会涉及不少其他世界宗教。那么就可以问,基督宗教会比其他宗教更容易推动经济发展吗?在其他世界宗教中能够发展出类似清教式的职业伦理(Berufsethik)吗?我们是否可以想象一种佛教、伊斯兰教或儒教的职业伦理?

在大致界定了韦伯问题的内核之后,以下来逐个考察不同学科对韦伯问题的回应和评价。

3. 历史学的讨论

早在 20 世纪 20 年代,英国历史学家托尼就对韦伯问题进行了直接回应,写就了《宗教与资本主义的兴起》(Richard Tawney, *Religion and the Rise of Capitalism*, 1926)一书[①]。托尼主要受到的是历史学的训练,他从大量史料中得出了与韦伯略有差异的结论。他认为,早期新教教派更具有宗派性、共同性和集体性,根本不具备韦伯赋予它们的个人主义特性。韦伯在新教伦理研究中强调的那种个人主义倾向,一直要到三代人之后才发展出来(16—17 世纪)。换言之,托尼和韦伯的观点的主要差别是在时间点上,托尼推迟了韦伯所论断的那种现象的出现。由于托尼是一个道德至上的怀旧主义者,因此他较少关

[①] 中译本参见 R. H. 托尼:《宗教与资本主义的兴起》,赵月瑟、夏镇平译,上海译文出版社,2006 年。

注个人动机,而更多关心社会伦理问题。

到了20世纪30年代,一位意大利学者帕尔马大学教授范法尼写就了《天主教、新教和资本主义》(Amintore Fanfani, *Catholicism, Protestantism and Capitalism*, London: Sheed & Ward, 1935)[1]来回应韦伯。他的着眼点主要是比较天主教和新教。范法尼提出,基督徒之天职不是为了积累财富,而是为了抵御贪婪。因此,只有当信仰衰落才会导致盈利精神的崛起。因而,西欧经济的发展和加尔文派之间仅仅存在偶然关联。范法尼认为,天主教也能孕育出资本主义。

上述两位学者在回顾韦伯命题时,均未脱离欧洲的语境,也都着眼于基督宗教的内部比较。

4. 多元现代性的讨论

"多元现代性"(multiple modernities)的提出,是对原本欧洲中心的单一现代性的反思和挑战。这一视角的代表人物是艾森施塔特(S. N. Eisenstadt)。

原本单一现代性的出发点是欧洲的"早期现代性"(Early modernity),指从16—18世纪这一时段,在该时段中区域性国家成为资源动员的主要载体,并以此来建构集体认同。在政治上,由同胞组成的民族国家或者由公民组成的宪政共和国,逐渐出现并取代了原有的

---

[1] 该书第一版出版于1934年,原标题是 *Cattolicesimo e Protestantesimo nella Formazione Storica del Capitalismo*。另参见 Winthrop S. Hudson, "The Weber Thesis Reexamined," *Church History*, No. 57: 56-67, 1988。

政治秩序。在体制上,原有的帝国或者城邦国家,首先被民族君主制,随后又被民族国家和宪政共和国取代。①

但是多元现代性必须要超出欧洲的范围来思考如下三个问题:在其他文明中,是否也有类似的发展? 如果有的话,发生在什么时候? 如果发生在同一时段,主要是因为外来的,还是本土的原因? 最后,"早期现代性"这个词是否只能用于特定的文明(欧洲),还是还可以广泛使用(在欧洲之外的文明)?②

艾森施塔特提出,现代化或者现代性的理论主要出现于20世纪50—60年代,而且基于一个"**趋同的假设**"——认为现代化将消灭一切文化、制度、结构和心智上的差异,从而导致一种齐一的现代世界。目前各文明之间虽然还存在一些细微的差别,但从长远来看,还是最终会消失的。但是今天这一假设受到了质疑。③ 毫无疑问,现代性已经扩展到了欧洲之外,而且在全球范围内,已经出现了几个现代文明,它们呈现出多中心和异质化的特征,而且它们彼此之间的互动从不是稳定的。④ 出现在欧洲的"原初"现代性包含了几个要素,例如分化、城市化、工业化和通讯,此外还以民族国家和资本主义经济为标志。但是艾森施塔特提出,即便是在欧洲文明内部,也存在巨大的差异。⑤

因此,艾森施塔特提出,多元现代化不能被简单地理解为非欧洲

---

① Shmuel N. Eisenstadt and Wolfgang Schluchter, "Introduction: Paths to Early Modernities: A Comparative View," *Daedalus* 3: 1,1998.
② Ibid., 1 – 2.
③ Ibid., 2.
④ Ibid., 3.
⑤ Ibid., 3.

文明对欧洲文明的反对,而是一种互动的结果。要反对两种简化的看法:现代化不是原本的文化基因简单展开,也不是简单地被一种新国际局势所替代。他认为,社会的文化基因在与其他文化的基因发生持续互动,并一直在受到后者的挑战。①

多元现代化反对欧洲中心主义的视角,但也同时反对东方主义(Orientalism)。无法回避的核心问题是每个文明发展出现代性的内在动力问题:如果存在多元现代化的话,在多大程度上,它们受到了各自社会的历史经验的影响?艾森施塔特还将对现代性的问题追溯到韦伯那里。不过他认为,以往对韦伯存在大量的误读:尤其是将韦伯视为一个欧洲中心论者,只看到欧洲(在16世纪后)的优势,而忽视了韦伯在其后期研究中的另一重重要的考虑,即不同文明发展的内在动力。② 无论如何韦伯在分析欧洲文明过程中提出的概念工具和理论,对其他文明的现代化历程分析也是十分有益的。例如韦伯对价值合理性与目标合理性的区分,还有其将现代性归结为"祛魅"以及相伴随的科层化与日常化。③

多元现代化提出了十分有益的问题:首先,现代化不仅仅是一种剧烈的断裂,而是多重文化的持续建构和重建。④ 换言之,现代性不是固定不变的,而是不断变化的。其次,现代化不等于西方化,反过来说,欧洲的现代化仅仅是多种"本真"现代化中的一种,它可以为其他

---

① Shmuel N. Eisenstadt and Wolfgang Schluchter, "Introduction: Paths to Early Modernities: A Comparative View," *Daedalus* 3: 1,5.
② Ibid., 6 – 7.
③ Shmuel N. Eisenstadt, "Multiple Modernities," *Daedalus* 1: 8,2000.
④ Ibid., 2.

文明的现代化提供一个参考点。① 因而要将民族-国家和"社会"作为社会学分析的普通单位。最后艾森施塔特认为,全球化既不是"历史的终结",也不意味着"后现代"。全球化的趋势意味着各个文明用自己的传统和语言,来重新定义和评估现代性。② 多元现代性提出一个悬而未决的难题,现代化之所以是多元的,究竟是路径差异,还是目标差异?

5. 心理学的检验

"二战"之后,不少学者尝试使用全新的研究方法,在当代语境中来检验韦伯命题。其中第一波以心理学的定量研究为主。美国的心理学家[Phillip E. Hammond and Kirk R. Williams, "The Protestant Ethic Thesis: A Social-Psychological Assessment," *Social Forces* 54 (3): 579-589, 1976]将韦伯提出的设问运用到当代美国去,用问卷法来分别测量"入世"(inner-worldliness)和"苦行"这两个指标。他们采用的样本是182名参与社会学导论课程的学生,将归正宗教会、长老会和摩门教中17到80岁的成年人,分为若干个群体进行问卷测试。他们发现,入世苦行对第一代理性资本主义者的作用是显著的,但是之后就不再明显。所以他们认为,韦伯大致是对的。但是要对韦伯的回答加一个限定,即仅仅针对宗教改革后的几代人,而对当代的影响不大。但是由于受访者以白人为主,因此无法区分出种族和宗教的独

---

① Shmuel N. Eisenstadt, "Multiple Modernities," *Daedalus* 1: 8, 2-3.
② Ibid., 23-24.

立作用。

另外两位心理学家[Adrian Furnham and Eva Koritsas, "The Protestant Work Ethic and Vocational Preference," *Journal of Organizational Behavior* 11(1): 43 – 55, 1990]尝试以心理测量的方法来检验"职业伦理"。他们采用了 Holland(1973)六种职业偏好量表(现实、调查、艺术、社会、企业和传统型),来对 108 个志愿者进行检验。其中一位心理学家此前发展了一套"新教职业伦理测量"(Furnham, 1988)。该研究显示:新教职业伦理和现实、艺术、企业和传统呈正相关;和社会、调查类型无相关。不过,这一研究也有先天不足,它的样本量小,而且大部分志愿者都是学生。

6. 新论证:人力资本理论

思想史和宗教论证似乎已经穷尽了其说服力,对韦伯命题的讨论的第二波浪潮主要来自经济学。而到目前为止,最具与说服力的是"**人力资本理论**"。贝克和沃斯曼的一项研究[Sascha O. Becker and Ludger Woessmann, "Was Weber Wrong? A Human Capital Theory of Protestant Economic History," *The Quarterly Journal of Economics*, Vol. 124, No. 2 (May, 2009), pp. 531 – 596]搜集了 19 世纪末普鲁士 452 个县的详细数据。他们比较了当时人们的收入税,发现 225 个新教为主的县人均收入比 102 个天主教为主的县高出 9.1%。这一研究并非简单重复韦伯的新教伦理论证——苦行伦理-天职观念-生活方式,而是着眼于宗教改革对人力资本的意外推动。宗教改革的开创者路德提出"唯独圣经"(Sola Scriptura/Scripture alone)的原则,号召所有人阅读圣经,鼓励推广基础教育,因而在很短时间内迅速提高了新教地区的识字率。而文化程度的提高提升了人力资本,进而推动了资本主义经济。这一点在新教的策源地普鲁士尤为明显。在1500年左右,德国人的识字率仅为1%左右。而到19世纪末,普鲁士的识字率达到了87.5%!换言之,是人力资本的提高对经济发展做出了贡献。路德的主张甚至到了今天依然有经济上的长远影响:当代德国的数据显示,新教徒收入比天主教高出5.4%,教育年限平均多0.8年。

该研究是首次在亚国家层面上对韦伯命题进行经济分析,其结论的意义在于揭示了:宗教归属之所以造成经济结果,并不是如韦伯所说因为工作伦理;新教伦理主要促进了人力资本积累;工作伦理造成的差异是有限的,主要原因是教育。换言之,资本主义的起飞是宗教改革的意外后果。其内在的逻辑是教育提升了经济。韦伯的观察是准确的,但理论解释找错了方向。不过该研究的作者认为,这一发现和韦伯的职业伦理论证并不矛盾。

7. 发展经济学的质疑

还有研究[Jacques Delacroix and François Nielsen, "The Beloved Myth: Protestantism and the Rise of Industrial Capitalism in Nineteenth Century Europe," *Social Forces*, Vol. 80, No. 2 (Dec., 2001), pp. 509-553]试图挑战对韦伯新教伦理的"一般解释"。该研究检验了17世纪之后欧洲国家的若干个指标——包括人均财富、人均银行存款、建立股市的年份、铁路发展、劳动力在第一、二、三产业的分布、婴儿死亡率等,获得了如下新发现:到19世纪末,新教国家并不

比天主教更富有；新教的人均银行存款较多；劳动力的产业分布、婴儿死亡率都不支持一般解释。基于这些发现，该研究的作者认为"新教伦理"只是一个学术神话。不过我们也要看到这一研究的局限：它以国家为单位，而不是以地区为单位，掩盖了国家内部的地区差异。而这一点恰恰是韦伯最初提出新教伦理问题的出发点。

8. 微观和计量经济学的考察

有学者以微观经济学的视角重新考察了韦伯命题［Tiago V. Cavalcanti, Stephen L. Parente and Rui Zhao. n. d. , "Religion in Macroeconomics: A Quantitative Analysis of Weber's Thesis," *Economic Theory* 32(1): 105–123］，提出了一个动态发展与增长的均衡模型——该模型主要依据微观经济学中马尔萨斯和索罗模型，引入了资本、人力、土地等变量。该研究发现：天主教和新教的确造成了资本积累的差异，但是这种差异仅仅持续了35到70年的时间，也即在工业化的开始阶段，之后差异逐渐消失。该研究认为，天主教和新教对此世成就的态度差异，可以解释为何北欧比南欧发展得更早，但是无法解释为何欧洲比拉美发展得早；宗教主要是通过储蓄和时间投入来影响经济发展的。不过，此文作者也承认，他们只检验了天主教和新教的差异，但是还有一些因素未加检验：例如农业将教会土地转入私人手中，宗教改革对英国阶级结构的影响，天主教对借贷的负面态度等。

另一篇计量经济学的论文［Davide Cantoni, "The Economic Effects of the Protestant Reformation: Testing the Weber Hypothesis in the German Lands," *Journal of the European Economic Association*, Vol. 13, N. 4（August 2015）：pp. 561 – 598］搜集了更多的数据，研究了从 1300—1900 年神圣罗马帝国境内的 272 个城市。该研究将城市大小作为前工业时代经济发展的指标，发现原本经济增长潜力低的城市，或者处在帝国经济边缘的城市，更倾向于接受宗教改革。不过，新教和天主教之间并没有出现长时段经济表现方面的差异；此外，加尔文宗和天主教、路德宗之间也没有实质性的差异。而且城市居民都倾向于读书识字，或者让自己的子女读书，在教育方面宗教造成的差异并不大。不过若将城市人口数量作为指标，在跨文化比较上的意义不大，中东和亚洲其他不少城市人口在工业革命之前就达到了 50 万到百万级别。

9. 问题永存：双重嵌套结构

从上述的学术回顾可以看出，每种研究方法都会伴随着几个鲜明的特征：

以问卷和心理学量表结合的方法，受到其抽样方式的局限，只能考察研究当代宗教信徒及其职业选择、经济行为之间的关系。因此心理学的强项在于处理上文中的问题 D——当代的宗教（不止新教）还能推动经济发展吗？同时我们也看到，研究者的视域受到其抽样框的局限，大多集中在西方基督宗教为主的地区，因此只能进行狭义的比较（问题 E：天主教 vs 新教），而少有研究能够拓展到广义的比较（问题 F：基督宗教 vs 其他世界宗教）。

以计量经济学为代表的定量研究，整体来看越来越倾向于否定韦伯在《新教伦理与资本主义精神》中的原初结论。除去人们对这种计量方法本身的质疑之外,这一研究径路在处理韦伯问题的时候也表现出明显的局限来。这种局限需要和传统历史学的方法以及韦伯的理解社会学方法进行比较,才能更加明显地体现出来。历史的方法需要通过史料不仅重构历史事件和进程,如有可能也需要重构经历该事件和进程的当事人的心理、感受和动机。韦伯的理解社会学更加突出社会中的行动者对其所处环境、外部条件、预期和判断、价值和意义之"理解"(Verstehen)。可以说,历史的方法和理解社会学都同样重视历史之主观和客观两个方面,即便两者都深刻认识到,在人类历史与社会中存在大量"事与愿违"的现象——主观理解与客观后果的背反,主客观方面都值得考察。按照社会科学哲学的视角,我们需要结合行动者(agent)与观察者(observer)的视角。与此相反,定量方法将自己视为绝对的"置身事外"和"置身事后"的观察者,而试图避免行动者视角。同时,它也会基于以往的归纳来做出"预测"。但这种预测本身就包含了其方法论内部的矛盾,即一个经验主义的经典问题,必须假定有限归纳和新的预测语境、过去和未来之间的双重连续性。

可以说,定量的经济学对韦伯问题的处理,其优势在于处理"问题C"——宗教改革之后的新教(16—18世纪)是否推动了经济发展?而且即便计量经济学否定了新教对资本主义经济的推动作用,但依然没有直接(或者无力直接)回答"问题 A"(为何在近代西方出现了合理化的资本主义?)和"问题 B"(为何在世界其他地方没有出现这样的资本主义?)。本文作者认为这两个问题才是韦伯命题的核心发问。即便韦伯的回答可以加以讨论和商榷,但这两个问题才是后代学者以及读者反复阅读《新教伦理与资本主义精神》的原初动力。为了分析这种动力,我们必须引入一个"双重嵌套结构"。

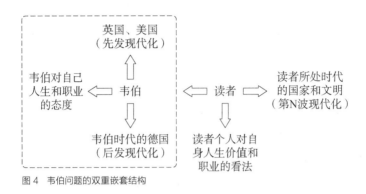

图 4 韦伯问题的双重嵌套结构

第一重嵌套:韦伯作为一个学者和德国公民身处 19 世纪。他对新教伦理的研究并非出于单纯的学术旨趣,或者说任何一种学术旨趣背后都包含了一个时代的困惑。这种困惑的核心就是"问题 A"。韦伯的祖国作为一个后发现代化国家,在合理资本主义乃至整个合理主义方面是发育不足的,面临着诸多难题。当时德国能够看到的是以英美为代表的先发现代化国家。对现代化目标的欲求和对先发现代化路径的拒斥,成为当时德国的一种"情结"甚至是文化症状。因此,韦伯在写作新教伦理时,时刻会惦念这对关系。其次,韦伯作为一个活生生的个人,他在考察宗教改革时期的苦行教派的伦理问题时,必然会考虑到自己的人生和职业态度——"天职"概念成为这对关系的枢纽。后一对相对个人的关系和前一对涉及民族和国家的宏大关系,在韦伯那里实现了统一。韦伯恰是从微观立场出发,开启了加尔文宗对路德宗的批评,也道出了德国面对英美的矛盾心态。不仅如此,韦伯也道出了合理主义发展到 20 世纪初的极致状态——断根资本主义和机械文明的合体。他对此充满了忧虑，但无力给出解决方案。这也是后发现代化国家的困境：在所欲求的目标尚未达到的情况下，已经看到它暴露出来的诸多问题。于是更加重了实现路径和目标之间的纠葛。

第二重嵌套：当任何一个读者来阅读韦伯写作的《新教伦理与资本主义精神》时，也可能会展开韦伯面对的两个问题——个人和国族。尤其是当这个读者并非生活在先发现代化国家，如果他处在一个第 N 波现代化（要比当时的德国还要后发）的国家时，他和韦伯立刻会产生共鸣。他既要反思德国在 20 世纪遇到的问题，也要思考本国家和民族在当下面对的难题。此外，如果这个读者不是成长于加尔文宗的文化背景的话，他也立刻会不自觉比较加尔文宗所倡导的职业伦理、相应的一整套生活方式和他本人原生文化教导他的那种职业伦理和生活方式。

也正是基于上述的论证，问题 A 和 B 才是韦伯留给我们的、无法被反驳的思想遗产。韦伯的回答可以被否定，但是其发问永存。

本章中提出的"双重嵌套结构"和韦伯理解社会中的"价值关联"（Wertbeziehung/value relevance）概念紧密相关。和"价值关联"相对的是"价值（判断）无涉"，后者是更加广为人知的一个概念。（参见韦伯和理解社会学要点）以往学界过于强调韦伯思想中的价值无涉原则，而忽视了价值关联。有学者指出，价值关联是一种建构性（constructive）原则，而价值无涉是一种调节性（regulatory）原则。本书认为，价值无涉针对的是一个学者和教师的职业身份——它要求学者和教师追求真理，保持中立客观，而价值关联是对所有人有效的。简而言之，价值中立回答如何处理学术问题，而价值关联解决的是为何要处理学术问题。因此,连接上述双重嵌套结构的关键是价值关联原则。

作为一个特定时代的学术作品,必然带有那个时代的特征和局限。如果说韦伯的新教伦理研究带有局限性的话,笔者认为主要体现在如下方面:

首先,韦伯关注的"资本主义"是诸多资本主义中的一种样态。在韦伯的时代(19世纪下半叶到20世纪初),资本主义和21世纪初的资本主义有所不同。韦伯心目当中所推崇的是具有英雄人格的企业家、工厂主和劳动者。因此,他对资本主义的着眼点是工业(实业)和商业——通过合理的管理、统筹和计划来提高生产效率,从而在竞争中占得先机,脱颖而出。这种工商业资本主义基本与投机性的贸易无关,也和掠夺无关。

其次,韦伯在新教伦理当中关注的是资本主义的特定环节。从韦伯的行文和例子来看,他关注的主要是生产环节——这一点和马克思是非常相似的。而他同时代的学者,例如桑巴特,在考察资本主义的时候关心的则是消费环节。反过来说,新教伦理对韦伯而言,在消费环节主要发挥的是消极作用,即抵制奢侈和过度消费,提倡适度和节约,从而强制形成资本积累。韦伯也没有给予金融领域特别的关注。新教伦理的确可以提高民众的储蓄率,从而增强抗风险能力,但是韦伯没有特别在意投资、理财的问题。当金融资本主义成熟之后,在工商业中获得的积累资产,未必再投入到实业当中去。在所谓"回报率"的驱使下,非实业性的投资,例如股票、债券、期货等也可成为重要的投资渠道。也可以说,韦伯的时代恰好是一个从工商业资本主义向金融资本主义转型的重要阶段。

最后，韦伯也没有关注到资本主义市场的外部条件，尤其是政府和国家的作用。在经济学中一般认为凯恩斯主义的兴起，才提醒人们注意到政府和国家的作用。在韦伯的新教伦理研究中，市场似乎是自行其是的，政府和国家是缺位的。这并非韦伯本人的失误，而是因为当时经济学思维尚未成熟。试想如果16世纪的国家采取了严苛的税收政策，可能新教伦理式的苦行生活方式就不那么"合理"了。当然这一切都是在高度合理的现代国家崛起之后才成为可能的。

十六

回顾与总结

1. 韦伯的论证结构

韦伯在《新教伦理与资本主义精神》一书中的论证结构是复杂而曲折的。因此有必要在此做一个梳理和总结：

韦伯对新教伦理问题的兴趣来源于长时段和短时段的原因。就长时段来说，基督宗教对德意志民族始终存在着强大的塑形作用。而作为16世纪欧洲宗教改革的发源地，新教（尤其是路德宗）一直被普鲁士及其后续帝国作为立国的精神根基。从短时段来看，从19世纪末到20世纪初，社会科学在欧洲大陆逐渐成熟。现代性的一系列现象——例如城市化、工业化、商业等，都引发了社会学者的观察和深入思考。在德意志第二帝国内，传统容克地主的保守和新兴城市资产阶级的兴起，形成了强烈的反差。在国民经济学中已经开始讨论资本主义起源的问题。而韦伯同时代的学者，例如桑巴特，已经就此问题给出了回答。但是其回答依然带有明显的缺陷，无法解释历史和现实中的现象。

韦伯对新教伦理的研究始终是在比较中完成的。他一方面需要比较的是犹太教和基督宗教，以此来回应桑巴特的理论；另一方面，韦伯更加关心的是基督宗教内部的比较，尤其是 16 世纪宗教改革前后的天主教和新教。在韦伯看来，新教带有强烈的祛魅特征，相较于天主教更具有合理化的动力。不仅如此，韦伯在新教伦理的研究中还着重比较了新教内的不同教派。他将路德宗作为非苦行教派的代表，将加尔文宗作为苦行教派的典型代表，对其神学特色和生活方式进行了深入分析。同时，韦伯还将再洗礼派、卫斯理宗和虔敬派作为次要的新教苦行教派。这种比较也折射出了德国作为后进现代化国家的尴尬境地——韦伯的分析揭示出，路德对《圣经》的翻译虽然为德国语言问题和民族认同的诞生做出了重大的贡献，但是他在伦理上依然带有明显的传统主义特征。加尔文宗基于其神恩蒙选和预定论的神学特色，最终摆脱了传统主义，并深刻影响了英国的清教徒，以及之后美洲最初的殖民地。因此可以说，韦伯对路德宗和加尔文宗的比较，也是在比较德国和盎格鲁-撒克逊这两种文化。他的分析暗含了一个企图，即从宗教层面揭示盎格鲁-撒克逊率先实现现代化的原因，或者反过来说，尝试说明为何德意志在现代化道路上困难重重，除了一些外在原因（例如地理位置、政治制度）外，是否还存在一些内生的阻力和障碍。① 当然，这种横向比较的方法也贯彻了韦伯特色的理想型工具。

用韦伯自己的话来说，他主要尝试论证的是在新教伦理和资本主义这种经济制度之间存在某种选择亲和性。之所以选择亲和性这个概念，是为了避免简单单向决定（文化对经济或者反之）和单因论（只

---

① 有学者从生活史的角度分析了韦伯对英国的看法，认为韦伯将英国看作欧洲大陆改革的榜样和世界政治的楷模。他对路德宗的遗产和德国的威权主义深恶痛绝，而将清教理想提升到了极高的地位。京特·罗特，《准英国人韦伯：亲英情感与家族史》，载哈特穆特·莱曼等编《韦伯的新教伦理：由来、根据和背景》，第 64 页以下。

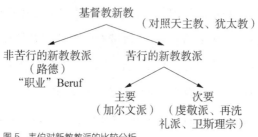

图 5　韦伯对新教教派的比较分析

有宗教影响经济)的错误观点。韦伯始终认为,文化与经济之间的影响是双向的、持续的,而且决定了资本主义经济制度崛起的原因是多样的,不限于宗教。只不过在新教伦理研究中,韦伯需要突出该研究重点,并提出前人未发之论。

我们可以将韦伯在《新教伦理与资本主义精神》中的论证脉络划分为宏观和微观两个层面。显然,韦伯要证成的结论是一个宏观命题,但是如果缺少了微观层面的环节,该命题是无法成立的。

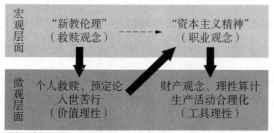

图 6　《新教伦理与资本主义精神》中宏观和微观论证的关系

按照韦伯的观点,以加尔文宗为代表的新教苦行教派,基于独具特色的神学观念,而形成了"入世苦行"的伦理(或者说生活方式)。加尔文派信徒(以及英美清教徒)是这种伦理的具体"承载者"。为了在此世生活中不断增加上帝的荣耀,并增加自己获得救赎的确证,他们将职业作为最高的苦行手段。由此，形成了一套"资本主义精神"：勤勉劳动，强制节约，避免享乐，井井有条地安排生活的方方面面，将赚钱视为目的本身而非手段，并把自己视为上帝财富的管家……韦伯将本杰明·富兰克林作为这种资本主义精神的人格化象征。在这种资本主义精神的驱动下，西方社会也形成了一整套的财产观念以及理性化的做法，最终不仅体现在经济领域中，还扩展至科学、技术、法律、政治、音乐等诸多领域。当然对韦伯来说，在新教伦理研究中的焦点是生产和商业环节的合理化——他将工人和企业家的职业态度作为这种合理化的代表。韦伯在新教伦理研究中，并未直接涉及金融资本的问题。经过这样一个曲折的过程，韦伯的论证才算完整了。

需要特别说明的是，在上图中左侧上方的新教伦理和下方的入世苦行均属于"价值合理性"（Wertrationalität）；而右侧上方的资本主义精神和下方的合理化均属于"目标合理性"（Zweckrationalität）。[①] 目标合理性也即后来学者所说的工具合理性（instrumental rationality）。简单来说，价值合理性告诉人们，什么是对错，以及为何要从事某种活动；工具合理性则不问这类问题，而只回答：当给定一个目标之后，人们能够通过何种手段达成这一目标。道德、宗教、哲学主要思考价值合理性的问题，而现代科学与技术主要思考目标合理性的问题。这里

---

① 韦伯在《经济与社会》的第一章中区分了四种社会行动，分别为目的合理的（zweckrational）、价值合理的（wertrational）、情感式（affektuell）和传统式（traditional）。价值合理的行动"是当一个人不顾及他可预见的后果，只求维护他对义务、荣誉、美感、宗教情操、忠诚或某件'事物'重要性的信念而义无反顾的行动"。（《韦伯作品集Ⅶ·社会学的基本概念》，第33页）目的合理性行动"是行动者将其行动指向目的手段和附带结果，同时他会去理性地衡量手段之于目的、目的之于附带结果，最后也会考量各种可能目的之间的各种关系"。（同上，第34页）

包含了韦伯对现代性引而未发的批判:20世纪人类历史的主要矛盾在于,价值合理性与目标合理性的分离,或者可以说,工具合理性摆脱了价值合理性的约束,成为巨大创造力的来源,又变成了一匹脱缰野马。20世纪的一些惨绝人寰的事件,例如纳粹屠杀犹太人,从哲学上就可以视为两种合理性分离的恶果——高度理性的德国人以工厂化、流水线式的方式,以最高效率杀死同类。因此,"二战"之后德国法兰克福学派的学者后来继承了韦伯的这一思想,对工具合理性进行了大量的反思。

在韦伯的新教伦理研究中,价值合理性与目标合理性的分离,体现在文末最后几段中表达出来的钢铁牢笼和资本主义"断根说"。对宗教改革时代的人来说,寻求救赎(价值合理性)是人生的首要目标,在此目标下形成的生活方式以及职业伦理造成了资本主义的兴起。这是一个未曾预料的历史后果。然而这种经济和生产方式却变成了一种无所不包、吞噬一切的力量,变成了一个钢铁牢笼。那种职业伦理一旦羽翼丰满之后也不再需要宗教的根基,变得自行其是,甚至反过来吞噬个人。所谓的资本主义的"断根",也就是工具合理性对价值合理性的反噬。①

---

① 有学者指出,从结果来看,韦伯分析的苦行恰是一种自毁性的宗教倾向。苦行导致了宗教的衰落,而苦行衰落之后则可能出现宗教的复兴。Donald A. Nielson,"The Protestant Ethic and the 'Spirit' of Capitalism as Grand Narrative: Max Weber's Philosophy of History," In *The Protestant Ethic Turns 100: Essays on the Centenary of the Weber Thesis*, p. 149.

2. 韦伯带来的宏观启示

韦伯对新教伦理的研究堪称学术史上的一个典范，但是其结论是可以质疑、可以补充和可以推翻的。无论如何"韦伯命题"带来的启示不止于它本身，而已经引发了很多有益的宏观发问。

第一，韦伯提出了文化与经济、器物文明与精神文明之间关系的问题。中国自19世纪中叶以来一直在寻求富强。需要承认的是，这种渴求本身在很大程度上是西方列强刺激造成的反应。但是我们也可以顺着韦伯的思路考虑一下本国实现现代化的内在动力与阻碍。心怀富强梦想的国人，从19世纪以来也完成了曲折的渐进反思——最初直观比较多源于器物层面，例如西方的船坚炮利。于是晚清出现了洋务运动，并以"中学为体，西学为用"为口号；甲午战争的溃败使得国人看到政治制度的重要性，于是出现了晚清新政和国民革命，亚洲第一个共和国随之成立。不过如鲁迅所说，革命之后"白盔白甲"又回来了。暴力革命可以在短时间内改变政治体制的外部结构，但却很难改变组成这一结构的人。在随后的新文化运动中，中国的知识分子才逐渐将注意力转移到了文化层面。但是对传统文化和价值观的激进批判，又导致了严重的精神断裂……器物与文化的亲和性绝非外在的和偶然的。

于此相关联的问题是，文化有没有优劣之分。从审美的角度来看，文化是没有优劣之分，可以各美其美的。米洛斯的断臂维纳斯和颜真卿的《祭侄帖》代表了人类艺术在不同时代不同地域的结晶。但是如果从经济和军事等器物的角度来看，文化的器物在功能上是有明显优劣之分的。当枪骑兵面对坦克吐出的火舌冲锋的时候，孰优孰劣一目了然。比较难处理的是道德、伦理和政治制度。这些领域包含了大量的价值预设，因为存在第二阶的困境——对好坏优劣进行评价的尺度出现了分歧。因而，现代性的一种突出症状表现为，一个文化固有的价值尺度受到了持续挑战和冲击。坚守所谓的文化本位固然可以捍卫尊严感，但也可能受到相应器物功能上的碾压。

第二，韦伯提出的核心问题是现代化——究竟什么是现代化？现代化是否等于西方化？多元现代化理论可以视为对一元现代化的反省。但是，当我们给出一个否定性的回答——现代化不是西方化——之后，我们还必须要回答那么对我们来说，什么才是现代化。中华人民共和国建立后，曾经出现过"四个现代化"（工业现代化、农业现代化、国防现代化、科学技术现代化）的口号。以如今中国国力和国情来看，这四个现代化均已基本实现。但韦伯所言的现代化远不止这些，还涉及一个民族文化的根基，即伦理、道德、政治和生活方式。甚至后面这些领域中的现代化要比器物的现代化来得更加重要，因为它们才涉及现代人的塑造。一个手持 iphone 的人，可能其价值、世界观和生活方式都是前现代的。现代化并非一个可以一蹴而就的目标，而是涉及一些潜移默化的变化。当今社会在很多问题上无法直接给出大部分人可以接受的回答，也许恰是因为缺失了现代化的目标。例如，现代化应当让妇女参与劳动、获得经济独立，还是让女性回归家庭？

与此相关联的问题是，在现代化过程中，如何处理传统和未来的关系。我们已经习惯了用一句"取其精华，去其糟粕"来应付这个问题。但是何谓精华，何谓糟粕，我们却无法一一厘清。传统文化无疑可以用来抵御西化，但反过来，传统是否也会成为现代化的重负呢？

第三，韦伯以其研究对文化中心主义提出了质疑。进入20世纪之后，西方中心主义受到了多元文化主义（western-centrism/multi-culturalism）的质疑，但近年来这一趋势却面临逆全球化的挑战。韦伯在新教伦理以及随后诸世界宗教的经济伦理研究中，得出的结论是带有西方中心论色彩的，但他绝对不是一个西方中心论者。韦伯之所以最终认为西方文化是最优越的，在于其给出了一套现代化的标准。中西的问题（不仅是一个地域差异问题）被放置到古今的框架中处理。所以任何指责韦伯或者拒绝接受韦伯结论的人，都需要给出另一套现代化标准来。我们要看到，不仅是西方，几乎每种文化在历史上均有其"中心主义"。所谓中国原本的意思就是"天下之中"。中国传统的天下观以及相应的朝贡体制，也继承了夷夏之辨的思路，带有强烈的中华中心主义。在当今世界如何避免古人天朝大国心态，又不重蹈西方殖民主义和帝国主义的覆辙，值得国人深思。

第四，韦伯对人类未来的悲观论点也值得玩味。当今世界存在两种截然不同甚至针对性强的极端立场：一种立场认为人类未来是充满冲突和矛盾的。人与人、民族与民族、国家和国家彼此不可能相互理解，将走向对立乃至战争。这个立场类似《圣经》中描绘的巴别塔。另一种立场则认为人类终将克服人种、语言、宗教和文化、价值观的差异，最终实现人类大同。那么究竟是人同此心、心同此理，还是非我族类、其心必异呢？按照韦伯的看法，人类历史不存在什么铁律，而取决于历史进程中人采取的行动。

与此相关联的问题是，我们如何面对和理解"他者"？我们能否采用鸵鸟策略，反复地重申本文化的优越性，从而不断地孤芳自赏？还是要睁开眼睛看世界，成为文化的使者，尝试去理解不同文化的优秀、美好之处？后者要求我们能够宽容差异，接受多元，才能各美其美——既要能吃得了法国蓝纹奶酪，也要能品味长沙臭豆腐……

3. 韦伯提出的微观问题

韦伯在《新教伦理与资本主义精神》中不仅提出了上述的宏观问题，他还提出了一些涉及每个人的微观问题。例如，财富是什么？财富归根到底有何用？人为何要追求财富？很多人在平常的生活中很少思考这些问题，似乎其所在的社会已经提供了一套现成的回答，照着做就好了。韦伯对"天职"的分析给出了一块"他山之石"，让我们看到，一份单纯为了养家糊口的生计和带有使命感及作为目的自身的天职，是有天壤之别的。虽然我们当然不用照单全收新教伦理式的职业观念，但每个人依然可以反思一下自己工作的目的。工作中有些是有价的，有些是无价的，甚至还有一些是千金不易的。即便我们不能奢望每个人都找到一份天职，但至少可以找到自己职业的底线。医生、教师、公务员、警察、法官，每一种职业都具有其内在价值。教师要教书育人，医生要救死扶伤，法官要维护正义……而在关键时刻，从事这种职业的人都要意识到，他不仅仅是为了赚钱而从事这份职业，而且要捍卫这种内在价值。

当下的世人处在一种精神危机当中。这是过去一个多世纪中剧烈社会变动的结果，而且我们还处在这一剧烈变动的过程中。我们也许很难用平和的心态去对待文化上的"他者"——处在倨傲和低微两者之间，来回摇摆。如今的不少人展现出一种我称之为"如花综合征"的症状：由于对他者的了解不足，从而无法从反思的立场看待自己，从而导致一种文化上的认知障碍,经常表现为盲目自大。本书希望通过对韦伯的阅读,可以克服这一症状,走出自我中心,以他人为镜,以文化为鉴,实现自观与他观的融贯。

我曾经看到过这样一幅漫画:非洲的大草原上,一头小犀牛酷爱风景画。但是它画的每一幅风景画正中,都有一个突出的微曲锥状物——它自己的犀牛角。我们用成语"一叶障目"来形容这样的人,而这头小犀牛作为一个写实派画家,却是"一角障目"。这只角是什么?它对小犀牛来说,就是一个与生俱来、从未反思的对象。在这个意义上,我们每个人都是这头小犀牛。

近年来,不少人又提出了这样一个问题:人类的未来会更好吗?对这个问题的回答,无论是否定还是肯定,都请不要忘记一件事情:你和世界是有关联的。你不仅仅是世界的旁观者,你就是世界的一部分,甚至可以说,你就是世界。古希腊哲学家苏格拉底在接受审判的时候说:"未经反思的生活是不值得过的。"这句话意味深长。有些生活是值得过的,有些则是不值得的。值得过的生活不是天上掉下来的,也不仅仅靠反思就能实现。真正的问题在于,很多人缺乏勇气,去追求自己想要的生活。把可以说的说清楚,对不可说的保持沉默。言辞到此终结,行动就要开始。

参考书目

中文：

沃尔特·艾萨克森,《富兰克林传——一个美国人的一生》,杨颖译,北京:中国社会出版社,2008年。

安彧文、陈奉林,《儒家伦理与东亚国家的现代化》,刊《外国问题研究》,1994年第4期,第44—48页。

莱因哈特·本迪克斯,《马克斯·韦伯思想肖像》,刘北成等译,上海:上海人民出版社,2007年。

陈文寿,《韦伯新教资本主义模式与海外华人经济的文化诠释——评〈新教伦理与资本主义精神〉》,刊《华人华侨历史研究》,1999年第2期,第19—23页。

成中英,《整体性与共生性:儒家伦理与东亚经济发展》,刊《浙江社会科学》,1998年第2期,第15—23页。

邓子美,《道家社会观新论——兼评马克斯·韦伯对道家伦理的曲解》,刊《宗教学研究》,2001年第3期,第39—44页。

狄尔泰,《人文科学导论》,赵稀方译,北京:华夏出版社,2004年。

杜奉贤,《中国历史发展理论——比较马克思与韦伯的中国论》,台北:正中书局。

杜维明,《杜维明文集》第2卷,武汉:武汉出版社,2002年。

杜维明,《新加坡的挑战——儒家伦理与企业精神》,高专诚译,北京:生活·读书·新知三联书店,1989年。

杜恂诚,《中国传统伦理与近代资本主义——兼评韦伯〈中国的宗教〉》,上海:上海社会科学院出版社,1993年。

茜亚·凡赫尔斯玛,《加尔文传》,王兆丰译,北京:华夏出版社,2006年。

费孝通,《新教教义与资本主义精神之关系》,刊《西北民族研究》,2016年第1期,第1—30页。

汉·诺·福根,《马克斯·韦伯》,刘建军译,石家庄:河北教育出版社,2001年。

富兰克林,《富兰克林自传》,姚善友译,北京:生活·读书·新知三联书店,1985年。

歌德,《歌德文集》第六卷,北京:人民文学出版社,1999年。

葛兆光,《穿一件尺寸不合的衣衫——关于中国哲学和儒教定义的争论》,刊《开放时代》,2001年11月,第49—55页。

顾忠华,《韦伯〈新教伦理与资本主义精神〉导读》,桂林:广西师范大学出版社,2005年。

顾忠华,《韦伯学说》,桂林:广西师范大学出版社,2004年。

何蓉,《马克斯·韦伯的方法论:基于渊源的再研究》,刊《社会理论》,2006年第1期,第123—148页。

洪涛,《韦伯与马克思——论"文化—政治"与"经济—社会"》,刊《当代国外马克思主义评论》,2002年第三辑,198—226页。

大卫·霍尔、马修·D. 伯顿,《加尔文与商业》,石松译,成都:四川人民出版社,2015年。

安东尼·吉登斯,《资本主义与现代社会理论——对马克思、涂尔干和韦伯著作的分析》,上海:上海译文出版社,2007年。

詹姆斯·基特尔森,《改教家路德》,李瑞萍、郑小梅译,北京:中国社会科学出版社,2009年。

迪尔克·克斯勒,《马克斯·韦伯的生平、著述及影响》,郭锋译,北京:法律出版社,2000年。

迪特尔·拉夫,《德意志史——从古老帝国到第二共和国》,波恩:Inter Nationes,1987年。

赖建诚,《新教伦理真的促成了资本主义发展吗?》,刊《南方周末》,2017年6月8日。

利兰·赖肯,《入世的清教徒》,杨征宇译、朱保平校译,北京:群言出版社,2011年。

哈特穆特·莱曼、京特·罗特编,《韦伯的新教伦理:由来、根据和背景》,阎克文译,沈阳:辽宁教育出版社,2001年。

李帆,《韦伯学说与美国的中国研究——以费正清为例》,刊《近代史研究》,1998年第4期,第240—254页。

李凯尔特,《文化科学和自然科学》,涂纪亮译、杜任之校,北京:商务印书馆,1996年。

H. P. 里克曼,《狄尔泰》,殷晓蓉、吴晓明译,北京:中国社会科学出版社,1992年。

李猛编,《科学作为天职:韦伯与我们时代的命运》,北京:生活·读书·新知三联书店,2018年。

李猛,《韦伯:法律与价值》,上海:上海人民出版社,2001年。

梁宗华,《韦伯的儒教伦理观》,刊《哲学研究》,2003年第3期,第21—26页。

弗里茨·林格,《韦伯学术思想评传》,马乐乐译,北京:北京大学出版社,2011年。

托马斯·马丁·林赛,《宗教改革史》,北京:商务印书馆,2016年。

刘伯高,《超越韦伯——〈新加坡与儒家文化〉述评》,刊《江南论坛》,1996年第7期,第43页。

刘东,《对韦伯的真正阅读才刚刚开始——〈马克斯·韦伯〉的翻译与我的韦伯接受史》,刊《中华读书报》,2011年9月21日,第9版。

刘东,《韦伯与儒家》,刊《江苏行政学院学报》,2001年第1期,第38—47页。

刘东,《韦伯东方理论批判》,刊《史学理论研究》,1996年第2期,第80—86页。

罗伦培登,《这是我的立场——改教先导马丁·路德传记》,陆中石、古乐人译,南京:译林出版社,1993年。

罗荣渠,《东亚跨世纪的变革与重新崛起——深入探讨东亚现代化进程中的历史经验》,刊《北京大学学报(哲学社会科学版)》,1995年第1期,第4—19页。

马涛,《韦伯理论理解中的一个误区》,刊《同济大学学报(社会科学版)》,第12卷第2期,2001年4月,第62—66页。

阿利斯特·麦格拉斯,《宗教改革运动思潮》,陈佐人译,北京:中国社会科学出版社,2009年。

D. G. 麦克雷,《韦伯》,孙乃修译,北京:中国社会科学出版社,1992年。

沃尔夫冈·J. 蒙森,《马克斯·韦伯与德国政治:1890—1920》,阎克文译,三辉图书/中信出版集团,2016年。

弥尔顿,《失乐园》,朱维之译,上海:上海译文出版社,1984年。

弗兰克·帕金,《马克斯·韦伯》,刘东、谢维和译,成都:四川人民出版社,1987年。

任德军,《对韦伯中国儒家伦理研究的认识——兼论对东亚经济发展的解释》,刊《青年研究》1999年第11期,第39—44页。

维尔纳·桑巴特,《奢侈与资本主义》,王燕平、侯小河译,刘北成校,上海:上海人民出版社,2000年。

维尔纳·桑巴特,《犹太人与现代资本主义》,安佳译,上海:上海人民出版社,2015年。

单世联,《韦伯命题与中国现代性》,刊《开放时代》,2004年01期,第34—51页。

上山安敏,《神话与理性:19世纪末至20世纪初欧洲的知识界》,孙传钊译,上海:上海人民出版社,1992年。

施路赫特,《理性化与官僚化:对韦伯之研究与诠释》,顾忠华译,桂林:广西师范大学出版社,2004年。

沃尔夫冈·施鲁赫特,《如何理解马克斯·韦伯与〈新教伦理与资本主义精神〉》,刊《中华读书报》,2011年6月1日,第17版。

理查德·斯威德伯格,《马克斯·韦伯与经济社会学思想》,何蓉译,北京:商务印书馆,2007年。

苏国勋,《理性化及其限制——韦伯思想引论》,上海:上海人民出版社,1988年。

苏国勋,《马克斯·韦伯:基于中国语境的再研究》,刊《社会》,2007年第5期,第1—25页。

苏国勋,《从韦伯的视角看现代性——苏国勋答问录》,刊《哈尔滨工业大学学报(社会科学版)》,2012年,第2期,第11—20页。

R. H. 托尼,《宗教与资本主义的兴起》,赵月瑟、夏镇平译,上海:上海译文出版社,2006年。

万俊人,《儒家伦理:一种普世伦理资源的意义》,刊《社会科学论坛》,1999年第5—6期,第38—43页。

王文钦,《新加坡与儒家文化》,苏州:苏州大学出版社,1995年。

马克斯·韦伯,《新教伦理与资本主义精神》,于晓、陈维纲等译,北京:生活·读书·新知三联书店,1987年。

马克斯·韦伯,《文明的历史脚步——韦伯文集》,黄宪起、张晓玲译,上海:上海三联书店,1988年。

马克斯·韦伯,《经济与社会》,林荣远译,北京:商务印书馆,1997年。

马克斯·韦伯,《儒教与道教》,王容芬译,北京:商务印书馆,1997年。

马克斯·韦伯,《学术与政治:韦伯的两篇演说》,冯克利译,北京:生活·读书·新知三联书店,1998年。

马克斯·韦伯,《社会科学方法论》,李秋零、田薇译,北京:中国人民大学出版社,1999年。

马克斯·韦伯,《社会学的基本概念》,胡景北译,上海:上海人民出版社,2000年。

马克斯·韦伯,《韦伯作品集Ⅰ:学术与政治》,钱永祥译,桂林:广西师范大学出版社,2004年。

马克斯·韦伯,《韦伯作品集Ⅱ:经济与历史 支配的类型》,康乐等译,桂林:广西师范大学出版社,2004年。

马克斯·韦伯,《韦伯作品集Ⅴ:中国的宗教》,康乐、简惠美译,桂林:广西师范大学出版社,2004年。

马克斯·韦伯,《韦伯作品集Ⅶ:社会学的基本概念》,顾忠华译,桂林:广西师范大学出版社,2005年。

马克斯·韦伯,《韦伯作品集Ⅷ:宗教社会学》,康乐、简惠美译,桂林:广西师范大学出版社,2005年。

马克斯·韦伯,《经济通史》,姚曾廙译,韦森校订,上海:上海三联书店,2006年。

马克斯·韦伯,《韦伯作品集XII:新教伦理与资本主义精神》,康乐、简惠美译,桂林:广西师范大学出版社,2008年。

马克斯·韦伯,《罗雪尔与克尼斯:历史经济学的逻辑问题》,李荣山译、李康校,上海:上海世纪出版集团、上海人民出版社,2009年。

马克斯·韦伯,《韦伯政治著作选》,拉斯曼、斯佩尔斯编,阎克文译,北京:东方出版社,2009年。

马克斯·韦伯,《新教伦理与资本主义精神》,李修建、张云江译,北京:中国社会科学出版社,2009年。

马克斯·韦伯,《马克斯·韦伯社会学文集》,阎克文译,北京:人民出版社,2010年。

马克斯·韦伯,《新教伦理与资本主义精神》(罗克斯伯里第三版),苏国勋、覃方明等译,北京:社会科学文献出版社,2010年。

马克斯·韦伯,《批判施塔姆勒》,李荣山译、李康校,上海:上海人民出版社,2011年。

马克斯·韦伯,《社会科学方法论》,韩水法、莫茜译,北京:商务印书馆,2013年。

马克斯·韦伯,《新教伦理与资本主义精神》,郁喆隽译,杭州:浙江大学出版社,2018年。

玛丽安妮·韦伯,《马克斯·韦伯传》,阎克文等译,北京:商务印书馆,2010年。

玛丽安妮·韦伯,《马克斯·韦伯传》,阎克文等译,南京:江苏人民出版社,2002年。

魏洪峰,《韦伯思想与东亚现代化》,刊《山东社会科学》,1996年第6期(总第58期),第37—39页。

吴灿新,《儒家伦理对现代中国经济发展的影响》,刊《现代哲学》,1998年第4期(总第54期),第51—57页。

向荣,《文化变革与西方资本主义的兴起——读韦伯〈新教伦理与资本主义精神〉》,刊《世界历史》,2000年第3期,第95—102页。

谢和耐,《蒙元入侵前夜的中国日常生活》,刘东译,南京:江苏人民出版社,1995年。

邢东田,《1978—2000年中国的儒教研究:学术回顾与思考》,刊《学术界》,总第99期,2003年2月,第248—266页。

余英时,《余英时文集(第3卷)·儒家伦理与商人精神》,桂林:广西师范大学出版社,

2004年。

余英时,《中国近世宗教伦理与商人精神》,台北:联经出版社,1987年。

张岱年,《儒家伦理与企业道德》,载《探索与争鸣》,1995年第8期,第15—16页。

张德胜、金耀基,《儒商研究:儒家伦理与现代化社会探微》,刊《社会学研究》1999年第3期,第37—47页。

章益国,《"'勤俭'伦理与东亚发展"辨析——儒家资本主义学说与韦伯理论的纠缠》,载《华东师范大学学报(哲学社会科学版)》,第35卷第3期,2003年5月,第54—59页。

钟马田,《清教徒的脚踪》,梁素雅、王国显译,北京:华夏出版社,2011年。

朱元发,《韦伯思想概论》,台北:远流出版社,1990年。

西文:

Robert Audi. 1999. *The Cambridge Dictionary of Philosophy* (Second Edition). Cambridge and New York: Cambridge University Press.

Robert J. Barro and Rachel M. McCleary. 2003. "Religion and Economic Growth across Countries." *American Sociological Review* 68(5): 760–781.

Sascha O. Becker and Ludger Woessmann. "Was Weber Wrong? A Human Capital Theory of Protestant Economic History." *The Quarterly Journal of Economics*, Vol. 124, No. 2 (May, 2009), pp. 531–596.

N. Birnbaum. 1987. "Max Weber." In *The Encyclopedia of Religion*, Vol. 15. edited by Mircea Eliade, 364–367. New York: Macmillian Publishing House.

Ulrich Blum and Leonard Dudley. 2001. "Religion and Economic Growth: Was Weber Right?". *Evolutionary Economics*, No. 11: 207–230.

Francis J. Bremer. 2009. *Puritanism: A Very Short Introduction*. Oxford & New York: Oxford University Press.

Andreas E. Buss. 1985. *Max Weber and Asia: Contributions to the sociology of development*. London: Weltforum Verlag.

Davide Cantoni. "The Economic Effects of the Protestant Reformation: Testing the Weber Hypothesis in the German Lands." *Journal of the European Economic Association*, Vol. 13, N. 4 (August 2015): pp. 561–598.

Jose Casanova. 1992. "Private and Public Religions." *Social Research* 1: 17–57.

Jose Casanova. 1994. *Public Religion in the Modern World*. Chicago and London: The University of Chicago Press.

Tiago V. Cavalcanti, Stephen L. Parente and Rui Zhao. 2007. "Religion in Macroeconomics: A Quantitative Analysis of Weber's Thesis." *Economic Theory* 32 (1): 105–23.

David J. Chalcraft and Austin Harrington. eds. 2001. *The Protestant Ethic Debate: Max Weber's Replies to His Critics, 1907–1910*. Translated by Austin Harrington and Mary Shields. Liverpool: Liverpool University Press.

Jacques Delacroix and François Nielsen. The Beloved Myth: Protestantism and the Rise of Industrial Capitalism in Nineteenth Century Europe. *Social Forces*, Vol. 80, No. 2 (Dec., 2001), pp. 509–553.

Volker Drehsen, Wilhelm Gräb und Birgit Weyel. 2005. *Kompendium Religionstheorie*. Göttingen: Vandenhoeck & Ruprecht.

Shmuel N. Eisenstadt. 1989. "Max Weber on Western Christianity and the Weberian Approach to Civilizational Dynamics." *The Canadian Journal of Sociology* 14(2): 203–223.

Shmuel N. Eisenstadt. 2000. "Multiple Modernities." *Daedalus* 1: 1–29.

Shmuel N. Eisenstadt and Wolfgang Schluchter. 1998. "Introduction: Paths to Early Modernities: A Comparative View." *Daedalus* 3: 1–18.

Jon Elster. 2009. *Reason and Rationality*. Translated by Steven Rendall. Princeton and Oxford: Princeton University Press.

Charles Y. Glock. 1973. "On the Origin and Evolution of Religious Groups." In

Religion in Sociological Perspective: *Essays in the Empirical Study of Religion*. edited by Charles Y. Glock, 207 - 220. Belmont, California: Wadsworth Publishing Company.

José M. González García. 2011. "Max Weber, Goethe and Rilke: The Magic of Language and Music in a Disenchanted World." *Max Weber Studies* 11 (2): 267 - 288.

Wilhelm Hennis, Ulrike Brisson and Roger Brisson. 1994. "The Meaning of 'Wertfreiheit' on the Background and Motives of Max Weber's 'Postulate'." *Sociological Theory* 12(2): 113 - 125.

Volker Heins. 1997. *Max Weber zur Einführung* (2. Auflage). Hamburg: Junius Verlag.

Benton Johnson. 1963. "On Church and Sect." *American Sociological Review* 28/4: 539 - 549.

Dirk Käsler. 2003. *Max Weber: Eine Einführung in Leben, Werk und Wirkung*. Frankfurt/New York: Campus Verlag.

Hubert Knoblauch. 1999. *Religionssoziologie*. Berlin, New York: Walter de Gruyter.

H. Richard Niebuhr. 1959. *The Social Sources of Denominationalism*. New York: Living Age Books.

Amintore Fanfani. 1935. *Catholicism, Protestantism and Capitalism*. London: Sheed & Ward.

Amintore Fanfani. 2003. *Catholicism, Protestantism and Capitalism*. Norfolk, VA: IHS Press.

Roger Friedland. 2013. "The Gods of Institutional Life: Weber's Value Spheres and the Practice of Polytheism." *Critical Research on Religion* 1(1): 15 - 24.

Adrian Furnham and Eva Koritsas. 1990. "The Protestant Work Ethic and Vocational

Preference." *Journal of Organizational Behavior* 11(1): 43-55.

Charles Y. Glock. 1973. "On the Origin and Evolution of Religious Groups." In *Religion in Sociological Perspective: Essays in the Empirical Study of Religion.* edited by Charles Y. Glock, 207-220. Belmont, California: Wadsworth Publishing Company.

Christian Gneuss and Jürgen Kocka. 1988. *Max Weber: Ein Symposion.* München: Deutscher Taschenbuch Verlag.

Andrew Greeley. 1964. "The Protestant Ethic: Time for a Moratorium." *Sociological Analysis* 25(1): 20-33.

Robert W. Green. 1959. *Protestantism and Capitalism: The Weber Thesis and Its Critics.* Boston: D. C. Heath and Company.

Phillip E. Hammond and Kirk R. Williams. 1976. "The Protestant Ethic Thesis: A Social-Psychological Assessment." *Social Forces* 54(3): 579-589.

Volker Heins. 2004. *Max Weber zur Einführung.* Hamburg: Junius Verlag.

Winthrop S. Hudson. 1988. "The Weber Thesis Reexamined." *Church History*, No. 57: 56-67.

Benton Johnson. 1963. "On Church and Sect." *American Sociological Review* 28/4: 539-549.

Dirk Käsler. 2003. *Klassiker der Soziologie, Bd. 1: Von Auguste Comte bis Norbert Elias.* München: C. H. Beck.

Dirk Käsler. *Max Weber: Eine Einführung in Leben, Werk Und Wirkung.* Frankfurt/New York: Campus Verlag.

Günter Kehrer. 2004. "Max Weber (1864-1920)." In *Klassiker der Religionswissenschaft*, Axel Michaels Hg., 121-132. München: C. H. Beck.

Gottfried Küenzlen. 2005. "Max Weber: Religion Als Entzauberung der Welt." In *Kompendium Religionstheorie*, Volker Drehsen, Wilhelm Gräb und Birgit Weyel

Hg. , 27 - 38. Göttingen: Vandenhoeck & Ruprecht.

Karl Löwith. 1993. *Max Weber and Karl Marx*. London and New York: Routledge.

Albert J. Mayer and Harry Sharp. 1962. "Religious Preference and Worldly Success." *American Sociological Review* 27(2): 218 - 227.

Rachel M. McCleary and Robert J. Barro. 2006. "Religion and Economy." *The Journal of Economic Perspectives* 2(2): 49 - 72.

Axel Michaels Hrsg. 2004. *Klassiker der Religionswissenschaft: von Friedrich Schleiermacher bis Mircea Eliade* (4. Auflage). München: C. H. Beck.

John Stuart Mill. 1974. *A System of Logic, Ratiocinative and Inductive. Collected Works of John Stuart Mill*, *Vol. VIII*. Toronto: University of Toronto Press.

Hans-Peter Müller. 2007. *Max Weber: Eine Einführung in sein Werk*. Köln: Böhlau Verlag.

H. Richard Niebuhr. 1959. *The Social Sources of Denominationalism*. New York: Living Age Books.

Thomas Nipperdey. 1988. *Religion Im Umbruch: Deutschland 1870 - 1918*. München: Verlag C. H. Beck.

Guy Oakes. 1988. *Weber and Rickert: Concept Formation in the Cultural Sciences*. Cambridge, Massachusetts and London, England: MIT Press.

Guy Oakes. 1988. "Rickert's Value Theory and the Foundations of Weber's Methodology." *Sociological Theory* 6/1: 38 - 51.

Wolfgang Schluchter. 1979. *Die Entwicklung des okzidentalen Rationalismus: Eine Analyse von Max Webers Gesellschaftsgeschichte*. Tübingen: J. C. B. Mohr.

Wolfgang Schluchter Hrsg. 1983. *Max Webers Studies über Konfuzianismus und Taoismus: Interpretation und Kritik*. Frankfurt: Suhrkamp.

Wolfgang Schluchter. 2009. *Die Entzauberung der Welt*. Tübingen: Mohr Siebeck.

Gregor Schöllgen. 1998. *Max Weber*. München: C. H. Beck.

Rodney Stark and William Sims Bainbridge. 1979. "Of Churches, Sects and Cults: Preliminary Concepts for a Theory of Religious Movements." *Journal for the Scientific Study of Religion* 18/2: 117 - 131.

William H. Swatos Jr. and Lutz Kaelber eds. 2005. *The Protestant Ethic Turns 100: Essays on the Centenary of the Weber Thesis*. London and New York: Routledge.

William H. Swatos Jr. 1976. "Weber or Troeltsch?: Methodology, Syndrome and the Development of Church-Sect Theory." *Journal for the Scientific Study of Religion* 15/2: 129 - 144.

R. H. Tawney. 2008. *Religion and the Rise of Capitalism*. Hesperides Press.

The Pew Forum on Religion & Public Life. 2012. "The Global Religious Landscape: A Report on the Size and Distribution of the World's Major Religious Groups as of 2010." Washington D. C. : Pew Research Center.

Ferdinand Toennis, Georg Simmel, Ernst Troeltsch and Max Weber. 1973. "Max Weber on Church, Sect and Mysticism." *Sociological Analysis* 34/2: 140 - 149.

Ernst Troeltsch. 1976. *The Social Teaching of the Christian Church*. Trans. by Oliven Wyon. Chicago and London: University of Chicago Press.

Weiming Tu. 1988. "A Confucian Perspective on the Rise of Industrial East Asia." *Bulletin of the American Academy of Arts and Sciences* 1: 32 - 50.

Max Weber. 1968. *Protestantische Ethik II: Kritiken und Antikritiken*. München und Hamburg: Siebenstern Taschenbuch Verlag.

Max Weber. 1984. *Soziologie Grundbegriffe*. Tübingen: Mohr.

Max Weber. 1988. *Gesammelte Aufsätze zur Soziologie und Sozialpolitik*. Tübingen: Mohr Siebeck.

Max Weber. 1988. *Gesammelte Aufsätze zur Religionssoziologie I*. Tübingen: Mohr.

Max Weber. 1988. *Gesammelte Aufsätze zur Wissenschaftslehre*. Tübingen: Mohr.

Max Weber. 1988. *Gesammelte Politische Schriften*. Tübingen: J. C. B. Mohr.

Max Weber. 1990. *Wirtschaft und Gesellschaft：Grundriß der verstehenden Soziologie*. Tübingen：Mohr.

Hans-Ulrich Wehler. 1983. *Das Deutsche Kaiserreich 1871 – 1918*. Göttingen：Vandenhoeck & Ruprecht.

Hans‐Ulrich Wehler. 1985. *The German Empire：1871 – 1918*. Translated by Kim Traynor. Oxford & New York：Berg.

Hans‐Ulrich Wehler. 1999. *Deutsche Geschichte 9：Das Deutche Kaiserreich，1871 – 1918*. Kleine Vandenhoeck-Reihe. Göttingen：Vandenhoeck & Ruprecht.

网络资源和电子文献：

方在庆：《马克斯·韦伯是如何成为经典作家的？》(原载 2000 年 6 月 14 日《中华读书报》)，2006 年 5 月 9 日。http://www.ihns.ac.cn/members/FANG/f12.htm

顾忠华：《资本主义与中国文化——韦伯观点的再评估》(原载台湾"国立"政治大学《社会学报》，第 27 期，1997 年)，2006 年 5 月 9 日。http://economy.guoxue.com/article.php/993

黄斌：《"韦伯假说"的错与对》，经济观察网，2017 年 12 月 9 日。http://m.eeo.com.cn/2017/1209/318600.shtml?from=timeline

洪涛：《97 年后，我们如何看待马克斯·韦伯和人类的未来？》，凤凰文化，2017 年 6 月 14 日。http://culture.ifeng.com/a/20170614/51246161_0.shtml

苏国勋：《完整的马克斯·韦伯》，2006 年 5 月 9 日。http://www.ptext.cn/index.php?option=com_content&task=view&id=333&Itemid=

单世联：《韦伯命题与中国现代性》，2006 年 5 月 9 日。http://www.yannan.cn/data/detail.php?id=4994

王宏仁：《禁欲与原始积累：论马克思与韦伯对资本主义形成的看法》，2006 年 5 月 9 日。http://benz.nchu.edu.tw/%7Ehongzen/MarxWeber.html

文国锋：《马克斯·韦伯专题：理性的基础？抑或合法性论证？——读〈新教伦理与资本

主义精神〉》。2006 年 5 月 9 日。http://www.booker.com.cn/gb/paper54/1/class005400006/hwz6318.htm

许振伟,《以韦伯观点:分析基督新教徒与资本主义发展的关联性》,2006 年 5 月 9 日。http://www.hku.hk/sociodep/oracle/MM_01net1.html

叶仁昌,《东亚经济伦理的澄清与辩思:韦伯、儒家与基督新教》,2006 年 5 月 12 日。http://web.ntpu.edu.tw/~soloman/asiaeconomics.htm#_ftn5

后记

不知不觉中获得博士学位回到复旦任教已经将近十个年头。本人的理想是一辈子只写一本书，但是被生活所迫不得不多写几本。不惑之年才终于认识到，人生没有必要"毕其功于一役"，而要小步快走，所以此书权当是一个对自己的交代。

　　马克斯·韦伯是我在本科阶段就已经阅读过的思想家。后来在德国留学期间，本人导师苏为德教授（Prof. Dr. Hubert Seiwert）开设韦伯的讨论班，重点研读他的宗教社会学，加深了我的理解。年少时曾从学院哲学中心出发，认为韦伯无法列入哲学大师殿堂。后来的阅读不断修正了这一偏见。我本科与研究生时都将哲学作为志业。后转入宗教学，跳脱开回望哲学，看到了自己很多的"我执"。韦伯并非穿透千年的圣人或完人，却称得上是现代社会中的一个样本，其思考带有强烈的危机意识。结合个人的当下处境，阅读他的作品经常会产生心有戚戚焉的感受。然而这样一个学者遭遇的误读甚多，甚至被有意当作某些主义的靶标，想来也是其宿命的一部分。本人无意成为卫道士或者韦伯的代言人，只想解自己心头困惑。

　　本人2011年秋季学期在复旦开设"《新教伦理与资本主义精神》导读"（PHIL119038.01）课程，至今已有近十年。该课程隶属复旦大学通识核心课程第二模块，面向本校所有专业和年级的本科生。最初申请开课时，课程名称中还有"马克斯·韦伯"几个字。但提交新课申请表之后被教务处驳回，理由是本校课程名称不能超过 13 个中文字。再追问理由，并无答复。猜想可能是选课系统外包给某软件公司，某程序员认为没有课程名字应当超过 13 个字吧。现代社会看似处处有规章，事事讲道理，但深究下去却极有可能是非理性的，很容易陷入"无人之地"(no man's land)。那一刻便更加明确了开这门课的必要性。

好在后来诸事顺遂，此外并无波折，历年来逐渐积累了一些荣誉：2014 年，该课程入选"复旦大学校级精品课程"。2014 年秋季，在学校教改项目的资助下，本人将该课程制作为"慕课"(大规模在线公开课程)。2015 年春季和秋季，这门慕课分别上线国际慕课平台 Coursera 和中国大学慕课(网易)。同年，该课程入选"上海市精品课程"。2017 年，入选国家精品在线开放课程。2019 年通过 FD‑QM 在线课程质量标准，并入选"上海市优秀混合式课程案例"，尝试在"超星尔雅"平台华东五校跨校运行示范课程。2011 年至今，这门课在复旦校内开设 11 学期，本校选课人数超过千人，在线选课人数累计超过 7 万。复旦的通识教育为我和这样一门经典阅读课程搭建了理想的平台，这在今天中国的高校里实属难能可贵。

为了将教学与科研更加紧密地联系，本人的研究生讨论班也多次以韦伯研究为主题。2013 年春季学期"社会科学的哲学"集中研讨了韦伯的社会科学本体论与认识论问题；2018 年秋季学期的宗教学前沿问题讨论班中，将韦伯问题作为主题；2019 年春季学期开设了韦伯和马克思对读的讨论班。这些研究生讨论班上每学期大约需要阅读十五六篇相关文献。按照要求每个参与者都需要完成基本阅读，但实际上可能只有少数同学阅读了大部分文本。结果收获最大的就是我自己。

在这几年时间里，我得到了以下同仁无私的帮助，他们是复旦大学通识教育中心孙向晨、刘丽华、应建庆和赵元老师，复旦大学教学发展中心陆昉、蒋玉龙、范慧慧、丁妍、曾勇老师。复旦大学高等教育研究所陆一老师曾经对本人的课程进行连续跟踪研究，撰写了多期教学研究报告，为课程改进提供了坚实的数据。在此我还要感谢历年来本课程的助教，他们是曹娟、杨欢、康翟、季怡雯、唐俊超、王木娘、吴允通、朱奔锦、傅海伦、金翱、刘沙、王子铭、张月琪。另外需要感谢的是所有上过这门课程的复旦同学。他们在课堂上进行的分组报告和小组讨论，经常会使人眼前一亮，让我感受到了做大学教师的非物质"回报"。凭借这门课，我还结识了不少网上的慕课学习者。虽未曾谋面，但也需要一并感谢。也要感谢本书责任编辑的辛勤付出。

2020年春节期间恰逢新冠肺炎流行，我在岳父母家中度过了特别宁静的一个月时光。在此期间得以集中时间完成了本书的最后写作和统稿工作。在此特别要向岳父母表示感谢！最后要感谢我的太太沈奇岚和我的父母。从读研究生，到留学德国、学成回国直到今天，这一路走来倘若没有他们的陪伴、鼓励和督促，一切都是无法想象的。

庚子年四月
于新江湾尚景园